Allan Guggenbühl

Für mein Kind nur das Beste

Allan Guggenbühl

Für mein Kind nur das Beste

Wie wir unseren Kindern die Kindheit rauben

orell füssli Verlag

Orell Füssli Verlag, www.ofv.ch
© 2018 Orell Füssli Sicherheitsdruck AG, Zürich
Alle Rechte vorbehalten

Umschlaggestaltung: Hauptmann & Kompanie Werbeagentur, Zürich
Umschlagfoto: © Klaus Vedfelt / Getty Images
Lektorat: Esther Hürlimann, pantarhei / Zürich
Druck und Bindung: CPI books GmbH, Leck

ISBN 978-3-280-05692-9

———

Die Deutsche Nationalbibliothek verzeichnet diese Publikation in der Deutschen Nationalbibliografie; detaillierte bibliografische Daten sind im Internet unter www.dnb.de abrufbar.

Inhalt

Einleitung

Im Tram. Ein dreijähriges Mädchen legt sich flach auf eine Sitzreihe, nachdem sie mit ihren Stiefeln einen Sitz beschmutzt hat. Ihr Vater kniet vor ihr, sagt im Flüsterton: Willst du wirklich beide Sitze für dich?

Dass wir für unsere Kinder nur das Beste wünschen, ist eine Selbstverständlichkeit. Doch was heißt das? Fast alle Eltern möchten es ihrem Kind recht machen, es lieben, schützen, pflegen und fördern. Als Mutter, Vater, jedoch auch als Lehrerin, Lehrer oder Erzieherin setzen wir uns für unsere Söhne, Töchter, Schülerinnen und Schüler ein. Wir wollen, dass sie sich entfalten und glücklich sind. Um dieses Ziel zu erreichen engagieren wir uns nicht nur persönlich, sondern auch auf gesellschaftlicher Ebene. Wir erstellen Kinderspielplätze, schicken unsere Kleinen in Förderkurse, bauen hochmoderne Schulhäuser, investieren Millionen in die Ausbildung von Lehrpersonen und erstellen ehrgeizige pädagogische Konzepte. Zweifellos: Kinder liegen uns am Herzen. Doch auch wenn unsere Motive integer sind, heißt das noch nicht, dass unsere Handlungen unproblematisch sind oder der Entwicklung der Kinder wirklich förderlich. Tut es der Tochter in der eingangs beschriebenen Szene wirklich gut, wenn ihr Vater vor ihr kniet und erlaubt, dass sie die ganze Breite der Sitzbank im Tram für sich beansprucht? Fördert er ihre Entwicklung?

Unsere emotionale Verbundenheit mit der jeweils nächsten Generation hat zur Folge, dass wir gegenüber unseren Kindern und Jugendlichen *Erwartungen* hegen. Träume, Ambitionen und Fantasien werden über sie ausgelebt. Wir schenken ihnen »quality time« und wollen sie fördern. Dies ist auch gut so. Leider hat unsere enge emotionale Bindung an die Kinder auch Schattenseiten. Wir hegen eine Menge subjektiver Erwartungen, die *unseren* Bedürfnissen und nicht denjenigen der Kinder oder Jugendlichen entsprechen. Die Folge ist, dass wir sie einschränken oder ihnen sogar die Kindheit verderben. Wir werden zwar von edlen Motiven getrieben, doch für die Kinder oder Jugendlichen wird es unangenehm. – »Gut gemeint« ist nicht immer gleich »gut«.

Menschen sind komplizierte Wesen. Sie sind dazu konstituiert, Gutes zu tun, doch lassen sie sich immer wieder von Schattenmotiven leiten. Auffallend ist, dass fast alles, was wir Menschen unternehmen, im Namen des sogenannt »Guten« geschieht. Wir glauben, aus edlen Motiven zu handeln, auch wenn unsere Handlungen – ob aufgrund von Konventionen oder unbewusst malignen Motiven – problematisch oder sogar bösartig sind.

Dies gilt insbesondere auch für die Erziehung der Kinder. Die Züchtigung der Kinder wurde früher im Namen der Bekämpfung der latenten charakterlichen Niederträchtigkeit der Kinder vollzogen. Ledigen Müttern wurden die Kinder weggenommen, weil man ihre Kinder vor dem liederlichen Lebenswandel der Mütter schützen wollte.

In diesem Buch geht es um die Aufdeckung von Motiven, die unsere Einstellungen und Erwartungen an die Kinder und Jugendlichen prägen. Es geht um die Suche nach Schattenmotiven, die zu problematischen Haltungen führen und unter denen Kinder in unserer Zeit leiden. Natürlich: Vieles hat sich gegenüber früheren Zeiten verbessert. Kinder wachsen heute gesünder und in größerem Wohlstand auf. Sie werden erzogen und gefördert. Leider ist nicht alles, was wir den Kindern anbieten oder von ihnen fordern, auch wirklich gut für sie. Kinder und Jugendliche lassen sich nicht programmieren. Sie sind nicht nur angehende Erwachsene, die es auf den Ernst des Lebens zu kalibrieren gilt.

Kindheit und Jugend sind eigenständige Lebensphasen mit eigenständigen Qualitäten und Dynamiken. Kinder wollen sich selbstständig in die Welt einbringen und nicht alles von den Erwachsenen vorgesetzt bekommen. Der Sinn dafür, was Kinder und Jugendliche unabhängig von unseren Vorstellungen brauchen, ist uns jedoch verloren gegangen. Wir haben vergessen, dass Kinder und Jugendliche *eigenständige* Wesen sind und ihr Verhalten nicht einzig vom Standpunkt der Erwachsenen bewertet werden sollte. Wenn Kinder Streiche spielen, dann handelt es sich nicht immer um asoziales Verhalten, sondern um ein Ausloten der Kräfte der Außenwelt. Wenn sie mit Wasserpistolen hantieren, ist dies nicht per se Zeichen einer beginnenden Gewalttätigkeit. Wird die Zusammenarbeit mit einem Schulkollegen bei einer bestimmten Aufgabe verweigert, bedeutet dies nicht gleich mangelnde Teamfähigkeit.

Leider ist es so, dass wir heute im Namen der Förderung und Bildung Kinder nach wie vor in ein Zwangskorsett zwingen, um einen möglichst optimalen »Output« zu erzielen. Oft liegen diesem Kontrollbedarf Ängste zugrunde. Wenn wir hinsichtlich der Leistungen jedoch immer das Schlimmste fürchten, dann hemmt dies die Spontanität der individuellen Entwicklung. Wenn wir jedoch glauben, wir müssten unsere Bemühungen ständig intensiveren, sie noch mehr beschulen und kontrollieren, dann stehlen wir ihnen die Kindheit. Wir begründen dies mit der Prävention problematischer Verhaltensweisen, welche die überwiegende Mehrzahl der Kinder später sowieso ablegt, oder der Förderung von Eigenschaften, die von anderen Bedingungen abhängen.

Dieses Buch behandelt verschiedene Lebensbereiche, in denen dieser Mechanismus der Leistungszensur eine Rolle spielt: das Familienleben, die Freizeit und die Schule. Es gründet auf den langjährigen Erfahrungen des Autors in der psychotherapeutischen Arbeit mit Dutzenden von Kindern und Jugendlichen, der Beratung von Eltern und von Schulen. Das Buch versteht sich als Plädoyer für die Bewahrung der eigenständigen Welt der Kinder und Jugendlichen. Es soll ein Wegweiser sein, wie man mit Kindern und Jugendlichen auch anders umgehen kann und einen Anstoß zum Umdenken bieten. Statt Kindern und Jugendlichen die Kindheit zu stehlen, gilt es, ihnen das Recht auf eine Kindheit und auf eine halbchaotische Jugend einzugestehen.

Allan Guggenbühl, Herbst 2018

Die Macht der Geronten

Die ambivalente Beziehung zwischen Eltern und ihren Kindern

Vor seinen Kindern muss man sich in Acht nehmen! Denn wenn sie älter sind, werden sie einen entmachten! Vor dieser Gefahr wird in der griechischen Mythologie gewarnt. Um die Entmachtung zu verhindern, traf Kronos Gegenmaßnahmen. Seine fünf Kinder sollen in ewiger Dunkelheit leben. Er verschlang darum seine Kinder Hestia, Demeter, Hera, Hades und Poseidon gleich nach ihrer Geburt. Er wollte seine Herrschaft über die Erde, die er selber seinem Vater Uranus abgerungen hatte, sichern. Rhea, seine Frau und Schwester, war nicht einverstanden und entschloss sich, gegen ihn vorzugehen. Sie überlistete ihn! Als das nächste Kind zur Welt kam und es Kronos herunterschlucken wollte, gab sie ihm stattdessen einen Stein. Das Neugeborene, Zeus, versteckte sie auf der Insel Kreta, in der Höhle von Psycho im Dikti-Gebirge. Dort wurde er heimlich aufgezogen. Zeus beschloss, als er älter wurde, seine Geschwister zu befreien. Er verabreichte seinem Vater ein Brechmittel. Kronos erbrach die verschlungenen Geschwister, die endlich das Licht der Welt erblickten. Sofort entmachteten sie ihren Vater Kronos und führten ein eigenes Leben.

Die Geschichte von Kronos wurde von Hesiod (750–650 v. Chr.) aufgeschrieben.[1] Sie berichtet von der Entstehung der Welt, wie man sie sich in der Antike vorstellte. Es ist anzunehmen, dass schon damals niemand glaubte, dass Kronos oder Zeus tatsächlich existierten.

Es war jedoch eine Geschichte, die man sich weitererzählte und welche die Gemeinschaft miteinander verband. Eine Ursprungsgeschichte, die half sich selber und das Leben zu verstehen. Solche Mythologien sind Versuche, die Rätsel des Lebens zu entschlüsseln, aktuelle Herausforderungen zu bewältigen und zu einer gemeinsamen Haltung zu finden.

Mythologien handeln von Problemen und Ängsten, mit denen sich Gemeinschaften auseinandersetzen. Jedoch nicht nur das: In ihnen verbergen sich auch Einsichten in die psychologische Natur der Menschen. Sie geben uns Hinweise über Motive und Zusammenhänge unserer Handlungen und stellen dar, wie wir funktionieren. Umgekehrt beeinflussen sie unser Denken und unsere Gefühle. Es handelt sich um kollektive Narrative, mit deren Hilfe wir versuchen, unsere seelischen Tiefen auszuloten.[2]

Mythologien entwickeln nicht nur Gemeinschaften, sondern auch *Einzelpersonen*. Wenn wir über unsere Vergangenheit nachdenken und Erlebnisse aus der Kindheit reflektieren, dann handelt es sich selten um Tatsachenberichte.[3] Wir konstruieren uns aus Erinnerungsstücken, Fantasien und Gehörtem eine Geschichte. Wir erzählen vielleicht allen, dass wir als Kind vernachlässigt und als Jüngste einer Geschwisterreihe von den Eltern kaum beachtet wurden. Natürlich untermauern wir dieses Narrativ mit dramatischen Szenen: Unser zehnter Geburtstag wurde nicht gefeiert, man wurde nach einem Tankstellenhalt vergessen und im Gegensatz zu den Geschwistern weigerten sich die Eltern Nachhilfestunden zu zahlen! Auch wenn wir vom Wahrheitsgehalt solcher Szenen überzeugt sind, könnte es sich anders abgespielt haben. Wie es *wirklich* war, ist nachträglich schwierig zu feststellen. Wenn Familienmitglieder solche Erinnerungen über die Vergangenheit austauschen, dann entstehen oft heftige Diskussionen. Man sei nicht vernachlässigt worden, sondern das Lieblingskind des Vaters gewesen und im Zentrum der elterlichen Aufmerksamkeit gestanden, ist dann vielleicht eine Schwester überzeugt. Bei unseren persönlichen Narrativen handelt es sich darum zum großen Teil um *Fiktionen.* Wir bilden aus persönlichen oder kolportierten Erinnerungen eine persönliche Matrix, an der wir uns orientieren, um uns zu verstehen und zu ertragen. Wir kreieren eine Geschichte, die zu uns passt. Wir sehen uns als Rebell oder als Primadonna, da dies unserer Grundeinstellung dem Leben gegenüber entspricht. Solche Konstruktionen helfen uns, mit uns selber im Reinen zu sein; ob sie wahr sind, ist aus psychologischer Sicht zweitrangig.

Die Geschichten um Kronos und den aufmüpfigen Zeus handeln von der Ambivalenz in den Beziehungen zwischen Erwachsenen und Kindern. Auch wenn wir unsere Kinder lieben, ist das Verhältnis zwischen den Generationen nicht nur eitel Wonne, sondern zwiespältig. Natürlich wünschen wir der nachfolgenden Generation nur das Beste und setzen uns für sie ein. Gleichzeitig ist sie für die Alten eine Irritation. Sie erinnert an die eigene Vergänglichkeit. Den Jungen gehört die Zukunft. Die Alten möchten auch in dieser präsent sein, Spuren hinterlassen. Ein kleines Teufelchen flüstert ihnen darum in die Ohren: Und ich? Was bleibt von dem, was ich geleistet habe? Wird dies nicht geschätzt? Natürlich werden solche Irritationen nicht offen eingestanden, sondern verneint. Die Abwehr wird darum nicht eingestanden, sondern versteckt sich hinter vernünftigen Argumenten. Sind die Jungen wirklich bereit, Verantwortung zu übernehmen? Brauchen sie nicht noch mehr Förderung? Schulung? Rat? Ausbildungen? Das Leben ist schließlich viel komplizierter geworden und die beruflichen Herausforderungen größer! Nur wer über die entsprechende amtliche Schriftstücke, Diplome und Zertifikate verfügt, wird ans Licht gelassen! Bereits in der Mythologie von Hesiod widerspiegelt sich das *zwiespältige* Verhältnis zwischen den Generationen, wie wir es heute noch kennen. Die Geschichte hat ihre Bedeutung, weil sie eine archetypische Generationendynamik anspricht.[4]

Das widersprüchliche Verhältnis zwischen den Generationen hat Sigmund Freud in seinem Buch Totem und Tabu[5] umschrieben. Er führt das ambivalente Verhältnis zwischen den Generationen auf

Machtkämpfe zurück, die die ersten menschlichen Gemeinschaften auszeichneten. Gemäß der damals populären Kulturtheorie bestanden menschliche Gemeinschaften ursprünglich aus *Horden*, die von einem Urvater dominiert wurden. Sie regierten über die Frauen. Die männlichen Nachfolger wurden ausgestoßen, sobald sie die Geschlechtsreife erreichten. Die Väter sahen in ihnen eine Bedrohung der eigenen Position. Die Jungen nahmen Rache, indem sie sich zu Banden zusammenschlossen und die Stellung der Alten angriffen. Sie entwickelten Strategien, um die alten Männer zu entthronen. Es kam zu Kämpfen oder sogar zum Vatermord. Solche Taten waren notwendig, damit Gemeinschaften erhalten blieben.

In Totem und Tabu versucht Freud eine psychologische Beobachtung mit einer Kulturtheorie zu verknüpfen, die heute als überholt gilt.[6] Für ihn war der Vatermord notwendig, damit neue Kulturen entstehen. Die Jungen müssen sich ihrer Väter entledigen, damit Neues entsteht. Sie wurden von den Vätern ausgegrenzt, weil diese ihre Frauen nicht teilen wollten. Auch wenn solche Theorien abenteuerlich klingen, enthalten sie eine Aussage, die heute noch gilt. Die Alten geben ungern ihre Macht ab und die Jungen werden als Bedrohung erlebt.

Nun kann man einwenden, dass dies heute nicht mehr stimmt, da die Eltern ihre Kinder humaner erziehen als noch im letzten Jahrhundert. Körperstrafen, strikte Regeln und die systematische Ausgrenzung der Kinder vom Familienleben sind verpönt. Die Nähe zwischen den Eltern und Kindern wird zugelassen, damit wir aus unseren Kindern selbstständige, kritische Menschen machen. Ist der Neid der Alten gegenüber den Jungen heute überhaupt ein Thema? Um diese Frage zu beantworten, werfen wir als Erstes einen Blick auf die aktuelle Bedeutung der Familie.

Erziehung zwischen Ideal und Wirklichkeit

»Kannst du bitte den Teller von Tisch abräumen?« »Es ist kalt draußen, zieh diese Jacke an!« »Hast du deine Zahnbürste ausgewaschen?« »So, ihr seid jetzt still und konzentriert euch auf die Aufgabe, die ich euch gegeben habe!« »Du kommst jetzt sofort nach vorn und nimmst im vordersten Pult Platz.« »Diese Legos sind nicht alle für dich!« Kinder hören täglich dutzende Anweisungen aus dem Mund ihrer Eltern oder anderer Erziehungspersonen. In und außerhalb der Familie beeinflussen Erwachsene Kinder und Jugendliche auf verschiedene Weise. Sie sind Coach, Instruktor, Tröster, Unterstützer, Mahner, Berater, Pädagoge, Beschützer, Helfer und Unterweiser. Kleine Kinder begrüßen diese lebensnotwendige Unterstützung der Erwachsenen. Sie strecken dem Vater bereitwillig die Hand hin, wenn sie über eine gefährliche Straße schreiten oder lassen sich durch die Worte der Mutter beruhigen, wenn sie am Abend nicht einschlafen können. Es ist für sie selbstverständlich, dass die Erwachsenen bestimmen, wann sie aufstehen, zu Bett gehen, was sie essen und wann sie nach Hause kommen müssen. Der persönliche Entscheidungsraum ist klein und Protest meist nutzlos. Man kann vielleicht mitreden, ob man das grüne oder gelbe T-Shirt anziehen darf, hat jedoch keine Chance, wenn man durchsetzen will, dass die Erwachsenen das Sofa räumen, damit man darauf herumspringen kann. Es sind die Erwachsenen, die entscheiden und die Welt erklären! Autonome Schritte sind risikoreich und viele Lebensbereiche angstbesetzt. Man wagt sich nicht alleine in den dunklen Keller und scheut sich, fremden Personen die Hand zu geben. Die Eltern und vertraute Erwachsene tragen die Verantwortung und lassen nichts unversucht, wenn es um das Wohlergehen und die Förderung der nächsten Generation geht.

Es gibt eine breite Palette von Anliegen, die Eltern und Pädagogen gegenüber den Kindern vertreten. Um die Entwicklung zu fördern, muss den Kindern Schutz, Geborgenheit, eine anregende Umgebung und geeignetes Spielmaterial geboten werden. Die Familie ist die Basis der Erziehung. Zuhause lernen sie sich zu benehmen, tolerant und hilfsbereit zu sein. Im Kindergarten üben sie, still zu sitzen, zuzuhören, sich zu konzentrieren, Kontakte zu Gleichaltrigen zu knüpfen, Verantwortung zu übernehmen und sich adäquat auszudrücken. In der Schule werden weitere soziale Kompetenzen eingefordert: Sie lernen schreiben, lesen und rechnen. Performance wird wichtig. Es wird von ihnen Teamfähigkeit, selbstständiges Arbeiten, Eigenverantwortung und Konfliktkompetenz erwartet. Aus ihnen sollen Menschen werden, die Probleme anpacken, mit sich selber umgehen können, einen Beruf ausüben, Beziehungen gestalten und mit sich im Reinen sind. Wir wirken auf Kinder in verschiedenster Weise ein, damit sich ihre Entwicklung optimiert und sie zu *selbstständigen und eigenverantwortlichen Menschen* werden.

»Ich bin da für dich! Du musst wirklich keine Angst haben!«, beteuert die Mutter und drückt ihren vierjährigen Sohn an sich. Dieser hat Tränen in den Augen und bittet seine Mutter inständig, bei ihr im Kindergarten zu bleiben, den er seit zwei Monaten besucht. Fast täglich kommt es zu dramatischen Abschiedsszenen. Der Knabe klammert sich an sie und diese presst ihn an sich. Wenn sie sich nach Bitten der Kindergärtnerin von ihm losreißt und von ihm entfernt, winkt sie ihm noch lange zu, was er mit sehnsüchtigen Blicken beantwortet. Eigenartig ist jedoch, dass der Knabe nur wenige Minuten braucht, um sich zu beruhigen. Zehn Minuten nach dem Drama spielt er quietschfidel mit den anderen Kindern. Gemäß der Kindergartenlehrerin hat er sich gut integriert, beteiligt sich freudig an den Spielen und hört ihren Geschichten aufmerksam zu.

Solche Vorfälle weisen auf die Schwierigkeit hin, unsere tieferen Motive zu erkennen. Die Gründe, die wir uns für einen erzieherischen Einsatz geben, decken sich nicht immer mit unseren wirklichen Absichten. Die Mutter kümmert sich zweifellos um ihren Sohn. Doch geht es ihr um die Beruhigung des Sohnes? Hinter der edlen Begründung und den schönen Worten verbergen sich vielleicht egoistische Motive. Die Mutter möchte ihren Sohn trösten, weil er Angst hat und sie vermissen wird, denkt sie. Vielleicht kann sie ihn nicht loslassen? Sie sieht sich als liebende und ihren Sohn unterstützende Mutter, doch eigentlich blockiert sie die Selbstständigkeit ihres Sohnes. Sie handelt aus einem egoistischen Motiv, das sich hinter einer altruistischen Begründung versteckt.

Die Motive hinter unseren Handlungen sind meistens nicht eindimensional, sondern ein Mix aus akzeptablen, ehrwürdigen und problematischen Beweggründen. Wir machen etwas nicht aus *einem* Grund. Dies macht erzieherische Arbeit zu einer Herausforderung. Wie merke ich, ob das, was ich von einem Kind oder Jugendlichen verlange, aus egoistischen Motiven erfolgt oder wirklich dem Kind oder Jugendlichen nützt? Blockieren wir ihre Selbstständigkeit? Binden wir sie zu sehr an uns? Oder helfen wir ihnen?

Das Erkennen der Schattenmotive ist in der Erziehung schwierig, weil wir von Vorstellungen vom *richtigen und guten Leben* ausgehen. Wir versuchen Idealen nachzuleben. Erziehungsanstrengungen sind auf noble Ziele ausgerichtet. Außerdem möchten wir, dass die nächste Generation nicht die gleichen Fehler wie wir machen und einmal in einer *besseren* Welt leben wird. Entsprechend konzentriert Erziehung sich auf Werte, die wir anstreben, doch noch nicht leben: Nachhaltigkeit, Umweltschutz, Friedfertigkeit, Bescheidenheit, Teamfähigkeit, Genderbewusstsein und eine soziale Einstellung. Dank der Erziehung sollen Schwächen behoben werden. »Kommunikativ, informiert, differenziert, kritisch, strukturiert, motiviert, engagiert, systematisch«, steht im Eingangsbereich einer Hochschule in Zürich. Die Dozenten und Studierenden werden ermahnt, wie sie zu sein haben. Es handelt sich bei den Adjektiven um kategorische Imperative. Auf der Grundlage solcher Werte werden Kompetenzen definiert. Wird zum Beispiel *Chancengleichheit* angestrebt, dann muss man als Lehrperson jedem Kind *gleich viel* Aufmerksamkeit schenken. Man darf ein Kind nicht bevorzugen, weil es sympathisch ist oder uns schmeichelt. Chancengleichheit bedeutet, dass wir als Lehrperson auf jeden Schüler und jede Schülerin eingehen. Bei Chancengleichheit handelt es sich um ein *Ideal*, eine Vorstellung, wie das Leben *sein sollte* und nicht, wie das Leben *ist*. Die Realität sieht anders aus. Wir sind als Menschen nicht perfekt und außerdem ist die Auswirkung einer pädagogischen Handlung auch von der Persönlichkeit des Adressaten abhängig. Nicht jeder lässt sich durch Lob motivieren. Wir werden zudem von Sympathien und den Umständen beeinflusst. Ein Schüler wird von seiner Lehrerin aufgrund der »Chemie« positiv beeinflusst, sodass er ans Gymnasium kommt, ein anderer hat das Pech, dass es zwischen ihm und der Lehrerin nicht funkt, sodass er in der Schule scheitert. Mit anderen Worten: Auch wenn wir jeden jungen Menschen gleich behandeln, heißt das nicht, dass wir ihnen gleiche Chancen einräumen. Wir können noch so wortreich und vehement dafür einstehen, unsere Handlungen sprechen eine andere Sprache. Das Gleiche gilt für Werte wie Frieden, Kommunikation und Hilfsbereitschaft. Es handelt sich um Leitvorstellungen. Wir *versuchen,* uns nach ihnen zu richten. Verstehen wir sie jedoch als konkrete Verhaltensweisen, dann können wir nicht anders als scheitern.

Vom Sinn und Zweck der Werte

Sich nach Werten auszurichten bedeutet, seine Haltung zu überprüfen, über seine je individuelle Psychologie nachzudenken. Die Mutter im obigen Beispiel kann sich überlegen, welches die weiteren Ursachen der Trennungsangst ihres Sohnes sein könnten. Lebt sie eigene Ängste oder Aggressionen an ihrem Sohn aus?

Um die Werte und ihre Bedeutung zu verstehen, die heute gelebt werden, lohnt sich ein Blick auf den gesellschaftlichen Kontext der Familie. Unsere Werte widerspiegeln die politischen und gesellschaftlichen Umstände, in denen wir leben. Außerordentliche Ereignisse wie Hungersnöte, Kriege, Krankheiten und Armut haben einen Einfluss auf die Wahl. Bis weit in das 19. Jahrhundert stand für die Mehrzahl der Menschen das materielle Überleben im Vordergrund. Hat man ein Dach über dem Kopf, genügend Essen auf dem Tisch und kann man des Nachts ruhig schlafen? Der Alltag von Familien drehte sich um *Sicherheit, Nahrung* und *Geld*. Materieller Wohlstand war ein Traum: Ein Ideal, nachdem man sich ausrichtete. Die Aufgabe des Vaters war es, Geld nach Hause zu bringen, die Familie zu schützen und sie nach außen zu vertreten. In Heiratsannoncen suchten Frauen nach Männern mit geregeltem Einkommen. Die Familie verstand sich als *Arbeitsgemeinschaft*. Alle Familienmitglieder mussten sich um das materielle Wohl der Familie kümmern und mitarbeiten. Entsprechend wurden Kinder nach ihren Arbeitsleistungen beurteilt. Auf Bauernhöfen schnitten Kinder Gras, halfen bei der Kartoffelernte und misteten Ställe. Entsprechend setzten Eltern ihre Macht ein, um die Kinder zur Mithilfe zu bewegen.[7]

Die Sorge um Verpflegung und Sicherheit war auch bei Beginn der *Industrialisierung* im Vordergrund. Fabrikarbeit für Kinder und Jugendliche war eine Selbstverständlichkeit. Freizeit und Bildung galten als Luxus. Beziehungsfragen und die persönliche Selbstverwirklichung spielten kaum eine Rolle. Für Experimente im familiären Kreis gab es weder Zeit noch Raum. Mädchen wurden auf ihre Aufgaben als zukünftige Ehefrau, Mutter oder Arbeiterin vorbereitet, bei Jungen wurde auf körperliche Ertüchtigung geachtet, um sie auf ihre Rolle als Arbeiter vorzubereiten. Denn sie mussten bald Geld heimbringen. Bildung wurde akzeptiert, wenn man dadurch mehr verdienen konnte.

Die Familie als Wohlstandsoase

Der aktuelle Wohlstand hat das Familienleben verändert. Um wirtschaftlich zu überleben, ist die Mitarbeit der Kinder nicht mehr nötig. Entsprechend fällt den Eltern und Lehrpersonen eine andere Rolle zu. Da es nicht um das unmittelbare Überleben geht, kann man sich um *Persönlichkeitseigenschaften* kümmern. Die Eltern sind nun bestrebt, ihren Kindern einen *Schonraum* zu geben, in dem sie sich positiv entwickeln. Die Förderung und Erhaltung des *Wohls* steht im

Vordergrund. Kinder sollen zu selbstständigen Individuen heran-
wachsen und möglichst wenig mit der Bewältigung existenzieller
Herausforderungen belastet werden. »Kinderarbeit« ist höchstens im
Haushalt vorgesehen. Die Wohnung ist weit mehr als nur ein Dach
über dem Kopf. Beim gemeinsamen Essen und Trinken geht es nicht
nur um Ernährung. Es wird nicht mehr wortlos eingenommen, wie
das früher noch üblich war, sondern man *redet*. Mittag- und Abend-
essen sind zu einem *sozialen Anlass* geworden, bei dem Vater oder
Mutter den Kindern *Botschaften* vermitteln. Man weist auf Umgangsformen hin, fordert soziale Rücksichtnahme, teilt Interessen und
vermittelt gesellschaftliche Werte wie Nachhaltigkeit oder Toleranz
gegenüber Minderheiten. Über die Speisewahl werden Botschaften
vermittelt. Man ernährt sich vegetarisch oder vegan, weil man den
Kindern die Rücksichtnahme auf die Natur und Tiere beibringen
will, oder isst nur lokale Produkte, weil man die Globalisierung ab-
lehnt. Auch die Wahl des Wohnorts signalisiert etwas. Man zieht in
ein Einfamilienhausquartier oder eine Genossenschaftssiedlung, weil
einem die gesellschaftliche Positionierung wichtig ist. Das Materielle
wird zu einem Unterscheidungsmerkmal. Ein BMW 6er Gran Coupé
kommuniziert gesellschaftlichen Status und garantiert bewundernde
Blicke, und in die Ferienwohnung im Engadin kann man betuchte
Freunde einladen. Das Materielle wird als Mittel eingesetzt, um den
Kindern ihre gesellschaftliche Position bewusst zu machen. Man lebt
alternativ, weil man sich vom Bürgertum abheben will, oder zele-
briert das Künstlerleben, um keine Bürokraten heranzuziehen.
Werden Kinder im Wohlstand aufgezogen, dann wird das Materielle
zu einem Beeinflussungs- und Erziehungsmittel. Sie sollen durch die
Materie, in die man sie platziert, geprägt werden. Dadurch, dass die
Kinder vom Streben nach materieller Sicherheit befreit sind, wird
ihnen jedoch auch suggeriert, dass der Wohlstand selbstverständlich
ist. Die Gefahr ist, dass sie in einer Scheinwelt aufwachsen. Die
Familie wird zu einer Wohlstandsoase.

Die Familie als Plausch

Man hört den Bach rauschen, es hat kaum Touristen und die Wälder beeindrucken durch ihre Farbenvielfalt. Ein Vater führt seine Familie dem Fluss entlang zu einem Naturschutzpark. Er will seinen Kindern die Faszination der Berge näher bringen und die Namen der Bergspitzen erklären. Als er fertig ist und sich umdreht, realisiert er, dass ihm niemand zugehört hat! Seine Tochter ist am Chatten und sein Sohn hört sich einen Rap an. Offensichtlich ist dies spannender als seine Ausführungen.

Gemeinsam die Freizeit zu verbringen ist den meisten Familien wichtig. Man will es schön haben zusammen. An Wochenenden sind Wanderungen, ein Besuch in einem Freizeitpark oder bei einer befreundeten Familie angesagt. Während den Ferien geht man auf Reisen. Man wagt Fahrradtouren oder mietet ein Hausboot. Die gemeinsamen Aktivitäten sollen *Spaß* machen. Gemeinsame Erlebnisse sind die Essenz des Familienlebens. Dadurch werden Emotionen geteilt und Bindungen geschaffen. Es drohen jedoch auch hier Gefahren. Stehen sie zu sehr im Vordergrund, mutieren die Eltern zu *Plauschvermittlern*. Die Kinder und Jugendlichen nehmen sie als Animatoren wahr und wollen unterhalten werden. Sagt die Tochter »mir ist langweilig«, dann ist dies eine Aufforderung an die Mutter oder den Vater, etwas zu liefern. »Wann besuchen wir endlich New York? Ich bin der Einzige in der Klasse, der noch nie dort war!«, lautet dann die Forderung. Solche Kinder meinen, sie hätten ein *Anrecht* auf Plausch. In der Schule kann man das ähnliche Phänomen beobachten. Lehrpersonen sollten spannend, abwechslungsreich unterrichten und natürlich immer gut gelaunt und humorvoll sein. Dass Mühsal, Langweile, Durchhaltevermögen und Einsatzwille *auch* zum Leben gehören, ist diesen Kindern weniger bewusst. Wohlstand und Unterhaltung werden für sie zu Selbstverständlichkeiten. Im Gegensatz zur Familie als Arbeitsgemeinschaft erleben sie nicht am eigenen Leib, welche Anstrengungen es braucht, damit eine Gesellschaft funktioniert. Sie erleben auch nicht, dass man letztlich selber für sich verantwortlich ist. Sie sind von den Sorgen und den Gefahren des Daseins befreit, auf Unterhaltung ausgerichtet. Im Extremfall wachsen sie in einer illusionären Welt auf. Unangenehme Tatsachen, wie Angst, Verzweiflung, Scheitern und Trauer können verdrängt werden.

Eine zu große Ausrichtung auf Spaß und Unterhaltung beeinflusst die internen Positionierungen der Familienmitglieder. Wenn die Rollen durch Genuss und nicht durch Tätigkeiten festgelegt werden, dann droht eine Verflachung der Hierarchie. Sich vergnügen kann man nicht per Dekret. Wenn der Vater bestimmt, dass man nun halt das Museum für Numismatik besucht und seinen Entscheid trotz lautem Protest seiner Kinder durchzieht, dann droht Missstimmung aufzukommen. Ist die Familie auf Spaß ausgerichtet, dann wird diskutiert. Positive gemeinsame Erlebnisse sollen im Zentrum stehen und das geht nur, wenn *alle* einverstanden sind. Es gibt weniger Entscheide, die sich durch eine Arbeitsleistung begründen lassen, sondern sie werden nach einem Palaver gefällt. Jeder gibt seine Meinung ab und drückt seine Stimmung aus. Man verhandelt, wo man hingeht und was man unternehmen soll. Dies ist an sich nicht schlecht, doch wird die Familienstruktur dadurch beeinflusst.

Kinder übernehmen die Macht in der Familie

«Ich bleibe noch hier und lese diesen Comic fertig!», beschied der elfjährige Knabe der Mutter, die ihn von einer Therapiesitzung bei mir abholte. Sie wartete brav, obwohl sie diverse Kommissionen zu erledigen hatte und im Stress war. Während die Mutter immer nervöser wurde, saß der Junge ruhig auf einem Stuhl im Wartezimmer der Erziehungsberatung und setzte seine Lektüre fort. Die Mutter wagte nicht aufzumucken. Sie wollte einen emotionalen Ausbruch ihres Sohnes verhindern. Welche Macht muss dieses Kind in der Familie haben!?

Die Ausrichtung auf gemeinsame Erlebnisse kann zu unklaren territorialen Abgrenzungen führen. Es ist nicht mehr eindeutig, welche Rollen den Erwachsenen vorbehalten sind, welche Räume gemeinsam genutzt werden und wo die Kinder unter sich sein können. Dies scheint früher anders gewesen zu sein: «In den Keller mit euch!», hieß es bei meinen Großeltern. Wenn ich und meine Geschwister zusammen mit unseren Eltern sie besuchten, wurden die Enkel in den Keller verbannt. Dort durften wir spielen und lärmen, während unsere Eltern mit den Verwandten sich im Wohn- und Esszimmer kultiviert und ohne störenden Kinderlärm unterhielten. Wir wurden nur in bestimmte Räume zugelassen. Im Wohnzimmer mussten wir uns anständig verhalten und die Küche war selbstverständlich das Revier unserer Großmutter. Solche räumliche Abgrenzungen sind heute unüblich. Verbotene Zonen einzurichten gilt als kinderfeindlich. Die Wohnung oder das Haus sollen für alle Familienmitglieder offen sein. Das Verständnis der Familie als Erlebnisgemeinschaft führte zu einer Auslagerung der Generationen- und Rollendifferenzen. Auch Altersunterschiede werden innerhalb der Familie nicht durch spezielle Positionen, andere Kleidung oder Entscheidungskompetenzen markiert. Der Vater erscheint nicht mit Krawatte zu Tisch und nimmt zuoberst Platz, sondern jeder darf selbst entscheiden und überall mitsprechen.

Die Ausrichtung auf gemeinsame Erlebnisse hat einen Einfluss auf die *Umgangsformen*. Sie werden von der Familie selber generiert. Es geht nicht darum, wie »man« etwas macht, sondern jede Familie entwickelt ihren eigenen Stil. Wie man miteinander spricht, sich begrüßt und sich für einander interessiert, ist von Familie zu Familie unterschiedlich. In vielen Familien passen sich die Eltern dem Umgangsstil ihrer Kinder an. Man begrüßt sich mit »Give me Five«, übernimmt den Jargon der Kinder und Jugendlichen und trägt als Vater auch weiße Turnschuhe.

Selbstverwirklichung statt Sorge

Die Befreiung von der Sorge um das materielle Überleben und die Ausrichtung auf Spaß führten dazu, dass *Selbstverwirklichung* wichtiger wurde. Kinder sollen ihr eigenes Wesen zur Entfaltung bringen.

Es gilt ihre Talente zu fördern und ihnen eine optimale Entwicklung zu ermöglichen. Damit dies gelingt, sollen sie ihre Entwicklung selbstständig in die Hand nehmen. Sie entscheiden über ihren Lebensweg. Erziehung hat die Aufgabe, einen Selbstfindungsprozess anzuregen. Das Kind oder der Jugendliche muss selber herausfinden, was zu ihm oder ihr passt. Gemäß der Vorgabe: Es muss für dich »stimmen«. Von den Erwachsenen wird betont, dass verschiedene Lebenswege möglich sind. Was das Kind oder der Jugendliche macht, muss auf die betreffende Persönlichkeit abgestimmt werden. Die Schul- und Berufswahl wird nicht durch die Eltern oder Gesellschaft vorgeschrieben, sondern ist das Resultat eines *persönlichen* Entscheidungsprozesses. Steht Selbstverwirklichung im Zentrum, dann mutieren die Eltern zu Coaches oder Mentoren.

Stehen Erlebnisse und die Selbstverwirklichung im Vordergrund, dann verändern sich die Durchsetzungs- und Kommunikationsmittel der Erwachsenen. Der Dialog wird gesucht. »Weißt du, draußen schneit es, es ist kalt und deine Schwester wird frieren!« Der Vater beugt sich zum Jungen hinunter, der seine Kappe auf dem Kopf und die seiner Schwester in der Hand hält, und versucht ihm in die Augen zu schauen. Der Siebenjährige macht jedoch keinen Wank. Unbeirrt hält er die Kappe fest in seiner Hand. »Verstehst du, deine Schwester möchte auch eine Kappe? Du brauchst nicht zwei Kappen!«, erklärt der Vater weiter. Der Junge macht immer noch keinen Wank. Die erklärenden Worte des Vaters beeindrucken ihn nicht. Er möchte zwei Kappen und damit basta!

Die meisten Eltern suchen in solchen Situationen das Gespräch. Der Sohn oder die Tochter soll mit Worten überzeugt werden. Er oder sie soll einsehen, dass es sinnvoll ist, rechtzeitig aufzustehen. Und damit man am Morgen fit ist, ist es keine gute Idee, bis in die Morgenstunden zu gamen. Die Erwartung ist, dass die Kinder sich den Vorstellungen der Erwachsenen freiwillig anschließen. Wird der Konsens nicht erreicht, dann sind weitere Gespräch angesagt.

Diese Haltung ist selbstverständlich und empfehle ich auch in meiner Arbeit als Erziehungsberater. Als Erwachsener will man Kinder oder Jugendliche nicht zu Befehlsempfänger degradieren, sondern ihre Meinung miteinbeziehen. Wie im obigen Beispiel klappt dies jedoch nicht immer und in jeder Situation. Auch nach Klärungsgesprächen sind Kinder und Jugendlichen oft nicht bereit, von ihrer Meinung abzurücken. Sie sind empört, dass sie in der Küche mithelfen sollen, den eigenen Müll im Schulzimmer nicht einfach auf den Boden werfen oder nicht bis in die Morgenstunden gamen dürfen.

Drohgebärden als Mittel, um Grenzen zu setzen

In solchen Situationen droht die Stimmung der Eltern oder Pädagogen zu kippen. Die Erwachsenen wiederholen ihre vernünftigen Argumente und untermauern sie mit erwartungsvollen Blicken. Zeigt das Kind keine Einsicht, gibt man auf oder spricht Drohungen aus. Dem Kind wird mitgeteilt, dass es nicht draußen spielen darf, sein Handy konfisziert oder das Nachtessen gestrichen wird! Älteren Kindern wird mit einer Heimeinweisung oder dem Streichen des Taschengelds gedroht. Meistens sind die Drohungen nicht ganz ernst gemeint. Ein solcher Disziplinierungsstil ist möglich, wenn ein enges Verhältnis zwischen den Erwachsenen und dem Kind besteht. Das Kind kennt die Mutter oder den Vater und nimmt die Drohung nicht wörtlich.

Die Mutter oder der Vater verweisen auf ein *fiktives Szenarium*. Der Sohn oder die Tochter soll sich *vorstellen*, welche unangenehmen Folgen ihr Verhalten haben *könnte*. Wenn sie sich die Konsequenzen ausmalen können, dann werden sie eingeschüchtert und ändern eventuell ihr Verhalten. Die überwiegende Mehrzahl der Drohungen wird *nicht* ausgeführt. Sie beschränkt sich darauf, eine erlebte Situation des Kindes mit einem negativ besetzten Szenarium in Zusammenhang zu bringen. Wenn du weiterhin so viel Eiscreme isst, dann wird dir schlecht! Das Kind denkt dann an Erbrechen und erinnert sich an unangenehme Gefühle. Die Drohung wirkt, wenn es das

Vorstellungsvermögen anspricht. Das Kind weiß, dass die Eltern die Drohung nicht realisieren. Es geht um den Einbezug der Imagination. »Ich schicke dich in ein Gefangenenlager nach Patagonien!«, wird der Tochter zugeraunt oder dem Sohn wird zugeschrien: »Nun gebe ich dich definitiv zur Adoption frei!« Die Eltern teilen mit ihren Kindern einen *Vorstellungsraum*. Drohungen thematisieren verdrängte oder tabuisierte Schatteninhalte. Aggressionen, Emotionen und Frustrationen, die im Rahmen einer konsens- und erlebnisorientierten Erziehung verpönt sind, werden verbalisiert. Es handelt sich um einen Akt der Bewusstwerdung.

Wirken solche rhetorische Exkursionen in die Hölle nicht, dann wünschen sich Eltern stärkere Mittel. Sie möchten definitiv Grenzen ziehen. Es geht *einfach nicht*, dass der Sohn *immer* zu spät kommt oder bei der Nachbarin Bananen klaut. Eine innere Entschlossenheit meldet sich. Noch bis in die 1960er-Jahre war körperliche Gewalt die Folge. Das Kind wurde geohrfeigt oder es wurde ihm der Hintern versohlt. Solche Handlungen verstand man als eine klare Setzung, die das Kind beeindrucken sollte. Sie bedeuteten jedoch oft das Ende der psychologischen Auseinandersetzungen mit dem Sohn, der Tochter oder Schüler. Es wurde ein Trennungsakt vollzogen und eine Position markiert; das Kind an seine Rolle und reduzierte Macht erinnert.

Die Anwendung von Gewalt in der Erziehung ist heute keine Option. Wie soll man jedoch vorgehen, wenn das Gespräch und Ermahnungen nichts nützen? Wenn der Sohn oder die Tochter immer noch uneinsichtig ist? Wenn der »böse« Blick, die missbilligende Geste, die Höllenrhetorik oder das Überzeugungsgespräch nicht wirken?

Das Problem der Unfolgsamkeit verstärkt sich zu Beginn der Pubertät. Jugendliche stimmen nicht mehr den Vorstellungen ihrer Eltern über das gute und richtige Leben zu. Sie pochen auf ihren eigenen Überzeugungen und wollen sich von den Alten abgrenzen. Entscheidungen wollen sie selber treffen. Erreichen Kinder die Pubertät, dann entziehen sie sich auch eher dem dialogischen

Gespräch mit den Eltern. Man möchte gar nicht reden. Macht-kämpfe und wüste Auseinandersetzungen setzen dem friedlichen Familienleben ein Ende.[8]

Konfrontationen erfordern mehr als nur Lippenbekenntnisse

Auseinandersetzungen sind verbreitet in Familien, in denen Selbst-verwirklichung angestrebt und gemeinsame Erlebnisse groß geschrie-ben werden. Da man sich nicht aus dem Weg geht, kennt man sich. Kinder oder Jugendliche merken, dass die Eltern auch nur Menschen sind und lassen sich nicht mehr ausschließlich über Gespräche, Appelle oder Drohungen von ihrer Meinung abbringen. In der Wahr-nehmung der Kinder oder Jugendlichen sind die Eltern nicht über-mächtige Autoritäten, sondern Menschen mit Stärken und Schwä-chen, die kein Verständnis für sie haben. Lange Gespräche werden als mühsam empfunden und Sachdiskussionen drohen zu eskalieren. Wenn der Vater mit seinem Sohn über seine Leistungen am Gymna-sium sprechen will, dann wirft dieser ihm vor, weshalb er überhaupt an eine Mittelschule muss, und wenn die Mutter mit der Tochter über den Ausgang reden will, dann wirft diese ihr vor, dass sie nicht mehr aus sich gemacht hat und nur den Sek C geschafft hat. Beson-nene Dialoge sind schwierig.

Eltern drohen sich bei einem dialog- und konsensorientierten Erziehungsstil zu demaskieren. Die Kinder oder Jugendlichen ahnen, dass es sich bei den deklarierten Werten und Zielen der Eltern um *Lippenbekenntnisse* handelt, sie noch andere Motive hegen. Ihre Handlungen stimmen nicht mit den Worten überein. Die Folge: Die Vorstellungen der Eltern werden hinterfragt und alternative Werte werden attraktiv. Vor allem ältere Kinder merken, dass es noch etwas anderes gibt, als ihr Vater oder ihre Mutter ihnen vorgeben. Die Abweichungen von den elterlichen Vorgaben werden dadurch attrak-tiv. Man will nicht so sein, wie es sich die Eltern selber vortäuschen. Der Sohn einer pazifistischen Familie spürt die verdrängten Aggressionen der Eltern und träumt von einer Militärkarriere und die Tochter einer emanzipierten, berufstätigen Frau fügt sich einem weiblichen Klischee und kleidet sich wie ein Model. Die Werte der Eltern werden hinterfragt und umgedeutet.

Unser Selbstbild ist eine beschönigte Version unserer Persönlichkeit

Man wird nun einwenden, dass Eltern sich heute vor ihren Kindern nicht als makellose Persönlichkeiten präsentieren, sondern ihre Schwächen und negativen Seiten eingestehen. Sich als perfekten Menschen zu sehen wäre eigenartig und verdächtig. Man gibt zu, dass man schlecht Entscheidungen treffen kann, ein schlechter Organisator ist, unter Höhenangst leidet oder oft ungeduldig ist. Oft bringt man die Eigenschaft in Zusammenhang mit Erfahrungen aus der eigenen Lebensgeschichte. Man sei während der Jugend recht rebellisch gewesen, in der Schule gemobbt worden oder wollte es allen recht machen. Wir sind überzeugt uns zu kennen. Das Problem ist, dass dieses Selbstbild nicht auf einer präzisen Persönlichkeitsdiagnose beruht, sondern sich aus *Wunschvorstellungen, Anpassungsleistungen, Erinnerungsfetzen* und *Deckerinnerungen* zusammensetzt. Es ist eine Konzession an unsere Umgebung. Wir definieren uns so, wie es unsere Bezugsgruppe verlangt und der Zeitgeist es wünscht. Sind wir ein Student an einer pädagogischen Hochschule, dann sind wir selbstverständlich überzeugt, dass wir einen guten Draht zu Kindern haben und über Empathie verfügen. Wenn kritisches Denken in unserer Bezugsgruppe in ist, dann geben wir uns als rebellisch. Wir kalibrieren unser Selbstbild gemäß den Erwartungen unserer Bezugsgruppe, weil wir dazugehören wollen. Bei einem Großteil unseres Selbstbildes handelt es sich um eine *Täuschung*.

Das ist auch normal, denn das Selbstbild ist kein Spiegel unserer Persönlichkeit, sondern hat die Aufgabe, das Leben mit uns selber zu ermöglichen. Es soll uns aufmuntern. Zu problematische Eigenschaften werden zensiert. Dass wir vielleicht geizig sind, ein Alkoholproblem haben, feige oder borniert sind, Mitmenschen ausnützen und rassistische Gedanken hegen, verdrängen wir, weil diese Eigenschaften Stress und ein moralisches Dilemma auslösen. Wir verlieren das Gesicht vor unseren Freunden und Arbeitskollegen oder fühlen uns einfach schlecht.

Da es sich bei unserem Selbstbild um eine beschönigte Version unserer Persönlichkeit handelt, können wir nie sicher sein, ob die Werte und Zielsetzungen stimmen, die wir vorgeben. Vielleicht haben wir uns selber ausgetrickst und es sind »dunkle« Motive, die uns antreiben. Wünsche, für die wir uns schämen müssten, werden ausgeblendet. Als Frau gestehen wir uns nicht ein, Männer nach ihrem Geldbeutel zu wählen oder als Mann, eine Frau auf ihr Äußeres zu reduzieren. Wir bekämen nicht nur Probleme mit uns selber, sondern auch mit unserer Umgebung. Der persönliche Erkenntnishorizont wird von unserer Umgebung definiert. Schattenmotive wie Neid, Eifersucht, Herrschsucht, Eitelkeit, Rassismus, Narzissmus oder Schadenfreude erreichen darum nicht die Ebene unseres Bewusstseins. Wir streiten ab, von solchen Motiven angetrieben zu werden, da sie unserem bewussten Standpunkt widersprechen.

Sowohl in der Familie wie in der Schule gehen wir von einem positiven Menschen- und Weltbild aus. Dies ist auch gut so. Leider haben wir die Neigung zu übertreiben. Wir verwechseln Ideale mit Lösungen. Wir sind überzeugt, dass Konflikte vor allem durch eine schlechte Kommunikation entstehen, dass wir vor allem dank Empathie unsere Mitmenschen besser verstehen oder Selbstständigkeit die Arbeitsmotivation erhöht. Werte wie Nachhaltigkeit, Toleranz, Gendergerechtigkeit, Umweltschutz sind für das Überleben unseres Planeten zentral, doch wir selber versagen immer wieder vor diesen löblichen Zielen. Im Mikrokosmos der Familie und in Schulen arbeiten wir an einer besseren Welt. Wir müssen jedoch auch unser persönliches Versagen eingestehen, wenn wir vor den Kindern und Jugendlichen glaubhaft sein wollen.

Die Welt ist nicht so, wie Erziehende sie gerne hätten

Gegen eine solche Strategie ist nichts einzuwenden. Es ist sicher besser, wenn wir uns für das Gute einsetzen, als finstere Absichten hegen. Die Doktrin, ausschließlich edle Ziele im Visier zu haben, hat jedoch einen Haken. Die Welt und wir selber sind nicht so, wie wir es uns vorstellen. Wenn wir uns in der Erziehung und Schule vor allem nach schönen Vorsätzen und wohligen Inszenierungen ausrichten, dann schmeichelt dies unsem Selbstbild, wir werden jedoch nicht von der Notwendigkeit befreit, uns auch mit unseren Schatten auseinanderzusetzen. Das »Böse« verbannen wir nicht durch Trainings-, Kompetenzförderung, schöne Leitsätze oder Friedenswochen, sondern nur, wenn wir es benennen und uns mit ihm auseinandersetzen. Wir sollten das Gute anstreben, jedoch auch mit dem Schlechten rechnen. Die Auseinandersetzung mit dem Schatten muss Teil unserer Pädagogik sein. Wenn wir die Familie *ausschließlich* als Erlebnisgemeinschaft und die Schule als Instrument der Menschenbildung verstehen, dann drohen wir von einem Problem unseres Seins abzulenken: unserer Neigung zu Selbsttäuschung. Wir sind nicht so edel, wie wir denken. Wir sind gegen Atomkraftwerke, brauchen jedoch immer mehr Strom, wir plädieren für Umweltschutz, erlauben uns jedoch Ferienreisen in die Karibik, wir sind gegen kapitalistische Ausbeutung, kaufen jedoch billige Kleider aus Drittweltländern. Bei den Kriseninterventionen, die ich wahrscheinlich schon in über hundert problematischen Schulklassen durchführte, wurde kaum je der Anteil der Lehrpersonen an den Schwierigkeiten reflektiert. Obwohl gemäß meinem Eindruck mehr als ein Drittel der Probleme durch den Unterrichtsstil oder die Persönlichkeit der Lehrperson verursacht wurden, waren praktisch immer die Schüler Schuld. Die Lehrerschaft war selten bereit über sich selber nachzudenken, sondern es ging darum, die Klassen zu »flicken«. Wir wollen als Lehrperson, dass Kinder sich verwirklichen, doch nur in einem vorgegebenen Rahmen. Wir fordern sie auf, eigene Themen zu wählen, doch nur, wenn wir ihnen zustimmen können. Wir suchen das Gespräch, doch erwarten wir, dass sie sich von unseren Argumenten überzeugen lassen.

Das Problem dieses Erziehungsansatzes ist die Abwehr des Schattens. Die Auseinandersetzung mit den Widersprüchen und Paradoxien des Menschen bleibt aus. Die Kinder und Jugendlichen werden in eine *Scheinwelt* dirigiert, in der das Dunkle keinen Platz hat. Unangenehme Realitäten unserer Existenz gibt es nicht. Neid, Tod, Dekadenz, die Mühsal des Geldverdienens, des Schutzes, der Alten- und Krankenpflege oder religiöse Fragen werden ausgeklammert. Es herrscht der naive Glaube, dass das Böse und Faule verschwindet, wenn man es ignoriert. Ideale werden zur Orientierungsgröße der Lebensplanung und nicht psychologische Realitäten. Womöglich erwarten wir, dass die nachfolgende Generation sich beeindrucken lässt und so wird, wie wir uns die Welt erträumen. Es wird den Kindern und Jugendlichen Selbstverwirklichung versprochen, obwohl das Leben keine Bühne zur Entfaltung eigener Fähigkeiten und Talente ist, sondern eher einer Nachtmeerfahrt auf einem stürmischen Meer ohne Kompass gleicht. Die Einführung in die effektiven Regeln unserer Gesellschaft und unserer Schattenthemen wird *ausgelagert*.

Die systematische Unterwerfung der Kinder und Jugendlichen in unserer Gesellschaft

Ich habe zwei Fotos, auf dem der Platz vor meiner Praxis in Zürich abgebildet ist: Das eine wurde Ende 19. Jahrhundert aufgenommen, das andere letztes Jahr. Die Fassade des Hauses hat sich nicht verändert, auch der Brunnen und die Treppe davor sind auf beiden Bildern gut erkennbar. Es gibt jedoch einen großen Unterschied: Auf dem alten Foto sieht man Dutzende Kinder. Sie posieren, rennen herum oder stehen stramm, damit sie im Bild sind. Auf dem aktuellen Bild hingegen sieht man kein einziges Kind! Solche Bilder sind symptomatisch für unsere Zeit. Im Gegensatz zu heute waren Kinder damals in öffentlichen Räumen präsent. Nicht nur physisch, sondern sie haben sich auch durch rufen, grölen, schreien, kreischen, singen und spielen bemerkbar gemacht. Die Präsenz der Kinder im öffentlichen Raum ist zurückgegangen. Sieht man eines, dann meistens in Begleitung eines Erwachsenen oder mit einem riesigen Schultornister auf dem Rücken nach Hause eilend. Passanten und Verkehrsteilnehmer werden gewarnt: Achtung Kind! Herumlungernde oder spielende Kinder trifft man kaum noch.

Das Verschwinden der Kinder aus dem öffentlichen Raum

Gesellschaften zeichnen sich durch private, öffentliche und halböffentliche Räume aus. Je nachdem, in welchem Raum wir uns bewegen, verhalten und fühlen wir uns anders. Zu den öffentlichen Räumen gehören Straßen, Plätze, Grünflächen, Parks oder Freizeitanlagen. Sie sind für alle zugänglich. Unter halböffentlichen Räumen versteht man Bahnhöfe, Shopping-Malls, Läden, Restaurants und Cafés. Wenn wir sie betreten, dann wird uns automatisch eine Funktion zugeschrieben. Wir wünschen eine Dienstleistung oder hegen eine Erwartung. In einem Café werden wir zu einem Konsument, in einem Laden zu einem Kunden und in einem Bahnhof zu einem Passagier. Wir verhalten uns dementsprechend. Bei den privaten Räumen handelt es sich schließlich um die eigene Wohnung, das eigene Haus, den eigenen Wohnwagen oder Garten. Zuhause, in den eigenen vier Wänden benehmen und reden wir anders wie an Tramhaltestellen oder in einer Gartenbeiz. Sowohl unserer Tonlage, unsere Gesprächsthemen, unsere Kleidung wie auch unsere Bewegungen werden durch den räumlichen Kontext beeinflusst. Unter der Dusche wagen wir zu singen und uns zu kratzen, was wir als Passagier in einem Zugabteil unterlassen. Einen Einkauf werden wir nicht mit nassen Haaren und im Pyjama tätigen. Unser Verhalten und Denken wird durch die Erwartungen oder Codes, die der Raum kommuniziert, gesteuert.

Räume signalisieren, was erwünscht und was verpönt ist. Fußgängerstreifen teilen uns mit, dass man nur *dort* die Straße überqueren sollte. Straßenlaternen erinnern uns daran, dass man als Fußgänger, Fahrrad- oder Autofahrer in der Nacht auf die Straße oder das Trottoir achten sollte, und Eingangstüren markieren Grenzen zwischen privaten und öffentlichen Räumen. Wir müssen unser Verhalten entsprechend anpassen. In den Straßen definieren Signaltafeln, was erlaubt ist. Wir dürfen nicht zu schnell fahren oder überholen. Am Flughafen wird man durch Leitsysteme zum Gate dirigiert und bei der Benützung eines Liftes teilt uns eine Stimme mit, dass die Türe aufgehen wird. In Toiletten in Tokyo wird man ermahnt, das Handy nicht hinunterzuspülen!

Den Erwachsenen sind die expliziten und impliziten Erwartungen des öffentlichen Raumes vertraut. Sie haben sie internalisiert. Wir wissen, dass man fremde Menschen nicht anstarrt oder auf einem Bahnsteig keinen Walzer tanzt. Durch die Art, wie ein Raum gestaltet wird, wird uns das entsprechende, *richtige* Verhalten kommuniziert. Stößt man beim Eintreten in ein Restaurant als Erstes auf eine Rezeption, dann ist klar, dass man warten muss, bis einem ein Tisch zugewiesen wird. Wir können die Codes der öffentlichen und halböffentlichen Räume so lesen, wie es erwünscht wird.

Für Erwachsene ist das Begehen des öffentlichen Raumes kein Problem. Meistens sind sie froh um Codes und Regeln, denn sie erleichtern es ihnen, Bedürfnisse zu befriedigen. Entscheidend jedoch ist: Die Codes wurden von Erwachsenen definiert. Man ging von ihren Bedürfnissen aus.

Sicht der Kinder: der öffentliche Raum als Erlebnis

Kinder ticken anders. Wenn sie den öffentlichen oder halböffentlichen Raum betreten, dann rezipieren sie ihn nicht wie Erwachsene. Ihnen sind Codes nicht vertraut. Sie konzentrieren sich auf andere Zusammenhänge. Sie nehmen den Raum als Panoptikum mit unterschiedlichsten Anreizen wahr. Während wir uns beim Warten in einer Poststelle auf das Anzeigebrett fixieren, das uns mitteilt, wann wir mit unserer Nummer an der Reihe sind, flotiert die Aufmerksamkeit der Kinder. Sie sind von den komischen Deckenlampen, der Frau mit den Löchern in den Hosen, dem Handy im Verkaufsstand, der Frisur eines anderen Mädchens und einem Papierbecher, das auf dem Boden liegt, fasziniert. Sowohl ihre visuelle wie auch ihre akustische Wahrnehmung sind noch nicht auf Codes ausgerichtet.

Die Folge: Kinder nutzen den öffentlichen und halböffentlichen Raum anders. Sie interpretieren ihn gemäß eigener Interessen und Neigungen. Vorgaben nehmen sie oft nicht wahr. Sie tasten die Umgebung nach dem Lustprinzip ab, sind auf der Suche nach Erlebnissen und Experimentierfeldern. Der Raum dient nicht einem bestimmten Zweck, sondern wird zum Inhalt. Eine Rolltreppe ist nicht ein Hilfsmittel, um von einem Stock in den anderen zu gelangen, sondern eine Gelegenheit, sich in einem Konterspurt zu üben. Man springt die Rolltreppe in entgegengesetzter Richtung empor! Beim Tramfahren steigt man nicht einfach brav ein uns aus, sondern übt sich in Absprungtechniken. Aus der Sicht der Kinder bietet der öffentliche und halböffentliche Raum mehr Möglichkeiten, als von den Erwachsenen vorgesehen. Sie erleben ihn als kreatives Feld voller Aufforderungen zu bestimmten Aktivitäten. Es geht um das Ausprobieren und nicht um das richtige Verhalten. Die definierte Funktion ist nur *eine* unter vielen Verwendungszwecken.

Auf dem Sofa chatten statt draußen herumhängen

Kinder haben sich heute aus den öffentlichen und halböffentlichen Räumen zurückgezogen. Wenn sie Kollegen kontaktieren, dann zücken sie das Handy. Sie müssen nicht in die Umgebung hineinhören, um Immissionen ihrer Peers zu identifizieren oder einfach herumhängen. Das Verschwinden der Kinder aus der Öffentlichkeit hat verschiedene Gründe. Der Wohnraum, der einzelnen Familien zur Verfügung steht, hat sich vergrößert. Die meisten Kinder haben ein eigenes Zimmer. Sie müssen es nicht mit einem Geschwister teilen. Es ist demnach für sie nicht zwingend, nach draußen zu gehen, wenn sie das Bedürfnis nach Abstand haben. Sie können sich ins eigene

Zimmer zurückziehen.[9] Der öffentliche Raum wird nicht beansprucht. Ein weiterer Grund ist der Rückgang der Anzahl Kinder pro Familie. 1876 betrug die Anzahl Kinder pro Frau noch 4,5. In den 1960ern waren es 2,5 und heute sind es noch 1,5.[10]

Das Verschwinden der Kinder aus dem öffentlichen Raum hat auch mit dem Wandel der traditionellen Familienrollen zu tun. Wagte sich früher ein Kind nach draußen, wusste es, dass zuhause die Mutter wartete. Bei ihr konnte es sich geborgen fühlen, sich trösten lassen und genährt werden und vor einem erneuten Aufbruch in die Welt auftanken. Heute verlassen *beide* Elternteile das Zuhause und die Kinder besuchen Tagesstätten, Spielgruppen oder Tageshorte, wo sich Fachpersonen um sie kümmern. In Deutschland hat sich die Betreuungsquote im Bundesdurchschnitt seit März 2006 von 13,6 Prozent auf 32,9 Prozent im März 2015 erhöht. Die Mütter sind nicht mehr an den Herd verbannt und die Elternarbeit wird als gemeinsame Aufgabe verstanden. Dies ist durchaus eine positive Entwicklung. Eine Folge ist jedoch, dass der unsichtbare Faden, der Kinder mit ihrem Zuhause verband, zerrissen wurde und diese heute ihren Aktivitätsraum einschränken müssen.[11]

Organisierte Freizeit

Außer den Kitas stehen den Kindern noch diverse Freizeit- und Förderprogramme offen. Sie können sich in Kletterzentren, Streichelzoos, Abenteuerspielplätzen, Spielgruppen, Zukunftsdörfern vergnügen oder in Töpferworkshops, Tanzkursen, Computerlehrgängen, Judo- oder Akrobatikkurse etwas lernen. Während der Schulferien besuchen sie Summer Camps und Begabtentrainings. Die Mehrzahl dieser Aktivitäten verfolgt pädagogische Ziele. Die Kinder sollen etwas lernen. Sie werden ins Gemeinwesen eingeführt, für Nachhaltigkeit, Umweltschutz oder Menschenrechte sensibilisiert.

Die geringe Kinderzahl, der Wandel der Familienrolle, die Programmierung des Alltags und die komfortableren Wohnverhältnisse wirken sich auf die Lebenswelt der Kinder aus. Sie verbringen einen

Großteil ihres Alltags unter direkter oder indirekter Obhut der Erwachsenen. Wenn sie sich in den öffentlichen Raum wagen, dann folgen sie nicht dem Rufe ihrer Peers, sondern den Anweisungen der Erwachsenen. Man geht von A nach B. Verspätungen werden der Mutter oder dem Vater gemeldet. Wenn Kinder die Wohnung verlassen, bedeutet das nicht einen Schritt in die Freiheit, sondern sie bleiben am Gängelband der Erwachsenen. Räume, in denen Kinder sich selber überlassen sind und sich selber zusammenrotten können, sind selten. An Spielplätzen werden ihnen Abenteuer versprochen, doch reagieren sofort eine erwachsene Bezugsperson oder die Eltern, wenn man etwas wagt, das nicht vorgesehen ist. Viele Spielplätze sind mit Gittern umgeben mit der offiziellen Begründung, dass Kinder vor Schändern und Hunden geschützt werden sollen. Die Kinder selber haben jedoch den Eindruck, dass sie es sind, die eingesperrt werden. Sie dürfen die Welt nicht eigenständig erkunden. In der Eisenbahn gibt es spezielle Familienabteile oder -wagen, in denen Kinder Schaukeln und Rutschbahnen vorfinden; alles kindergerecht. Sowohl auf den Spielplätzen wie auch in den Familienwagen sind die Kinder unter konstanter Observation. Bei Vorfällen wird reagiert, Bösewichte werden identifiziert und Konflikte geschlichtet. Das ist an sich nicht schlecht. Das Problem ist jedoch, dass Kinder kaum mehr Gelegenheit haben, sich selber zu organisieren.

Kinderanlässe werden zu Elternevents

Ein Räbeliechtliumzug.[12] Die Kinder zwischen drei und zehn Jahren vertreten sich auf dem Pausenplatz die Beine. Sie wurden warm angezogen. Eine Mutter stülpt ihrem Sohn eine Kappe über den Kopf. Der Junge protestiert, doch er hat keine Chance, sich durchzusetzen. Die Kinder warten auf den Startschuss des Umzugs, der sie vom Kindergarten zum Kirchengemeindehaus bringen wird. Dort wartet ein warmer Tee auf sie. Man sieht kleine Händchen die Stecken umklammern, an denen Rüben hängen. Sie wurden ausgehöhlt und mit unheimlichen Fratzen versehen. In archaischen Zeiten handelte es sich beim Räbeliechtliumzug um einen kollektiven Beschwörungsakt gegen die zunehmende Dunkelheit. Ein Anlass, an dem Kinder sich selbstständig versammelten und lärmend durch die Straßen zogen! Sie markierten Präsenz. Heute beteiligen sich an Umzügen mehr Erwachsene als Kinder. Die Kinder verschwinden in der Masse der Eltern, Großeltern, Onkel und Tanten. Die Erwachsenen unterhalten sich, schauen ihre Kinder verzückt an und filmen sie mit dem Smartphone. Es geht darum, die süßen Gesichter, die Verlegenheit und das Kinderlachen elektronisch zu registrieren. Schreit oder reklamiert ein Kind, weil ein Altersgenosse etwas Gemeines gesagt oder es geschupst hat, intervenieren die Eltern sofort. Sie schelten, schlichten und trösten. Sicher, ein schöner Anlass. Die Frage stellt sich jedoch: Handelt es sich um ein Fest für die Kinder oder eine Inszenierung für leicht sentimentale Erwachsene? Denn: obwohl es sich um ein Kinderfest handelt, *dominieren* die Erwachsenen. Die Kinder sind in der Minderheit. Abgesehen von ein paar Rebellen machen alle brav mit und beteuern, dass sie große Freude an diesem Umzug haben und die Kohlrübe, die natürlich nur mit aktiver Mithilfe des Vater oder der Mutter entstand, wunderschön sei.

Infantilisierung der Kinder

Der Anspruch dieser Eltern ist es, am Leben ihrer Kinder teilzuhaben. Sie möchten wissen, was ihre Kleinen tun, und sich versichern, dass sie keinen Gefahren ausgesetzt sind. Dies ist nachvollziehbar und auch wichtig. Wenn Erwachsene den Kindern jedoch keinen Freiraum lassen, dann werden ihre Eigenaktivitäten erstickt. Es wird für Kinder schwieriger, ihre eigenen, oft andersartigen Interessen zu entdecken.

»Stefan hat einen Wurm verschluckt!« Gabi schnaubt aufgeregt, als sie diese Sensation ihren Kollegen verkündet. Theo reagiert skeptisch, runzelt die Stirn und meint. »Das ist nicht möglich; und außerdem gefährlich: Würmer fressen sich im Bauch weiter!« Léonie verzieht ihr Gesicht. »Find ich grausig!« Peter versucht mit einer noch verrückteren Geschichte die Aufmerksamkeit seiner Kollegen zu bekommen: »Stefan hat eine Maus gefangen, sie am Schwanz gehalten und dann herumgeschwungen, bis der Schwanz zerriss!« Seiner Information wird nicht viel Aufmerksamkeit geschenkt. Die Wurmgeschichte ist spannender.

Solche Konversationen führen Kinder, wenn *keine* Erwachsenen präsent sind. Wenn sie sich frei bewegen, dann werden Dinge angesprochen, bei denen Erwachsene erröten oder empört reagiert würden. Brisante Informationen über Sex, Gewalt werden ausgetauscht, Tabus angesprochen und Erwachsene durchgehechelt. Geheimnisse über die Lehrerin werden verraten und Klatsch besprochen: Wer wem einen Kuss gegeben, einen Streich gespielt oder Verbotenes missachtet hat. Bedingung dieser freien Rede ist, dass weder ein Termin eingehalten noch der Blick einer erwachsenen Person ausgehalten werden muss. Herumhängen, chillen, spontane Treffs auf der Quartierstrasse oder in einem abgesonderten Keller lockern die Zunge. Das sind die Orte, wo Kinder und Jugendliche sich an Themen heranwagen, für die sie offiziell zu jung sind. Gegenwelten, die frei von Erwachsenen sind, fördern ihre Fantasie und ihren Mut, sich an verbotene oder anrüchige Themen heranzuwagen. Eine solche Neugier ist ein wichtiger Motor der Entwicklung.

Kinder suchen Anschluss an eine Gegenwelt

Wie gut sie sich entwickeln, hängt jedoch von vielen Faktoren ab. Neben vererbten Eigenschaften spielen die Beziehungen zu den Bezugspersonen und die Sozialisation eine Rolle. Kinder werden von ihrer Umwelt geprägt. Sie sind ihr jedoch nicht ganz ausgeliefert, sondern suchen sich ihre Beeinflussungen auch *selber* aus. Ihre Persönlichkeit spiegelt darum nicht nur ihre Umwelt, sondern ist auch eine Eigenleistung. Damit ihnen diese Leistung gelingt, brauchen sie die Auseinandersetzung mit Kollegen und Kolleginnen, müssen eigene Stärken und Schwächen ausloten und ein persönliches Profil entwickeln. Sie streben nach anerkannten Eigenschaften wie

Mut, Loyalität, Disziplin, Ehrlichkeit, tasten sich jedoch auch an problematische und verwerfliche menschliche Eigenschaften heran: Feigheit, Betrug, Täuschung, Gewalt. Die Auseinandersetzung mit solchen Eigenschaften findet meist in einer Gegenwelt statt. Dort werden sie mit den *Schatteneigenschaften* der Mitmenschen und von sich selber konfrontiert. Sie erfahren, was Verrat heißt, wenn eine »gute Freundin« sie bei einer Kollegin verpetzt, sie merken, dass es sich bei den Prahlereien eines Kollegen um heiße Luft handelt oder erfahren, wie sie von Kollegen gemobbt werden.

Kinder suchen Anschluss an Gegenwelten, damit sie unfiltriert mit dem Dunklen des Menschen in Kontakt treten können. Sie wollen entsprechende Verhaltensweisen nicht ausleben, sondern sich Menschenkenntnisse erwerben, um die Welt mit ihren Widersprüchen und Paradoxien zu verstehen. Erwachsene reagieren oft mit Angst oder schwingen die Moralkeule, wenn sie von diesem Interesse erfahren. Daher werden solche Themen aus dem Schulunterricht verbannt. Man muss sich benehmen.

Wenn sie jedoch unter Gleichaltrigen sind, mit ihnen spielen, parlieren und streiten, werden sie mit den Tiefen und Höhen ihrer eigenen und fremden Persönlichkeiten konfrontiert. Sie erfahren, was es heißt, Mensch zu sein. Sie wollen *selber* erfahren, wie der Homo sapiens funktioniert und nicht nur schöne Sprüche hören. Sie realisieren, dass Menschen großzügig, altruistisch, hilfsbereit, jedoch auch gemein, aggressiv oder hinterhältig sein können. Von solchen Eigenschaften wollen sie nicht nur hören, sie wollen sie auch selber erkunden und am eigenen Leib erfahren, um sie ansatzweise zu verstehen. Dies ist eher möglich, wenn Erwachsene sich *nicht* einmischen. Unter sich erzählen sich Kinder anzügliche Witze, teilen sich unappetitliche Geschichten und kolportieren wüste Anschuldigungen. Mit Inbrunst werden Spiele ausgeführt, bei denen die Erwachsenen den Kopf schütteln und das Schlimmste befürchten. Wenn ein Junge Spaß daran findet, seinen Klassenkollegen die Hosen hinunterzuziehen, dann muss er aus der Sicht vieler Erwachsener zum Psychiater.

Man möchte frühzeitig eine schlimme Entwicklung stoppen. Wenn Knaben einen Porno anschauen, dann sieht man darin eine Verrohung. Solche Erfahrungen können jedoch wichtig sein. Kinder sprechen Gedanken aus, die Erwachsene nicht tolerieren. Sie werden mit den Paradoxien des Lebens und von sich selber konfrontiert. Was den Menschen ausmacht, erfahren sie nicht nur in präparierten und politisch korrekten Lektionen, sondern sie wollen auch den Faszinationen der Unterwelten nachgehen. Eine zu strikte Ablehnung dieser Neugier führt dazu, dass die Auseinandersetzung mit diesen Themen ausschließlich unter Gleichaltrigen stattfindet.

Die unheimliche Disziplinierung des Kindes

Ein Schulhaus in Aargau. Es steht auf einer leichten Anhöhe gleich neben einem Wohnquartier. Der Pausenplatz wird durch zwei Bäume beschattet, die von Bänken umrandet sind. Ein paar Kinder sitzen auf ihnen und starren zu den farbigen Mehrfamilienhäusern in der Ferne. Die Bäume beeindrucken durch ihre wunderbaren ausladenden Kronen. Was auffällt: Die unteren Äste fehlen! Sie wurden abgesägt! Der Baumstamm ist aalglatt. Erst ab ungefähr zwei Meter Höhe ragt ein einsamer Ast quer auf den Teerplatz. »Zu meiner eigenen Sicherheit will ich nicht auf Bäume, Geländer und Eisentore klettern!«, steht in der Schulordnung. Die Pausenplatzaufsicht hat dafür zu sorgen, dass diese befolgt wird. Es geht schließlich auch um Versicherungsfragen. Man will nicht der Verantwortungslosigkeit bezichtigt werden und eine Klage am Hals haben, wenn ein Kind vom Baum fällt.

Weiter vorn hat es einen Brunnen. Man hört jedoch kein Plätschern. Obwohl die Sonne einem auf der Haut brennt, sprudelt kein Wasser aus der Röhre. Es wurde vom Facility Manager auf Geheiß der Schulleitung abgestellt, nachdem Schüler sich wiederholt vollgespritzt hatten und trotz gelber Karte von ihren Aktionen nicht abließen! Eine Mutter hatte sich beschwert. Sie war überzeugt, dass ihre Tochter wegen der nassen Kleidung nach einer Spritzaktion krank wurde. Nach Schulschluss lässt man an gewissen Tagen Wasser durch das Rohr, doch erst ab 16:20 Uhr. Denn nach dem offiziellen Schulschluss um 16:10 Uhr darf sich kein Schüler mehr auf dem Pausenplatz blicken lassen.

Verbote und Codes

Es sind nicht nur mangelnde Zeit, andere Tätigkeiten und die spärlichen Altersgenossen, die Kinder abhalten, den öffentlichen Raum für sich zu beanspruchen und eine Gegenwelt zu inszenieren, sondern auch die vielen Warnungen und Verbote, die sie beachten sollten. Es warten nicht Abenteuer und Experimente auf sie, sondern eine Fülle von offenen und versteckten Anweisungen und Warnungen. Auf viele wird direkt hingewiesen, andere werden ihnen durch die Eltern oder die Schule eingebläut. Vorsicht, wenn man eine Straße überquert, man könnte überfahren werden! In Schächte steigen geht gar nicht, denn man kann in ihnen steckenbleiben oder sich in ihnen verlieren! Baustellen sind ein definitives No-Go und in Wäldern lauern Vergewaltiger. Kinder werden von Eltern, Lehrern und Fachpersonen auf Gefahren hingewiesen. Dies ist durchaus sinnvoll. Kinder müssen zur Vorsicht gemahnt werden, wenn wir Unfälle verhindern wollen. Wenn der Raum jedoch mit *zu vielen* und unsinnigen Verboten belegt wird und die Warnungen überwiegen, dann können sich keine Gegenwelten bilden und Kinder können nicht experimentieren. Wenn Bäume nicht beklettert werden dürfen, Treppengeländer mit Noppen ausgestattet sind, in Gängen nicht gerannt werden darf und Tramschellen auf keinen Fall betätigt werden dürfen, dann macht das Leben keinen Spaß. Aktivitäten, die auch entwicklungspsychologisch wichtig wären, werden unterbunden.

Kinder haben heute keine Wahl: Sie betreten den öffentlichen Raum nicht lärmig und fordernd, sondern wurden instruiert, dass sie sich benehmen müssen. Sie dürfen im Bus nicht laut singen, den Aufzug nicht für Liftspiele missbrauchen und natürlich nicht alleine den Wald erforschen. Die meisten fügen sich den Anweisungen der

Alten. Wenn Kollegen und Kolleginnen fehlen, dann fehlt ihnen auch der Mut, um die Codes und Regeln der Erwachsenen zu missachten. Straßenlampen werden nicht bestiegen und Nachbarn nicht herausgeläutet. Ohne unterstützende Altersgenossen hält man sich mit den eigenen Beiträgen zur Belebung des öffentlichen Raumes zurück. Wohlbemerkt: Solche Aktivitäten sollten nicht von den Erwachsenen extra gefördert werden! Damit Kinder und Jugendliche sich in die Welt einbringen und entwickeln können, braucht es jedoch ein gewisses Maß an Störungsmöglichkeiten. Eine zu normale und geordnete Umwelt behindert eine gesunde Entwicklung. In der Wahrnehmung der Kinder und Jugendlichen wird der öffentliche Raum von den Erwachsenen beherrscht. Es ist darum für sie schwierig, ihn für sich zu erobern und eine eigene Subkultur zu entwickeln, wo sie Ideen entwickeln, wie man sich in die Welt einbringt und erhört wird. Eine weitere Folge ist, dass es kaum zu Auseinandersetzungen mit Erwachsenen kommt, die nicht zur eigenen Familie gehören.

Öffentlicher Raum als Territorium der Alten

»Sofort raus!«, schrie mich der Schaffner an. Ich stand im hinteren Teil des Trolleybusses Nummer 34, der in Zürich vom Klusplatz nach Witikon fährt. Ich war soeben eingestiegen. Bis Ende der 1960er-Jahre wurden Billets im Bus verkauft und geknipst. Vorne saß der Buschauffeur und hinten, gleich neben der Eingangstür, thronte der Schaffner. Er saß in einer kleinen Kabine. Wollte man einen Sitzplatz, dann musste man sich an ihm vorbeizwängen, ein Billett zeigen oder lösen. Der Schaffner musste darauf achten, dass Passagiere nicht auf der Eingangsplattform stehen blieben, um sich vor der Bezahlung des Fahrpreises zu drücken. Das Problem war jedoch, dass sich am Mittag der Bus mit Schüler und Schülerinnen füllte. Um kein Billett zu bezahlen, veranstaltete man ein Gedränge. Der Mann in der Kabine konnte dann noch so fluchen und schimpfen, als Kind oder Jugendlicher konnte man sich im Menschenknäuel verstecken und so tun, als werde man von einer Auseinandersetzung mit einem Kollegen absorbiert. Wichtig war, dass man an der Endstation rasch und verbotenerweise durch die Eingangstüre hinaussprang, bevor sie brutal geschlossen wurde oder neue Passagiere einstiegen. Gelang einem der Sprung ins Freie, dann hatte man Geld gespart! Wurde man jedoch erwischt, musste man mit schlimmen Folgen rechnen. Oft gab es eine Ohrfeige. Mehrfachtätern erhielten die ultimative Strafe: Busverweis! Die sieben Kilometer von Klusplatz nach Witikon musste man dann zu Fuß zurücklegen.

Ein solches Eingreifen von Erwachsenen gegenüber fremden Kindern ist heute nicht denkbar. Ließe heute ein Schaffner einen elfjährigen Knaben alleine die weite, durch kein Trottoir gesicherte Strecke nach Hause zurücklegen, hätte er eine Klage am Hals. Dass eine fremde Person ein Kind im öffentlichen Raum maßregelt, wird heute nicht toleriert. Eine etwaige Empörung behält man für sich. »Es ist ja nicht das eigene Kind!«, rechtfertigt man sich.

Die Zurückhaltung der Erwachsenen bei der Maßregelung der Kinder und Jugendlichen ist neu. Der öffentliche Raum war früher auch eine Zone, in der es zu Auseinandersetzungen mit fremden Personen kam. Wenn ein Kind frech war oder etwas Unerlaubtes tat, dann wurde es gescholten. Sie wurden von den Erwachsenen wahrgenommen und waren wichtige Protagonisten in Restaurants, Cafés, Bussen, Zügen und öffentlichen Plätzen. Haben sie sich gut aufgeführt, dann wurden sie gelobt. Missachteten sie Codes, dann ließ man sie das wissen! Dies wirkte sich auch auf die Selbstwahrnehmung der Kinder und Jugendlichen aus. Sie empfanden sich nicht als Exoten oder eine schützenswerte Spezies, sondern als Gegenspieler in der Welt der Erwachsenen. Der öffentliche Raum war für Kinder und Jugendliche auch eine Möglichkeit, die Grenzen eigener Aktionen auszuloten und die Empfindlichkeiten der Erwachsenen zu erleben. Heute wird er von Erwachsenen beherrscht und Kinder sind unsichtbare und unberührbare Wesen.

Mit Streichen Präsenz markieren

Kaum jemand wusste, dass es hinter dem Bauernhof neben dem Velohändler einen kleinen Teich gab. Spazierte man den schmalen Weg den Berg hinauf und den Hof entlang aus dem Dorf, dann lag der Teich zur Linken. Die Sicht auf das Wasser wurde durch einen dichten Laubwald eingeschränkt. Mein Freund und ich waren fasziniert von diesem Wasserreservoir. Meistens enthielt er fast kein Wasser. Doch eines Morgens bemerkten wir auf dem Weg zur Schule, dass der Teich voll war. Der Regen hatte den Teich anschwellen lassen. Sofort kamen wir auf die Idee, die Schleusen zu öffnen, welche aus dem Teich führten. Dank gemeinsamer Anstrengungen gelang uns dies. Wasser floss durch den von uns geöffneten Spalt. Wunderbar! Leider gelang es uns nicht, die Schleuse zu schließen. Zu unserem Entsetzen wurde der Spalt immer größer! Immer mehr Wasser ergoss sich auf die darunterliegende Straße und riss sogar Geröll aus dem Teich mit. Wir gaben auf und eilten in die Schule. Kurz vor der Mittagspause erschien ein völlig aufgebrachter Vertreter der Gemeindebehörde in der Schule: Schüler dieser Klasse hätten die Frechheit gehabt, die Schleuse zu öffnen! Der Marktplatz sei jetzt nass und verdreckt! Eine aufwendige Putzaktion sei nötig gewesen! Die Täter hat man nie gefasst ...

Einige Leser oder Leserinnen werden sich an ähnliche Streiche erinnern. Kinder und Jugendliche nutzten den öffentlichen Raum nicht nur, um sich zu treffen und zu spielen, sondern auch für problematische Aktionen. Sie machten durch Störaktionen auf sich aufmerksam. Viele dieser Streiche waren lustig, andere problematisch und einzelne destruktiv, ja lebensgefährlich. Man schoss mit dem Luftgewehr auf Straßenlampen, montierte bei einem parkierten Wagen die Räder ab, setzte die Metzgerei unter Wasser, mauerte in einer Baustelle ein Fenster zu, zündete einen Stapel Zeitungen an oder drang des Abends ins Schulhaus, um die Pulte zu verstellen. Kinder und Jugendliche lassen sich zu Tätigkeiten verleiten, bei denen sie genau wissen, dass sie verboten und gefährlich sind. Oft zeigen sich nachher Reue und beteuern, es nie, nie mehr tun. Streiche lösten natürlich *Gegenreaktion* aus. Wenn Erwachsene mit roten Köpfen reagieren, dann ist der Zweck erfüllt. Emotionen signalisieren Grenzen. Außerdem: Man hatte als Kind oder Jugendlicher *Folgen* zu vergegenwärtigen: Ernsthafte Gespräche, Strafnachmittage, Abzug beim Taschengeld, Gespräche mit der Behörde, Entschuldigungen, Arbeitsleistungen. Und: Ein verursachter Schaden muss beglichen werden.

Streiche sind heute Delikte

Streiche haben heute eine andere Bedeutung. Lästige Störaktionen mutierten zu *Delikten*. Entsprechend fallen die Reaktionen schärfer, formeller, unpersönlicher und komplizierter aus. Die Polizei, die Sozialbehörde oder die Kinder- und Erwachsenenschutzbehörde werden mobilisiert. Strafanzeigen, Gefährdungsmeldungen sind die Folge und haben vielfach ein juristisches Nachspiel oder führen zu psychiatrischen Abklärungen. Von einem Tatbestand wird gesprochen oder eine Diagnose wird gestellt. Dass reagiert werden muss ist klar. Der entscheidende Unterschied ist jedoch: Die Konfliktregelung erfolgt *außerhalb* des Beziehungsnetzes und Tummelfelds des Kindes oder Jugendlichen. Wegen der Null-Toleranz-Strategie haben vielfach kleinste Vergehen harte Konsequenzen: Time-Out, Anti-Aggressions-Trainings oder Schulwechsel, weil man ein Pult aus dem Fenster stieß; eine Heimeinweisung, weil man die Ortstafeln besprayte; eine psychiatrische Abklärung, weil man in den Weinkeller des Nachbarn drang und zwei Bordeaux-Flaschen stahl. Man moniert, dass eben zu viel Freizeit zu diesem Verhalten führt. Da sie nichts mit sich anfangen können, machen sie Blödsinn. Noch mehr Freizeitprogramme und geführte Schulwege werden empfohlen.

Streiche darf man erst Jahre nach der Tat, im Alter verherrlichen. Viele Aktionen waren gefährlich und zeugten von einer destruktiven Energie. Im Rahmen der Entwicklung der Kinder oder Jugendlichen haben sie jedoch eine Bedeutung. Oft handelt es sich um Versuche, sich in die Gesellschaft einzubringen. Man will erleben, welche Personen und Kräfte die Gesellschaft repräsentieren. Man will sich gegenüber den vermuteten Mächten des öffentlichen Raumes bemerkbar machen, die Umgebung testen. Es ist an den Erwachsenen, zu reagieren. Es sollte sich jedoch vor allem um die Betroffenen handeln, die Personen, die den Schaden erlitten oder gestört wurden.

Der Nachbar schreit ins Telefon: »So etwas habe ich noch nie erlebt! In der friedlichen Schweiz wird mein Zimmer beschossen! In Caracas sei dies sehr verbreitet, doch in Zürich!?« Die Mutter versteht die Welt nicht mehr. Wovon spricht dieser Nachbar? Schließlich hat sie eine dunkle Ahnung. Widmet sich der Sohn vielleicht doch nicht nur seinen Hausaufgaben? Sein Cousin war zu Besuch und wollte ihm etwas »sehr Cooles« zeigen, kommt ihr in den Sinn. Sie verspricht, zurückzurufen, hängt auf und eilt zum Zimmer ihres Sohnes. Statt Vokabeln zu lernen, experimentieren ihr Sohn und sein Cousin mit dem Luftgewehr! Sie zielen auf eine Büchse, die sie auf den Fenstersims gestellt haben. Dass einzelne Kügelchen nicht die Büchse treffen, sondern die Fassade des Nachbarn, war ihnen nicht bewusst.

Nachdem sie ihre Empörung deutlich zum Ausdruck gebracht hatte, befiehlt sie den Jungen, sich beim Nachbarn zu melden! Nach einiger Gegenrede fügen sie sich und zotteln widerwillig und geduckten Hauptes zum Nachbarhaus. Man wird sie Mores lehren! Zwei Stunden später: Die Mutter macht sich Sorgen. Die Jungen sind immer noch nicht zurückgekehrt! Hat der Nachbar sie der Polizei übergeben? In einen Keller gesperrt? Kurz vor dem Nachtessen hört sie Gelächter im Treppenhaus. Statt erschüttert kehren sie in bester Stimmung zurück! Es sei ungeheuer spannend bei diesem Südamerikaner! Zuerst habe er heftig geschimpft und sie hätten sich entschuldigt. Die Stimmung habe sich langsam gekehrt. Er habe ihnen etwas zu trinken offeriert, anschließend habe er über seine Kindheit und von seiner Heimat erzählt. Sie hätten viel gelernt! Ohne die

Aktionen mit den Kügelchen wären die zwei Jungen dem Südamerikaner nicht begegnet.

Dieser Vorfall zeigt exemplarisch, was der Zweck der Streiche von Kindern oder Jugendlichen ist. Den öffentlichen Raum nehmen Kinder und Jugendliche in seiner Abgrenzung vom familiären Raum wahr. Sie wachsen im Territorium der Eltern auf: Spielplätze, Kitas und Schulen. In diesen Räumen übernehmen die Erwachsenen eine Rolle. Sie maskieren sich. Die Welt draußen bleibt den Kindern unbekannt. Bald meldet sich das Bedürfnis, mehr über das Draußen zu erfahren. Kinder und Jugendliche wollen herausfinden, wie ihre Umwelt, die Gesellschaft und Menschen funktionieren und welches ihre Geschichten sind. Sie sind neugierig, von den Ängsten, Träumen, Hoffnungen, Erwartungen und Verletzungen zu hören, die sich hinter den Gesichtern fremder Menschen verstecken und wie gesellschaftliche Systeme funktionieren. Durch Streiche werden hintergründige Motive ersichtlich. Sie sind darum für Kinder oder Jugendliche eine Chance, ihre Umgebung kennenzulernen. Die Erwachsenen müssen irritiert werden, damit sie verraten, was ihnen wichtig ist und welche Verbote ernst zu nehmen sind. Wichtig ist jedoch, dass die Erwachsenen reagieren und ihre Empörung den Kindern mitteilen und nicht sogleich eine Fachperson rufen, die das Kind »flicken« und »normal machen« soll.

Aus Überlebens- wurden Erlebnis- gemeinschaften

Lassen sie mich die Hauptgedanken dieses Kapitels zusammenfassen. Begonnen hat es mit Kronos, der seine Kinder verschlingt, um zu verhindern, dass sein Nachwuchs das Licht der Erde erblickt. Diese griechische Mythologie hat uns zur Einstimmung, einer kollektiven, wenn nicht archetypischen Einstellung gedient. Es geht nicht primär um persönliche Haltungen, sondern um den *Denkkanon der Allgemeinheit*. Unser Denken und unsere Haltungen werden durch jene

Gruppen geprägt, in denen wir aufwachsen und leben. Gruppen zeichnen sich durch Inhalte aus, gemeinsame Haltungen und Werte. Dank diesen entwickeln sie ein Zusammengehörigkeitsgefühl. Die Zugehörigkeit zu diesen Gruppen ist darum an Bedingungen geknüpft. Es handelt sich selten um ausformulierte Kriterien, sondern um *implizite Merkmale*, die der jeweiligen Gruppe zu einem Profil verhelfen. Wir kleiden uns wie ein Texaner, reden wie ein Berner oder haben einen britischen Humor. Unser Denken und unsere Wahrnehmung werden gemäß solchen Vorgaben unserer Bezugsgruppe kalibriert. Als Deutscher zollen wir dem Staat großen Respekt, als Brite achten wir auf Klassenunterschiede und als Schweizer sind uns Zeremonien fremd. Die Übernahme erfolgt nicht bewusst, sondern wird durch die Erziehung und Sozialisation vermittelt. Wir nehmen sie mit der Muttermilch auf und identifizieren uns anschließend mit ihnen. Unsere Einbindung in ein System oder eine Gruppe nehmen wir selber darum nicht wahr. Wir glauben an unsere Eigenständigkeit, auch wenn wir mit der Horde heulen oder eben: denken. Was wir sagen, kann darum immer auch Ausdruck der Gruppe sein, der wir angehören.

Zentralen Überzeugungen unserer Gemeinschaft oder Gesellschaft wird selten widersprochen. Sie gelten als Wahrheit oder Mythos. Oft realisieren wir erst viel später, dass wir einem kollektiven Irrglauben verfielen. Dass die weiße Zivilisation den Afrikanern, Indern und Südamerikanern überlegen sei, war jahrelang eine Grundüberzeugung europäischer Gesellschaften. Man glaubte an dieses Paradigma, so wie man während anderen Epochen überzeugt war, dass der Jazz den Geist zerstört oder Frauen nicht denken können.[13] Wer nicht entsprechende Ansichten vertrat, lief Gefahr verspottet zu werden. Es handelte sich um Überzeugungen, denen auch intelligente Menschen zustimmten. Wer nicht mit dem damaligen Mainstream mitschwamm, drohte Außenseiter zu werden.

Paradigmen wandeln sich jedoch. Sie werden durch gesellschaftliche, politische, religiöse, wirtschaftliche und demografische Bedingungen beeinflusst, wie auch von Krieg oder Wohlstand. In diesem Kapitel konzentrierten wir uns auf Paradigmen, die Kinder und Jugendliche betreffen. Sie wurden in Zusammenhang mit der Bedeutung der Familie und der Überalterung der Gesellschaft gebracht. Ich habe argumentiert, dass die Haltung den Kindern gegenüber von den unhinterfragten gesellschaftlichen Paradigmen Sicherheit, Kontrolle und Gesundheit usurpiert wurden.

Unsere Einstellung den Kindern gegenüber hängt mit der Rolle der *Familie* zusammen. Aus Überlebens- wurden Erlebnisgemeinschaften. Es geht heute nicht mehr primär um Schutz, Pflege, materielle Sicherheit, Kranken- und Alterspflege, sondern um *Erlebnisse*. Wir gründen eine Familie, um unserem Leben einen Sinn zu geben, glücklich zu sein und uns zu verwirklichen. Diese Erwartungen haben zu einem Bedeutungswandel der Kinder geführt. Oft wurden sie zu einem Bestandteil des Selbstverwirklichungsplanes der Eltern. Sie leben ihre Ambitionen über Kinder aus. Eltern besuchen zusammen mit ihren Söhnen und Töchtern Töpferkurse, Mutter-Kind-Yoga, Kurse in Chinesisch, Puppen- oder Pantomimenkurse. Oft ist nicht klar, ob solche Aktivitäten den Interessen der Kinder entsprechen oder einer Ambition des Vaters oder der Mutter.

Kinder werden vermehrt außerhalb der Familie betreut. Das Zuhause ist nicht mehr das Lebenszentrum, sondern Ortwechsel wurden zur Norm. Kinder verbringen ihren Alltag abwechslungsweise in Kitas, Tagesschulen oder im Hort. Sie wachsen nicht ausschließlich im elterlichen Haus auf und setzen sich mit diversen Bezugspersonen auseinander. Dies ist per se nicht schlecht. Paradoxerweise erhöhte dies jedoch die emotionale Bedeutung der Kinder. Während Trennungsphasen vermissen Eltern sie oder werden sogar von Schuldgefühlen geplagt. Sobald Kindern den vertrauten Raum der Familien verlassen, machen sich die Eltern Sorgen und denken an die Gefahren, denen sie ausgesetzt sind. Sie wollen sicher sein, dass Kindern nicht ein Malheur geschieht. Kontrolle wurde wichtig. Eine weitere Folge ist, dass Eltern im Umgang mit ihren Kindern an Lockerheit verlieren. Während der Zeit, die man mit den Kindern verbringt, strengt man sich an. Man will es richtig machen und dem Sohn oder der Tochter »Quality Time« schenken. Auseinandersetzungen werden schwieriger und beiläufiges Zusammensein seltener.

Was ist »kindsgerecht«? – Rolle der Fremdbetreuung

In der außerfamiliären Betreuung sammeln Kinder Erfahrungen mit verschiedenen Menschen. Die Gefahr ist jedoch, dass es diesen Beziehungen an Tiefe mangelt. In den Kitas wechselt das Personal häufig, und in Schulen werden die Kinder heute meist von mehreren Lehrpersonen unterrichtet. Es fehlt die Konstanz, um eine wirkliche Beziehung aufzubauen. Außerdem werden sie von Menschen betreut oder unterrichtet, die sich nach professionellen Standards ausrichten und eigene Fantasien oder persönliche Schwerpunkte vernachlässigen. Außerdem bewegen sie sich oft in »kindsgerechten« Umgebungen. Diese werden von professionellen Erwachsenen eingerichtet, die sich an den allgemein akzeptierten und von ihrer Profession sanktionierten Vorstellungen orientieren. Sie beeinflussen, wie man einem Kind gegenüber begegnet und es erzieht.[14]

Wenn Kinder zur Selbstverwirklichung der Eltern dienen, dann mutieren sie zu *schutzwürdigen* Objekten. Die Eltern haben Probleme, ihnen Eigenständigkeit zuzugestehen. Sie schreiben vor, was sie tun und wie sie sich verhalten sollen. Natürlich wird dies nicht eingestanden, sondern diese Absichten werden hinter akzeptierten Werten versteckt. Wir möchten nicht, dass sie frei herumlaufen und dirigieren sie an »schöne« Orte, damit sie sich besser entwickeln. Sie dürfen sich nur in den für sie vorbestimmten Räumen aufhalten. Um ihnen Sand in die Augen zu streuen, werden beschönigende Namen verwendet: »Abenteuerspielplätze«, »Piratenschiffe« und »Burgen«. Diese Bezeichnungen täuschen darüber hinweg, dass es sich um Gefangeneninseln handelt, in denen sie unter Observation stehen. Sie unterliegen der Herrschaft der Erwachsenen, die sie nach ihren Vorstellungen der Selbstverwirklichung gestalten. Mit Selbstbestimmung, welche ihnen in freier Wildbahn zustehen würde, haben solche Räume oft wenig zu tun. Wenn sie unter Kontrolle der Erwachsenen sind, ist es für Kinder und Jugendliche schwierig, sich in Horden zusammenzuschließen, zu balgen, sich gegenseitig zu foppen, unanständige Witze zu erzählen und gegenseitig voneinander zu lernen. Woher kommt aber diese Haltung der Erwachsenen, Geronten[15], und welchen Einfluss haben sie auf Kinder und Jugendliche?

Bedeutung von Sicherheit und Planbarkeit

Wie erwähnt definieren sich Gesellschaften über unhinterfragte Werte. Alle stimmen zu und finden, sie müssen zwingend umgesetzt werden. Ein zentraler aktueller Wert ist *Sicherheit*. Je älter wir sind, desto wichtiger wird diese für uns. Aufgrund Erfahrungen und dem Bewusstsein der Fragilität des Lebens realisieren ältere Personen, was schiefgehen könnte. Sie erkennen Gefahren. Sie oder eben die Geronten träumen von einer risikofreien Gesellschaft. Für Kinder bedeutet dies, dass bei Spielplätzen Böden stoßsicher, bei Nässe rutschsicher und bei Stürzen abfedernd wirken sollen. Treppen müssen mit Handläufen und Plattformen mit Brüstungen versehen werden. Die theoretische Fallhöhe darf 60 Zentimeter nicht überschreiten. In Kitas müssen die Möbel stabil und kippsicher sein, abgerundete Ecken haben; Heizkörper und Garderobenhacken dürfen ebenfalls keine scharfen Kanten aufweisen, Werkzeuge dürfen nur unter Aufsicht verwendet und müssen sofort weggeräumt werden, Steckdosen müssen gesichert sein und Kabel dürfen nicht frei verlaufen. Auf Tischdecken wird verzichtet. Fenster müssen gesichert sein und bis zum Boden verlaufen, damit Kinder nicht in die Versuchung geraten, auf einen Stuhl zu stehen, wenn sie hinaussehen wollen. Die Kinder sollen sicherheitsbewusstes Verhalten entwickeln: Low risk – more fun?

Zweifellos ist es die Aufgabe der Erwachsenen Unfälle zu verhindern. Das Problem ist, dass übertriebenes Sicherheitsdenken sich kontraproduktiv auswirkt. Kinder müssen auch lernen, mit Gefahren umzugehen Wenn selbst kleine Risiken eliminiert werden und Kinder sich nur in Schutzzonen bewegen dürfen, dann wähnen sie sich überall sicher. Sie wachsen in einer Scheinwelt auf.

Gesundheitsdenken versus Risikohunger und Adrenalinschub

Gerontenhaft ist auch das Bedürfnis nach der *Berechenbarkeit* des Alltags. Man möchte wissen, was auf einen zukommt und wann man sich auf was einlassen wird. Hotelaufenthalte werden Wochen im voraus gebucht und man kreuzt kaum je bei Freunden spontan auf oder verschickt beim Ausgang zuerst mal Kollegen und Kolleginnen eine SMS mit der Frage: Wo bist du? Was machst du? In der Schweiz ärgern wir uns, wenn die Eisenbahn nicht pünktlich um 14.21 ankommt oder der Brief mit A-Post nicht am nächsten Tag eintrifft. Wir erwarten reibungslose Abläufe. Überraschungen wollen wir verhindern, weil sie uns aus der Fassung bringen und wir die Kontrolle verlieren. Das Bedürfnis nach Berechenbarkeit reduziert jedoch die Chance spontaner Begegnungen und unerwarteter Ereignisse. Eine solche Haltung ist den meisten Kindern und auch vielen Jugendlichen fremd. Jeder Tag birgt für sie die Chance völlig neuer Ereignisse und Überraschungen.

Je älter man wird, desto mehr sind wir um das eigene körperliche Wohl besorgt. Man möchte Krankheiten und Unfälle verhindern. Ein zentraler Wert der Alten ist darum *Gesundheit*. Auch dies wirkt sich auf die Gestaltung des Alltags und der öffentlichen Räume aus. Während man in jungen Jahren bei Weltreisen auf Bahnhöfen übernachtete, Nächte durchzechte und kaum zum Arzt ging, meiden ältere Menschen Sitzplätze in Restaurants mit Durchzug, wagen keine waghalsigen Sprünge beim Skifahren, verlangen, dass Busstationen mit Schutzdächern ausgerüstet werden und suchen regelmässig Arztpraxen auf, um sich einer Gesundheitskontrolle zu unterziehen. Kindern und Jugendlichen ist eine solche Einstellung fremd. Sie wollen sich ins Leben einbringen und sind sich der Endlichkeit des Lebens kaum bewusst. Die Fragilität des Lebens ist für sie ein abstrakter Begriff. Für sie geht es um das Ausprobieren, die Risikosuche, den Adrenalinschub und Erlebnisse.

Jugendliche pfeifen auf Umgangsformen

Zu den Werten Sicherheit, Gesundheit und Planbarkeit kommen noch *gute Umgangsformen* hinzu. Je älter man wird, desto mehr beachtet man die Umgangscodes des öffentlichen, halböffentlichen und privaten Lebens. Man weiß, wie man sich benimmt. Man spuckt nicht auf den Boden, stellt keine unanständigen Fragen, zügelt im Tram oder Bus seinen Blick, rast nicht Gänge entlang oder kratzt sich an einer unständigen Körperstelle. Solche Umgangsformen sind sinnvoll und erleichtern das Zusammenleben. Kindern und oft auch Jugendlichen sind sie noch fremd. Da sie noch nicht fest ins Arbeitsleben eingebunden sind und keine definitive gesellschaftliche Rolle ausfüllen müssen, verhalten sie sich wie freie Wildgänger. Starre Umgangsformen sind für sie ein Gräuel, da sie sich gegenseitig nicht als Rollen- und Funktionsträger wahrnehmen. Wenn Kinder oder Jugendliche sich treffen, dann geht es um spontane persönliche Begegnungen. Man sieht sich und schaut mal, was passiert. Weder das Networking, noch das eigene Image spielt eine zentrale Rolle, sondern es geht um das Ausprobieren und das Testen der Umgebung. Die eigene Identität wird spielerisch abgehandelt, da gesellschaftliches Prestige oder die Notwendigkeit der richtigen Rede im eigenen Verhalten keine große Rolle spielen. Anarchisches und ungeschicktes Verhalten löst bei den Erwachsenen vielleicht Kopfschütteln aus, doch im Gegensatz zu den Erwachsenen hat man nicht gleich eine Kündigung auf dem Tisch oder die Frau läuft einem davon. Da man die Zukunft auf seiner Seite hat, kann man mehr wagen. Es kann alles anders werden und außerdem ist man ja auch offiziell ein Lernender. Zur Kindheit und Jugend gehört darum, dass man unangebrachte Verhaltensweisen wagt und hie und da auch eigene Wege ausprobiert.

Es geht um das Ausloten der Möglichkeiten und Grenzen des sozialen Seins.

Da es jedoch weniger Kinder und Jugendliche gibt, und diese in feste Programme eingebunden sind, wird der öffentliche, wie auch halböffentliche Raum weitgehend von den Erwachsenen definiert. Ihre Haltungen dominieren. Es ist darum für Kinder schwierig, Experimente durchzuführen und Risiken einzugehen. Sie haben dort nichts zu suchen. Sie dürfen sich fast nur auf Spielplätzen, in Kitas unter Aufsicht tummeln, wenn sie nicht ein Förderungsprogramm absolvieren oder die Schule besuchen.

Mit anderen Worten: Wir verwehren Kindern den Zutritt in die Welt, wie sie ist. Wir haben das Licht der Welt erblickt, doch Kinder rund Jugendliche dürfen nicht hinsehen. Wir begegnen den Kindern nicht als ältere Menschen, die *vorläufige* Antworten präsentieren, sondern als *Wissende*. Die nachfolgende Generation soll sich uns anpassen und unser Tun übernehmen. Wir tun so, als hätten wir die Gefahren auf dieser blauen Kugel erkannt und das Wissen gekapert! Es wird schwieriger für Kinder und Jugendliche sich über eigene Erfahrungen spielerisch und über Auseinandersetzungen mit den Erwachsenen in die Welt einzubringen. Sie werden aufgefordert, uns zu folgen, statt uns aufgrund *eigener* Erfahrungen Rückschlüsse zu verlassen.

Das Kind als Wunschtraum

Fantasien werden zu Erwartungen

Die Erziehung heute ist stark angetrieben von einem übertriebenen Wunsch nach Optimierung der Entwicklung der Kinder. Als Vater oder Mutter will man nichts unterlassen, was die Entwicklung des Sohnes oder der Tochter fördert. Dieser Optimierungsglaube ist nachvollziehbar und gründet in der engen Beziehung zwischen Eltern und Kindern. Liebende wollen ihre Kinder fördern und überlegen sich darum, was für ihn oder sie das Beste sein könnte.

Eine Karikatur der englischen Satirezeitschrift »Punch« bringt diese Fantasien zum Ausdruck: »Ja, natürlich, während er den Kanal durchschwimmt, wird er einen Ersatz für sein Amt als Premierminister finden!«, beschwichtigt der frischgebackene Vater seine Frau, die ihren Sohn in den Armen hält. Die Karikatur wurde vor über 90 Jahren gezeichnet. Sie thematisiert ein Phänomen, mit dem wir alle vertraut sind. Vater oder Mutter zu werden löst Glücksgefühle aus. Man ist überglücklich über jeden noch so kleinen Entwicklungsschritt. Das erste Lächeln versetzt einen fast in Ektase. Dreht sich das eigene Kind zum ersten Mal auf den Rücken, dann handelt es sich um eine Sensation! Elterliche Beobachtungen kennen keine Objektivität, sondern neigen zu Übertreibungen und Fehlurteilungen. Das ist gut und richtig, doch gleichzeitig gilt es kritisch zu reflektieren und sich der möglichen Gefahren bewusst zu werden, die in harmonischen und scheinbar unproblematischen Eltern-Kind-Beziehungen lauern.

Mutter- oder Vaterschaft verändert uns. Wenn man zum ersten Mal das eigene Kind in den Armen hält, dann wird man von Gefühlen überschwemmt, ist überfordert, erstaunt und oft auch leicht verwirrt. Eine neue Aufgabe kommt auf einen zu. Dies zeigt sich auch neurologisch. Das Gehirn der Mütter vergrößert sich und löst einen zusätzlichen Energieschub aus.[16] Die Hormone Östrogen, Oxytocin oder Prolaktin werden ausgeschüttet und beeinflussen das Denken und die Wahrnehmung. Als Mutter und Vater wird man jedoch nicht nur mit Emotionen konfrontiert, sondern Fantasien steigen auf und werden zu Erwartungen.

Liebende Bezugspersonen sind wichtig

Diese unbedingte und kompromisslose Hinwendung zum Kind erklärt sich zum Teil aus einem anthropologischen Phänomen: dem »extra-uterinen Frühjahr«. Was bedeutet das? Im Gegensatz zu den meisten Tieren kommen Kinder zu früh als *unfertige* Wesen zur Welt. Um einen Entwicklungsstand zu erreichen, der mit dem anderer Säuger vergleichbar ist und eine gewisse Selbstständigkeit ermöglichen würde, müsste die Schwangerschaft 21 Monate dauern. Die Phase der Abhängigkeit von den Erzeugern ist bei anderen Säugetieren kürzer.[17] Das erste Lebensjahr bezeichnet man darum bei den Menschen als das »physiologische Frühjahr«. Die Säuglinge haben zwar das Licht der Welt erblickt, sie sind aber eigentlich noch nicht bereit für die Auseinandersetzung mit der Außenwelt. Gemäß Adolf Portmann[18] sind sie bei Geburt hilflos. Ob sie überleben und wie sie sich entwickeln, hängt von der Umgebung ab, die als Uterusersatz funktioniert. Die Umgebung und die unmittelbaren Bezugspersonen müssen dem Kind die Geborgenheit und Sicherheit liefern, die es im Uterus hätte. Wegen dieser »Geworfenheit ins Dasein« ist das Kind aber zugänglich für kulturelle Einflüsse. Die Umgebung gestaltet die Entwicklung mit. Die Kinder bekommen dadurch einen *emotionalen Anschub*, der ihnen hilft im Leben zu bestehen.

Die emotionale Besetzung der Kinder durch die Eltern und oft auch die Großeltern ist darum eine Bedingung des Aufwachsens. Damit ein Kind motiviert wird, die Herausforderung der Entwicklung anzunehmen, braucht es Eltern, die es großartig finden und Freude an ihm haben. Die positiven Emotionen der Eltern geben den Kindern Energie, das Leben anzupacken. Ohne die Liebe und die Erwartungen der Eltern geht nichts. Das Interesse und die Gefühle der Mutter, des Vaters und der weiteren Familienmitglieder geben dem Kind das Gefühl, seine Ankunft auf der Welt sei ein Ereignis. Weil sie uns wichtig sind, sind sie uns auch nah. Oft empfinden wir sie als Atavar, eine Reinkarnation oder wenigstens Fortsetzung der eigenen Persönlichkeit. Was ihnen geschieht, treibt auch uns um. Wir haben schlaflose Nächte, wenn die Tochter von Kolleginnen ausgeschlossen wird oder der Sohn vom Rollbrett stürzt.

Diese intensive Bindung ist großartig. Sie birgt jedoch auch *Gefahren*. Es kommt zu einer *Versschmelzung der Persönlichkeiten*, einer Symbiose. Die Folge ist, dass der eigene Sohn oder die eigene Tochter mit Erwartungen, Hoffnungen und Träumen besetzt wird, die *nichts* mit ihm oder ihr zu tun haben. Er oder sie soll verwirklichen, was einem selber nicht gelang. Der Sohn oder die Tochter wird zu einem *Projektionsträger* eigener Anliegen.

Eine Mutter kaufte bei der Geburt ihres ersten Sohns einen Arztkittel. »Er sei für ihren Neugeborenen«, begründete sie ihren Kauf mit Augenzwinkern. In der Familie gebe es sehr, sehr viele Ärzte und da sei es doch wahrscheinlich, dass auch ihr Sohn diesen Beruf ergreifen wird. In einer anderen Familie waren Mutter und Vater überzeugt, dass ihre Tochter einmal studieren müsse. Ihrer Mutter sei dies trotz ihrem Interesse und einer hohen Intelligenz verwehrt gewesen, die Tochter soll nun nachholen, was die Mutter verpasst hat!

Selbstverwirklichung über das Kind

Die Gefahr ist, dass der Sohn oder die Tochter zum Ausführungsobjekt eines eigenen Programms wird. Es wird missbraucht, um eigene Ambitionen zu verwirklichen. Eigene Selbstverwirklichungswünsche werden an den Sohn oder die Tochter delegiert. Dies beginnt bei der Einschätzung der Fähigkeiten des eigenen Kindes. Man ist überzeugt, dass der Sohn oder die Tochter hochbegabt ist und intensiv gefördert werden muss. Ein Programm wird zusammengestellt. Dies kann sinnvoll sein, wenn das Kind ein genuines Eigeninteresse zeigt. Problematisch werden Frühförderungsprogramme, wenn sie mit großen Entwicklungsschüben, der Erwartung von späterem Reichtum und sozialem Erfolg verbunden werden. Hochbegabung heißt nicht, dass die Entwicklung rascher verläuft und das Kind es zum Universitätsprofessor, berühmten Musiker oder Topunternehmer schaffen wird.[19] Dazu sind noch Eigenschaften wie Wille, Disziplin und Fleiß nötig und spielen Zufälle eine Rolle. Problematisch kann sich die Frühförderung im Sport auswirken. Oft beginnt sie mit einem außerordentlichen Talent. Diese sportliche Begabung führt dazu, dass das Kind überredet wird, Trainingsprogramme zu absolvieren. Diese können die Entwicklung fördern, sie drohen jedoch dem Kind wertvolle Kindheitsstunden zu stehlen und es narzisstisch aufzuladen. Ist ein Mensch schon als Kind im Zentrum oder ein Star, dann überschätzt es unter Umständen später die eigene Rolle in der Gesellschaft. Es wächst im Glauben auf, dass es ein Anrecht auf Erfolg hat. In bestimmten Sportarten muss außerdem mit gesundheitlichen Schäden gerechnet werden.[20] Wird man von solchen Motiven getrieben, dann erkennt man nicht, dass das eigene Kind seelischen Schaden nimmt.

Erwartungen gegenüber dem eigenen Kind zu hegen ist jedoch wichtig. Man soll als Vater oder Mutter seine Erwartungen ausdrücken und den eigenen Sohn oder die eigene Tochter mit seinen Wünschen konfrontieren. Gegen dies ist nichts einzuwenden. Entscheidend ist, dass man nicht die Distanz verliert und die eigenen Vorstellungen *unbedingt* durchsetzen will. Man glaubt, dass man das eigene Kind *bestens* kennt und darum *weiß*, was ihm gut tut! Die Gefahr ist, einem *Machbarkeitsglaube* zu verfallen. Wenn ich mich als

Mutter oder Vater genügend anstrenge, das Kind an in Kurse schicke und mit ihm trainiere, dann wird es sich gemäß meinen Vorstellungen entwickeln. Dank persönlichem Einsatz und klaren Regeln wird das Kind die Ziele erreichen und sich entwickeln, wie man möchte. Oft hinterfragen wir unsere Zielvorstellungen nicht. Wir lassen uns von der eigenen Rhetorik blenden und erkennen nicht, dass der Sohn oder die Tochter unserem Ehrgeiz dienen muss. »Für mich ist wichtig, dass mein Kind seinen eigenen Weg findet, dass es im Leben glücklich wird und das macht, was ihm entspricht«, teilte mir eine Mutter mit, die ihren Sohn dreimal wöchentlich nach der Schule in einen Hochbegabtenkurs schickte. Sie merkte nicht, dass der Junge überfordert war und depressiv wurde. Sie war überzeugt, selbstkritisch und reflektiert zu sein. Aus psychologischer Sicht ist das Aufdecken unrealistischer Vorstellungen den eigenen Kindern gegenüber eine Meisterleistung.

Das Problem liegt in unserem *Selbstbild*. Es entspricht kaum je der Realität, wie ich an anderer Stelle dieses Buch ausführe. Wenn es uns gut geht, wir nicht von einer Depression geplagt oder von Selbstzweifeln zernagt werden, dann blenden wir unsere problematischen Eigenschaften aus. Wir tun es, weil wir funktionieren müssen. Unsere subjektive Einschätzung der eigenen Persönlichkeit stimmt nicht mit dem Eindruck überein, den unsere Mitmenschen von uns haben. Wir machen uns selber etwas vor. Wir machen dies, weil wir sonst ein Problem mit uns selber haben könnten. Denn das Selbstbild dient nicht der Selbsterkenntnis, sondern hat die Aufgabe den Frieden mit uns selber zu wahren. Es muss sich also um eine *Propagandaversion* der eigenen Persönlichkeit handeln, denn sonst droht die Gefahr, dass wir uns nicht akzeptieren. Eigenschaften oder Verhaltensweisen, die unserer Moral oder unseren Werten widersprechen oder nicht mit den Haltungen der Umgebung übereinstimmen, wehren wir ab, indem wir eine leicht beschönigte Version von uns selber konstruieren. Dieses Selbstbild hält uns bei guter Laune, sodass wir am Morgen, wenn wir uns im Spiegel ansehen, denken: Es lohnt sich, dieses

Individuum der Menschheit zu präsentieren. Werden zu viele negative Eigenschaften im Selbstbild aufgenommen, dann beginnt der Selbstzweifel überhandzunehmen und unsere Handlungsfähigkeit wird eingeschränkt.[21]

Kritik an unserer Person lassen wir in der Regel nur soweit zu, wie sie uns nicht existenziell beunruhigt oder bedroht. Sie muss im Bereich der gesellschaftlich akzeptierten Bandbreite sein. Wir sehen vielleicht ein, dass wir oft ungeduldig sind oder ein Perfektionist. Wir geben zu, dass wir unordentlich oder flüchtig sind. Es handelt sich um Schwächen, die akzeptiert sind. Schwieriger würde es, wenn wir eingestehen müssten, dass wir andere handfest belügen, hintergehen, egomanische Eigenschaften haben oder durch Schmeicheleien unsere Mitmenschen umnebeln. Solche Eigenschaften sind verbreitet, doch an uns selber können wir sie nicht zulassen. Wir verdrängen sie aus Selbstschutz.

Das Profil, das wir uns zuschreiben, widerspiegelt gesellschaftlich anerkannte Werte: Friedfertigkeit, Toleranz, Offenheit und eine soziale Einstellung. Um uns zusätzlich abzusichern, begründen wir bei Nachfragen unser Selbstbild mit Beispielen aus der eigenen Biografie. Man hat schon als Kind für seinen jüngeren Bruder gesorgt, sich bei den Pfadfindern engagiert oder dem ersten Mann bei seiner Karriere geholfen. Unbewusst frisieren oder konstruieren wir uns eine Vergangenheit, die zu unseren Werten und Eigenschaften passt.[22] Ein positives Selbstbild ist jedoch wichtig, wenn wir uns Kindern widmen, sie erziehen und fördern wollen. Wir müssen überzeugt sein, dass wir etwas zu bieten haben.

Das Wunder »Entwicklung«

Wenn es den Eltern gelingt eine tragfähige, emotionale Beziehung zu ihrem Kind aufzubauen, dann setzt eine rasante Entwicklung ein. Es lernt, die Hände gezielt einzusetzen, den Blick zu fokussieren, auf den Beinen zu stehen, zu sprechen, Werkzeuge zu gebrauchen, zu spielen und Interessen zu entwickeln. Die Eltern sind die wichtigsten

Bezugspersonen der Kinder. Je älter sie werden, desto mehr spielen auch außerfamiliäre Personen und Institutionen eine Rolle. Das Beziehungsnetz erweitert sich. Sie tasten die Umgebung nach Menschen ab, die ihnen etwas bedeuten und geben können. Der freche Cousin, der auf der Straße Knallpetarden loslässt, die Kindergärtnerin, die einem Kind Selbstvertrauen gibt, der Musiklehrer, der das Interesse am Geigenspiel weckt oder der Gymnasiallehrer, der eine Schülerin in die Welt der Literatur einführt. Kinder und Jugendliche suchen Menschen, die sich um sie kümmern und inspirieren. Sie erwerben sich auf diese Weise soziale Kompetenzen und Wissen. Durch die Auseinandersetzung mit ihren Mitmenschen internalisieren sie die Codes und Regeln der Zivilisation, in der sie aufwachsen. Nicht nur wie man spricht, sondern auch welche Tabus respektiert, wie Emotionen ausgedrückt werden und welche Aggressionsformen erlaubt sind. Kinder sind auf Menschen angewiesen, die sie in das Gemeinschaftsleben einführen und ihnen Wissen und Können vermitteln. Sie nehmen sie als Persönlichkeiten wahr. Der Charakter der Mutter, des Vaters und der Geschwister prägt Kinder. Ob man egoistische Eltern hatte, verwöhnt oder vernachlässigt wurde, macht einen Unterschied. Der Zusammenhang ist jedoch nicht immer eindeutig. Egoistische Eltern produzieren selbstlose Kinder, so wie aufopfernde Eltern selbstsüchtige Kinder haben können. Später, im Erwachsenenalter, führen wir unsere Stärken und Schwächen auf das Verhalten der Eltern zurück. Wir bringen unsere Eigenschaften in Zusammenhang mit unserer Persönlichkeit und begründen ihn mit einer persönlichen Geschichte. In unserer Vorstellung ist die emotionale Distanz der Mutter für unsere Schwächen verantwortlich oder die emotionalen Ausbrüche sind eine Spätfolge der Übergriffe eines Onkels.

Woran wir uns orientieren

Bei der Kindheit und Jugend handelt es sich um sensitive Phasen. Wir orientieren uns darum an *Vorstellungen*, wie man sich als Vater, Mutter oder Lehrperson verhalten soll. Diese Leitbilder sind von

Person zu Person unterschiedlich und oft eine Reaktion auf eigene Kindheitserfahrungen. Wir wollen die Fehler vermeiden, die unsere Eltern und Lehrpersonen gemacht haben. Unsere erzieherischen Ansätze werden jedoch auch vom jeweiligen erzieherischen Diskurs beeinflusst. Erziehungsbücher bieten Ratschläge an, wie man Kinder erzieht, mit ihnen Hausaufgaben erledigt, Unpopuläres durchsetzt, zu einem Leitwolf wird, sie loslässt, das Andersartige in ihnen akzeptiert, bei Ängsten beisteht, ihnen die Natur näher bringt, Regeln durchsetzt, Geschichten erzählt, zur Mithilfe im Haushalt ermuntert oder Grenzen zieht.

Der Umgang mit der eigenen Geschichte, der öffentliche Diskurs und der Wille, es richtig zu machen sind wichtige Determinanten erzieherischer Haltungen. Wir hoffen, dass, wenn wir uns anstrengen, rational vorgehen, uns informieren und Ratschläge berücksichtigen, es möglich sein wird, das Kind zu einer Persönlichkeit heranzubilden, wie es unseren Vorstellungen entspricht. Wir verstehen Erziehung und vor allem Bildung als einen *kontrollierbaren* Prozess. Die Ziele, die wir anpeilen werden wichtig. Wir möchten, dass sich unser Nachwuchs von uns definierte Kompetenzen aneignet, glücklich und leistungsfähig wird. Wie sich unsere Beeinflussungen jedoch konkret auswirken, wissen wir nicht genau. Viele Faktoren können wir nicht beeinflussen, da nicht nur die äußeren Umstände ein Kind prägen, sondern auch *Dispositionen*. Wegen diesen Veranlagungen reagieren Kinder *unterschiedlich* auf Umwelteinflüsse und familiäre Situationen.[23] Es kann sein, dass sich ein Kind zu einem glücklichen Menschen entwickelt, obwohl der Vater abwesend und die Mutter eine Alkoholikerin war. Es verfügt über genügend Resilienz,[24] um sich zu schützen. Ein Kind braucht eine starke Führung, ein anderes gedeiht in einem chaotischen Umfeld. Erziehung ist darum nicht mit einem Trainingsprogramm gleichzusetzen, mit einem klaren Output, sondern es handelt sich um eine Auseinandersetzung zwischen verschiedenen Generationen mit unklarem Ausgang und nebulösen Vorbedingungen. Die anderen Player, das Temperament,[25] die Vitalität, die Intelligenz, der Zeitgeist, die Gesundheit, die Peer-Gruppe und die erwähnte Resilienz unterstützen unsere Absichten oder machen uns einen Strich durch unsere Rechnung. Die Menschwerdung des Kindes lässt sich darum nicht allein unserem Willen unterwerfen. In der Erziehung gibt es kein einwandfreies und abgesichertes Programm, das Erfolg garantiert.

Unsere Erziehungstheorien dienen uns als Kompass bei einer Wanderung durch unbekanntes Gelände. Wir konstruieren uns eine Theorie, die uns hilft, Entscheidungen zu treffen und die richtige Abzweigung zu wählen. Wie reagieren, wenn die Tochter wieder mal eine Stunde zu spät nach Hause kommt? Soll man dem Wunsch des Sohnes nach einer Wasserpistole entsprechen? Was tun, wenn dem Sohn das Gymnasium ablöscht? Bei der Erziehungsarbeit werden wir immer wieder auf uns selbst zurückgeworfen. Sie bleibt eine *persönliche* Angelegenheit. Ohne Selbstreflexion geht es nicht. Natürlich versuchen wir unseren Ansatz zu legitimieren und ihm den Schein der Objektivität zu verleihen. »Grenzen ziehen ist enorm wichtig, hat inzwischen auch die Erziehungswissenschaft bewiesen!«, deklarieren wir uns und berufen uns auf scheinbar bewiesene Tatsachen.[26] Da es sich bei der Erziehung jedoch um eine Angelegenheit zwischen sich nahe stehenden Menschen handelt, können wir nicht verhindern, dass eigene Kindheitserinnerungen, persönliche Traumas, die eigene Familiengeschichte und die Persönlichkeit des Kindes uns beeinflussen. Ob sie in der je eigenen individuellen Situation die richtige Antwort sind, wissen wir nie mit Gewissheit.

Von der innigen Vertrautheit zur langsamen Entfremdung

Es gibt noch einen anderen Faktor, den wir berücksichtigen müssen. Je älter Kinder werden, desto mehr *distanzieren* sie sich von uns. Die Persönlichkeiten der Eltern und Kindern gleichen sich nicht zunehmend an, wie man meinen könnte, sondern differenzieren sich je länger, desto mehr. Je länger, desto weniger teilen Kinder mit ihren Eltern Interessen oder pflegen denselben Lebensstil, sondern sie wollen sich abgrenzen, streben nach Autonomie. Während kleine Kinder jedes Wort des Vaters oder der Mutter begierig aufnehmen, suchen Kinder ab der Vorpubertät alternative Vorbilder. Die Eltern verlieren an Glanz. Papi ist nicht mehr der Größte und die persönlichen Fragen der Mutter werden lästig. »Wieso wurde ich mit solchen Eltern bestraft!«, schlussfolgern viele Jugendliche, wenn ihre Eltern empathisch nach ihrer Befindlichkeit fragen. Gemeinsame Aktivitäten werden abgelehnt. Die Wanderungen, an denen sie sich früher begeistert beteiligten, empfinden sie als langweilig und die Witze des Vaters als peinlich.

Der Höhepunkt der Abgrenzung erfolgt während der Pubertät.[27] Den Jugendlichen widerstrebt es, mit der Mutter in die Stadt zu gehen und von Kollegen gesehen zu werden. Stattdessen ziehen sie es vor, stundenlang im eigenen Zimmer zu verharren, zu gamen oder mit Freunden zu chatten. Diese Entfremdung löst bei den Eltern Ängste aus. Sind gemeinsame Werte bedroht? Haben wir nicht jahrelang dem Sohn beigebracht, dass Bildung und eine gesunde Lebensführung wichtig ist? Was macht er: Er kifft und will aus dem Gymnasium austreten! Oft macht man sich dann Vorwürfe. Hätte ich mich als Vater weniger der Karriere, sondern mehr meinen Kindern gewidmet, wäre es anders gekommen. Wieso war mir als Mutter der Beruf so wichtig? Die Vorstellung ist, dass ein *Mehr* an Präsenz und Erziehungsarbeit zu einem anderen Entwicklungsverlauf beim Sohn oder der Tochter geführt hätte. Im Gegensatz zu dieser verbreiteten Vorstellung hängt der Erfolg der Erziehung jedoch nicht primär von ihrer Dauer und Intensität ab. Die Wahrscheinlichkeit, dass Kinder elterliche Vorstellungen internalisieren, wird nicht zwingend größer, je mehr Stunden wir mit ihnen verbringen und je stärker wir sie unter Druck setzen. Es kommt auf die Qualität der Eltern-Kind-Beziehung an. Es ist natürlich, dass sich Kinder bis zur Jugendzeit von einem weg entwickeln. Sie wollen eigene Akzente setzen, sich zu einer selbstständigen, ihrer Generation verpflichteten Persönlichkeit entwickeln.[28] Für die Eltern ist dieser Ablösungsprozess mühsam und mit Ärger verbunden. Die Tochter findet den Besuch von Museen mit ihrem Vater nicht mehr cool, und der Sohn beginnt sich für Glaubensfragen zu interessieren, obwohl man doch eigentlich in der Familie eine agnostische Haltung pflegt.

Peerorientierung: die Rebellion als Individuationsakt

Die Abgrenzung der Jugendlichen signalisiert eine Abkehr von der Taktik, die sie als Kind instinktiv gegenüber ihren Eltern wählten. Nach der Geburt, in der frühen Kindheit und während der Schulzeit hängt ihr Überleben von den Eltern ab. Wenn Kinder die Vorgaben der Eltern und Schule bereitwillig übernehmen, dann tun sie dies aus Liebe zu ihren Eltern, Wertschätzung ihrer Lehrer, jedoch *auch* aus *pragmatischen Gründen*. Sie realisieren, dass man die Erwachsenen nicht vergraulen darf. Es ist besser, wenn man sich mit den Mächtigen arrangiert, weil es um das eigene Wohlergehen geht und ein Überleben sonst nicht möglich ist. Es geht um eine taktische oder sogar eine oberflächliche Anpassungsleistung. Der Kern ihrer Persönlichkeit ist nicht involviert, da er sich noch nicht entfaltet hat. Erst in der Pubertät dringt das Innere langsam an die Oberfläche. *Selbstwerdung* ist angesagt. Jugendliche wollen erfahren, wer sie wirklich sind. Damit dies möglich ist, muss Lärm gemacht werden. Sie inszenieren ihre Abgrenzung, um selber daran zu glauben. Wenn sie sich von den Eltern und schulischen Werten distanzieren, ist dies darum nicht zwingend ein Warnsignal, dass sie auf Abwegen sind, sondern es kann sich um einen Individuationsakt handeln.[29] Sie rüsten sich innerlich auf, damit sie stark genug sind, um nicht mehr nach der Pfeife von Eltern und Schule zu tanzen. Sie gehen ihren eigenen Neigungen nach, weil sie auf der Suche nach einem Persönlichkeitsprofil sind, das zu ihnen passt.

Die Entfremdung der Jugendlichen kann Ausdruck von Stärke sein. Sie distanzieren sich von elterlichen Vorgaben und Erwartungen, da ihnen dämmert, dass es auch ein Leben ohne Unterstützung der Schule und Familie gibt. Erziehung ist nicht ein Formatierungsprozess, der in der Kindheit beginnt und Adoleszenz aufhört, sondern eine Auseinandersetzung zwischen Menschen verschiedenen Alters und vielen unbekannten Zielen. In dieser sind die Älteren nur anfänglich die Machtträger. Ihre Rolle wandelt sich von absolutistischen Herrschern zu empathischen Begleitern.

Gute Beziehung = Gute Erziehung?

Die Auseinandersetzung mit Kindern und Jugendlichen fordern von Eltern und Pädagogen Energie. Das Hauptmittel erzieherischer Arbeit ist die *Beziehung* zum Sohn oder zur Tochter. Wir wollen über den Kontakt zu ihnen unsere Vorstellungen durchsetzen. Beziehung bedeutet darum Hingabe an einen Mitmenschen. Man öffnet sich und drückt seine Gefühle aus. Das Wunderbare bei Beziehungen ist, dass man zusammen in eine eigene Welt entschwinden kann. Man versteht sich, streitet, will etwas vom anderen, denkt aneinander und träumt vielleicht sogar voneinander. Wenn wir mit einem Kind in Beziehung stehen, dann sind wir überzeugt, dass wir es gut meinen, weil es ja ein Teil von uns selbst ist! Dem ist leider nicht immer so. Unsere *Schattenmotive* verschwinden auch in wunderbaren Beziehungen nicht: Wünsche, Bedürfnisse oder Anliegen, die uns antreiben, uns jedoch nicht bewusst sind. Sie drängen sich von Innen an, usurpieren unsere deklarierten Absichten, beeinflussen unsere Handlungen und Entscheidungen, ohne dass wir es realisieren. Ein Schattenmotiv ist die Empathiefalle.

Die Empathiefalle

Auch eine scheinbar gute Beziehung zum Kind ist nicht eine Garantie für eine erfolgreiche Erziehung. »Ich verstehe mich mit meinem Sohn und meiner Tochter ausgezeichnet. Wir sprechen die gleiche Sprache und haben viel zusammen erlebt. Ich kenne mein Kind in- und auswendig!« Dies höre ich als Erziehungsberater und Psychotherapeut in meiner Arbeit oft von Eltern. Aufgrund der Nähe und der intensiven Beziehung sind sie überzeugt, dass sie den Sohn oder die Tochter besser verstehen, wie sie sich selber. Den Kindern geht es ähnlich. Auch sie glauben, ihre Mütter oder Väter total zu kennen. Stimmt das? Kennt man seine Nächsten wirklich besser als Außenstehende? Natürlich kann man sich gegenseitig lesen, Unsicherheiten und Ambivalenzen sind einem bekannt. Auch sind einem die Bewegungen, der Geruch, die Sprache und die Gewohnheiten der betreffenden Person vertraut.

Es gibt jedoch eine Paradoxie, die nicht einfach zu erkennen ist: die *Empathiefalle*. Je länger man sich kennt, desto mehr kann man sich in der Persönlichkeit des Gegenübers täuschen. Man glaubt, sich *restlos* zu kennen, doch in Wirklichkeit hat man sich an gewisse Eigenschaften gewöhnt und sie tabuisiert. Das Problem ist, dass man das *Selbstbild des Gegenübers übernimmt*. Wie an anderer Stelle beschrieben, handelt es sich jedoch beim Selbstbild nicht um eine realitätsnahe Darstellung der eigenen Persönlichkeit, sondern um eine Propagandaversion. Wenn man sich sehr, sehr gut kennt, droht die Gefahr, dass man sich mit dieser frisierten Selbstdefinition des Gegenübers identifiziert. Man beginnt ihn oder sie so zu sehen, wie sie oder er sich sehen will. Es kommt zu einem heimlichen Pakt: Unsere Schattenseiten klammern wir aus, damit wir das Gefühl haben, wir verstehen uns blendend und die Beziehung Bestand hat! Als Mutter will und kann man dann die fiese, egozentrische Seite der Tochter nicht erkennen, weil man natürlich keine solche Tochter haben möchte und sie sich selber auch anders sieht. Unangenehme Eigenschaften und problematische Motive werden nicht erkannt, weil niemand ein Interesse daran hat.[30]

In Paarbeziehungen gibt es dieses Phänomen häufig. Vor allem während der Verliebtheitsphase will man negative Eigenschaften des Partners oder der Partnerin nicht wahrhaben.[31] Die romantischen Gefühle dürfen nicht durch widrige Erkenntnisse zerstört werden. Man ist darum überzeugt, dass der Partner Humor hat, von seinen Eltern nicht gefördert wurde und in der Firma keine Karriere machen kann, weil er gemobbt wird. Man übernimmt der Beziehung zuliebe die Selbstdefinitionen des Gegenübers. Wenn es zur Trennung kommt, dann melden sich die ausgeblendeten Schattenseiten mit großer Heftigkeit zurück. Man erkennt, dass sich hinter der scheinbaren Jovialität des Ehemannes blanker Egoismus verbarg. Er lacht die Probleme der anderen weg, interessiert sich nicht für seine Mitmenschen. Bei der Empathiefalle werden die Ausblendungsmechanismen des Gegenübers übernommen.

In die *Empathiefalle* geraten auch Kinder. Dank der guten, intensiven Beziehung zur Mutter oder zum Vater verinnerlicht das Kind die Erwartungen, die an es gestellt werden. Es kommt zu einer Verschmelzung mit den Ansprüchen der Eltern. Da es die Eltern gern hat, ist es bereit, die ihm ans Herz gelegten Eigenschaften anzunehmen und sich so zu sehen, wie es die Eltern tun. Es bestätigt dann der Mutter oder dem Vater, dass es wirklich Freude an der Musik hat, ein sozialer Mensch ist oder ordentlich. Es übernimmt den Blickwinkel der Eltern.

Je älter die Eltern sind, desto eher sehen sie im eigenen Kind ihr eigenes Abbild. Sind sie bei der Geburt des ersten Kindes über 35 oder 40, dann ist die Wahrscheinlichkeit groß, dass das Kind zu einem Projekt wird. Nach einer intensiven Berufsphase, Reisen und dem Genuss der eigenen Freiheit möchte man nun auch ein Kind. Es wird zu einem Teil der eigenen Selbstverwirklichung. Gegen solche Pläne ist nichts einzuwenden und es gibt tausende ältere Eltern, die sich wunderbar für ihr Kind oder ihre Kinder einsetzen und sie verstehen. Wichtig ist jedoch, eine Sensibilität für solche psychologischen Fallen zu entwickeln.

Die Verwöhnfalle

Eine andere Gefahr ist die Verwöhnungsfalle. »Die Lehrer sind total unfähig! Sie erklären den Stoff nur ungenau und haben nicht mal die Prüfungen der Vorjahre organisiert!«, erklärt mir der Jugendliche. Er besucht eine teure internationale Privatschule in den Bergen. Im Rahmen eines Projekttages sollen wir den Schülern Lernstrategien vorstellen. Der Jugendliche gehört zu den Schülern, die das Programm gleichgültig über sich ergehen ließen. Von Einsatz keine Spur. Er signalisiert außerdem, dass wir Psychologen uns glücklich schätzen können, dass er überhaupt an unserem Programm teilnimmt. Der Projekttag sei völlig schiefgelaufen und wir seien Versager. Der 16-Jährige erwähnt, dass sein Vater ihn jeweils mit dem Privatflugzeug abhole. Später vertraut mir eine Lehrerin der Schule an, dass sie einige solche Schüler und Schülerinnen habe, die auch kurz vor dem Deutsch Abi noch nie ein Buch in den Händen hielten und auch nicht dazu zu motivieren seien. Außerdem würden sie das Schuljahr nach den Sommerferien immer damit beginnen, dass sie den Eisenbahnwagen, der sie ins Bergtal fährt, tüchtig zertrümmern: Die Fensterscheiben werden eingeschlagen und die Bänke aufgeschlitzt. Die Jungen müssen sich keine Sorgen wegen der Kosten machen, die Eltern bezahlen die Schäden.

Solche Jugendlichen sind nicht Opfer von Gewalt, einer Krankheit oder eines Unfalls, sondern der *Verwöhnung*. Eine zu große Verwöhnung des Kindes ist jedoch nicht nur wohlhabenden Kreisen eine Gefahr. Wenn Eltern dem Sohn oder der Tochter jeden materiellen Wunsch erfüllen, keinen Widerstand entgegenbringen, alle Sorgen abnehmen und nichts verlangen, dann drohen sie mit der Überzeugung heranzuwachsen, dass ihnen *alles* im Leben gratis zusteht. Ihr Ego droht sich aufzublähen, sie lernen nicht, sich einzuschränken und Demut zu zeigen. Sie haben das Gefühl, es gehe nur um sie.

In Beziehungen sind Geben und Nehmen Selbstverständlichkeiten. Wir helfen einem Freund in Not, unterstützen einen Kollegen bei der Arbeit und sind froh, wenn uns jemand über eine persönliche Krise hinweghilft. Menschliche Gemeinschaften basieren auf gegenseitiger Hilfe und Unterstützung. Grundlage dieser Interaktionen sind Respekt vor der Individualität des Mitmenschen und die Gegenseitigkeit des Austausches. Wir sehen im anderen einen selbstständigen Menschen mit einem eigenen Willen und dem Recht auf eine eigene Lebensgestaltung. Wenn wir etwas geben, dann geschieht dies normalerweise im Rahmen einer vertrauten sozialen Interaktion. Geben ist kein von Normen losgelöster Akt, sondern eingebettet in Rituale und Traditionen. Wir bringen eine Flasche Wein als Gastgeschenk mit, kaufen dem Patenkind ein Bilderbuch oder leihen einem Kollegen das Fahrrad aus. Beim Geben gilt die ungeschriebene Regel, dass wir den anderen nicht infantilisieren, beschämen oder von uns abhängig machen. Diese Prinzipien gelten auch in der Erziehung von Kindern. Auch da geht es um ein Geben und Nehmen. Wir schenken Kindern und Jugendlichen unsere Aufmerksamkeit, Bewunderung, Liebe und unterstützen sie materiell, doch immer im Hinblick auf ihre Entwicklung zu eigenständigen Menschen. Bei der Verwöhnung wird die Gegenseitigkeit des Gebens und Nehmens missachtet. Es geht nicht mehr um eine Unterstützung, wo es nötig ist und dem Kind hilft, sich als eigenständige Person zu erleben, sondern eine Überflutung. Das Kind wird maßlos materiell oder emotional beschenkt. Es verliert damit die Möglichkeit, sich als eigenständiges Individuum zu erleben und persönliche Widerstände zu überwinden. Seine Entwicklung droht zu stagnieren, da seine Wünsche erfüllt werden und es dazu keinen persönlichen Ehrgeiz braucht. Es muss sich selber nicht anstrengen, sondern es wird ihm sowieso alles gegeben. Im Extremfall wird das Kind oder der Jugendliche vereinnahmt und zu einem Fortsatz der elterlichen Macht. Dem Kind werden die Wünsche erfüllt, ohne dass eine tiefere Auseinandersetzung stattfindet.

Verwöhnen als problematisches Erziehungsprinzip

Von Verwöhnung sprechen wir hier, wenn das Geben zum Hauptmerkmal der Beziehung der Eltern zum Kind wird. Wenn alle wirklichen oder vermeintlichen Wünsche erfüllt werden, dann beeinflusst dies die Persönlichkeit des Kindes. Es reagiert immer weniger mit

Freude, denn sich etwas zu wünschen, hat seinen Anreiz verloren. Was man sowieso bekommt, muss man sich nicht wünschen. Die Indianer der Nordwestküste Kanadas gaben anderen Stämmen absichtlich übergroße Geschenke, um dadurch ihre Macht zu demonstrieren. Ich bin groß, stark und kann es mir leisten, dir ein solch großes Geschenk zu geben, wozu du nicht fähig bist. Dieser Moment kann bei der materiellen Verwöhnung der Kinder eine Rolle spielen. Wenn Eltern sie mit Geschenken und Aufmerksamkeiten überhäufen, dann verliert der Akt des Gebens seinen Sinn. Das Kind kann sich nicht mit Wünschen bei den Eltern einbringen. Das Geschenk erfolgt nicht mehr im Rahmen einer Auseinandersetzung, sondern wird zu einer beziehungsliquidierenden Handlung.

Verwöhnung beeinträchtigt die *Selbstständigkeit* des Kindes oder Jugendlichen. Das Kind erlebt sich als Dauerempfänger der Leistungen und Aufmerksamkeiten seiner Bezugspersonen. Ähnlich ergeht es Menschen, die zu lange von Sozialleistungen abhängig sind. Es wird für sie schwierig, ein persönliches Profil zu entwickeln und sich als aktiver, handelnder Menschen zu präsentieren.

Kinder werden aus verschiedenen Gründen verwöhnt. Nicht nur in begüterten Kreisen ist die materielle Verwöhnung verbreitet. Dem Sohn oder der Tochter die teuersten Kleider zu kaufen, für die Ferien die exklusivsten Destinationen zu wählen und sie in die teuersten Privatschulen zu schicken, drückt vielleicht die Bemühung aus, eine soziale Deklassierung der nächsten Generation zu verhindern. Es geht um Statussicherung. Dem Kind wird bedeutet, dass es einer besonderen sozialen Schicht angehört. Diese grenzt sich von anderen Schichten ab. Die Verwöhnung dient dazu, das Kind mit den Attributen zu versehen, durch die sich die eigene Schicht gegenüber den tieferen Schichten abgrenzt. Es geht um die Zementierung der sozialen Distinktionsmerkmale. Man gehört natürlich dem Golf-Klub an, bekommt mit 18 einen eigenen Wagen und besucht die teuersten Klubs.

Die materielle Verwöhnung hat oft auch mit Kompensation von Schuldgefühlen zu tun. Die Eltern haben beispielsweise ein schlechtes Gewissen, dass sie zu wenig Zeit mit dem Sohn oder der Tochter verbringen oder eine schlechte Mutter oder ein abwesender Vater sind. Bei dieser Form der Verwöhnung handelt es sich um einen *Wiedergutmachungsakt.* Sie leben in der Überzeugung, wenn sie dem Kind alle Wünsche erfüllen, dann wird es dies schätzen, sich entwickeln und sie stehen als liebende Eltern da.

Emotionale Verwöhnung

Komplizierter wird es bei der emotionalen Verwöhnung. Es geht um ein Zuviel an Nähe und zu enger Vertrautheit mit dem Kind oder Jugendlichen. Die erwachsene Person ist ganz auf die jeweilige Gefühlslage der Tochter oder des Sohnes eingestimmt, reagiert bei jeder noch so kleinen Missstimmung oder Frustration. Bei der emotionalen Verwöhnung sind die Eltern bestrebt, Dissonanzen und unangenehme Erlebnisse zu verhindern. Die Eltern wollen ihm oder ihr missliche Erlebnisse und Gefühle abnehmen. Wenn der Sohn oder die Tochter quengelt, missmutig oder schlechter Laune ist, dann werden die Eltern aktiv. Es sind sie, die sich dem Problem annehmen, sich sorgen machen, aufregen und nach Lösungen suchen. Man sucht die Nähe des Kindes, lenkt es ab, organisiert einen Ausflug, schenkt ihm etwas zu essen oder tröstet es, indem man das entsprechende Problem wegredet. Bei dieser Form der Verwöhnung übernehmen die Eltern die Emotionsregulierung. Es sind nicht die Kinder, die Frustrationen oder Langweile durchstehen, sondern es sind die Eltern gefordert.

Das Kind droht dadurch, in seiner Entwicklung blockiert zu werden. Es fühlt sich nicht für seine Stimmungen, Wünsche und Beziehungen verantwortlich. Die Eltern und oft auch andere Bezugspersonen umgarnen sie und wollen unter keinen Umständen, dass es zu Differenzen kommt und die Kinder unzufrieden sind. Das Wohl des Kindes und der Erhalt einer scheinbar harmonischen Beziehung stehen im Zentrum. Hauptsache, das Kind ist zufrieden. Bei der emotionalen Verwöhnung wird Streitigkeiten ausgewichen. Man möchte eine Entfremdung verhindern. Bei Aggressionen oder Unfolgsamkeiten reagieren die Eltern höchstens, wenn sie persönlich betroffen sind. Wenn der siebenjährige Sohn *extra* auf die Finger der quengelnden Schwester tritt oder den Teller wütend auf den Boden schmettert, weil nicht sein Lieblingsessen aufgetischt wurde, dann fragt man sich, was denn mit ihm los sei, statt erst einmal die Tat zu verurteilen und auf positive emotionale Zuwendung zu verzichten.

Zu große emotionale Verwöhnung kann sich rächen. Sie kann zur Folge haben, dass Kinder oder Jugendliche ihre erwachsenen Bezugspersonen nicht mehr respektieren. Sie sehen in ihnen Bediener. Sie sind sich der liebenden Zuwendung der Eltern sicher, auch wenn sie sich egoistisch oder asozial verhalten. Damit wird es für sie schwieriger, sich mit den eigenen Persönlichkeitsdefiziten auseinanderzusetzen. Die Spiegelung durch die Eltern fehlt. Die Gefahr droht, dass das Kind mit der Überzeugung aufwächst, dass es immer mit der Akzeptanz seiner Mitmenschen rechnen kann. Man hat sie unabhängig von Verhalten und Taten gerne. Im Extremfall werden sie zu selbstbezogenen Menschen, die ihre Mitmenschen vor allem zur Selbstspiegelung missbrauchen.[32] Sie verlieren den Respekt und glauben sich nicht anstrengen zu müssen, um die Gunst ihrer Bezugsperson zu gewinnen.

Die Aufmerksamkeit der Eltern darf nicht zur *Selbstverständlichkeit* werden. Das wohlige Dasein, das die Eltern gewährleisten, wird zu einem Dauergeschenk. Die Kinder haben keine Gelegenheit Fähigkeiten wie Ausdauer, Geduld und Frustrationstoleranz zu entwickeln. Die Interaktionen mit den Erwachsenen bleiben einseitig. Die Eltern bleiben für Wünsche zuständig, kümmern sich um Probleme und räumen Schwierigkeiten aus dem Weg. Sie bleiben die Gebenden, die Kinder die Empfänger. Die Gefahr ist, dass die Kinder dieses Muster internalisieren und später auch von anderen Menschen erwarten, dass sie sich um ihre emotionalen Probleme und Wünsche kümmern. Nicht sie selber sind für sich zuständig, sondern ihre Mitmenschen. Es fehlt ihnen die *tiefere* Auseinandersetzung mit sich selber und ihrem Umfeld. Die Ambivalenz, die mit dem Eintritt ins Leben einhergeht, wird nicht überwunden, sondern sie verharren in der Nehmerposition. Wenn Kindern oder Jugendlichen alle Wünsche von ihren Lippen abgelesen werden, dann drohen sie in einer arroganten Selbstzentrierung stecken zu bleiben.

Wenn sich Eltern zu sehr einmischen

Eine andere Form der Verwöhnung besteht darin, dass die Eltern sich nicht nur für den familiären Bereich zuständig fühlen, sondern auch für alle Außenkontakte und -welten des Kindes. Was in der Schule geschieht, auf Heimweg und unter den Kollegen und Kolleginnen, wird streng beobachtet. Bei wirklichem oder scheinbarem Fehlverhalten eines Kollegen des Sohnes oder der Tochter wird eingegriffen. Oft verlassen sich diese Eltern ganz auf die Berichte ihrer Kinder.

In einer Schule einer Zürcher Vorortgemeinde entschloss sich eine Elterngruppe zu reagieren, nachdem ihre Töchter sich über die »bösen« Buben auf dem Pausenplatz beschwerten. Die Eltern entschieden, sich nicht mehr weiter auf die beruhigenden Worte der Lehrpersonen zu verlassen und formierten eine Eingreiftruppe, die sich während der großen Pause hinter den Gebüschen des Pausenplatzes bereit hielt, um eingreifen zu können, wenn es zu einem Vorfall kommt. Und tatsächlich kam es – aus der Sicht der Eltern – zu wüsten Vorfällen. Effektiv war es anders: Ihre eigenen Kinder und die Mitschüler hatten bemerkt, dass sich die Eltern hinter den Gebüschen versteckt hatten und ihnen zuliebe Schlägereien inszeniert.

Eine zu massive Einmischung der Eltern in die Außenwelt der Kinder wirkt sich oft kontraproduktiv aus. Die Kinder drohen den elterlichen Einfluss zu überschätzen und sind weniger bereit, selber Verantwortung für ihr Tun zu übernehmen. Statt sich der Außenwelt zu stellen, delegieren sie diese Aufgabe an ihre Eltern und später an andere Personen. Sie hegen die Illusion, dass jemand für ihr Wohl und ihre Sicherheit sorgt, wenn etwas geschieht. Oft geht dies mit einer Überschätzung der eigenen Fähigkeiten einher. Das Kind nimmt die Rechtfertigungen der Eltern und anderer Bezugspersonen *wörtlich*, hat sie internalisiert. Wenn Eltern gegenüber Lehrpersonen behaupten, der Sohn sei hochbegabt oder eigentlich sehr sozial, dann erwarten sie, dass die Außenwelt diese Großartigkeit bestätigt. Die Aussagen und Haltungen der Eltern werden nicht dem familiären Kontext zugeordnet, sondern als *Tatsachen* verstanden. Wenn die Familie zudem effektiv einer hohen gesellschaftlichen Schicht angehört oder außerordentlich wohlhabend ist, ist die Gefahr der negativen Auswirkungen noch größer. Da Reichtum und hoher Sozialstatus bewundert werden, können sich solche Kinder weiterhin in ihren abgehobenen sozialen Kreisen bewegen und der Illusion frönen, sie seien *wirklich* etwas Besonderes. Man muss sich ja nicht mehr anstrengen, da man bereits dank der Familie dort ist, wovon andere träumen.

Gefangen in der Blase

Verwöhnte Kinder drohen *existenziellen Herausforderungen* auszuweichen. Sie verharren in ihrer *familiären Beziehungsblase*. Sie klammern sich an den Verwöhntheitsstatus. Er bleibt die innere Referenz für ihre Handlungen und ihr Denken. Andere Menschen sollen sich nach ihm ausrichten, ihnen Wünsche erfüllen, Emotionen teilen und Probleme abnehmen.[33] Es geht ihnen um die Bewahrung ihrer egozentrischen Position. Konsummanie und selbstherrliches Auftreten sind oft ein Versuch, diesen Status zu bewahren und der Auseinandersetzung mit dem Leben auszuweichen. Die Hinwendung zu existenziellen Fragen und Problemen wird durch eine Selbstinszenierung verdrängt. Verwöhnten Jugendlichen fällt es darum schwer, sich den Themen und Herausforderungen zu widmen, von denen sie nicht persönlich profitieren. Im Extremfall bleiben sie in ihrer subjektiven Welt gefangen. Die Gefahr droht, dass sie in ihrer Persönlichkeitsentwicklung stagnieren und es versäumen, zu den Tiefen ihrer eigenen Psyche vorzudringen.

Es gibt jedoch noch eine andere Reaktionsweise verwöhnter Kinder. Meine Erfahrung als Kinder- und Jugendpsychologe ist, dass sie als Jugendliche durch extremes Verhalten auffallen wollen. Das Unerlaubte und Anarchische zieht sie an. Sie überschreiten Grenzen, radikalisieren sich ideologisch oder pflegen einen alternativen Lebensstil. Statt Partys widmen sie sich der Pflege von Kamelen in Alice Springs oder meditieren bei kompetenten oder obskuren Yogis in Indien. Durch solche Aktionen versuchen sie, sich doch noch in die Welt einzubringen und eine Gegenreaktion auf ihr Verhalten zu provozieren. Sie wollen den Kokon sprengen, in dem sie emotional verharren. Ein 18-jähriger Jugendlicher, der wegen schulischem Versagen, persönlichen Problemen und exzessiven Ausgaben beim Ausgang bei mir in der Therapie war, berichtete mir von einem Abend, an dem er unter Verwendung der Kreditkarte seines Vaters über 10 000 Franken ausgab: »Ich bestellte für alle am Tisch Champagner. Die Kellner brachten ihn mit funkelnden Kerzen. Alle Blicke im Klub waren auf mich gerichtet. Ich wusste, was die anderen Gäste dachten: So ein Arschloch!« In der Therapie zeigt sich, dass sein exzessives Ausgangsverhalten auch ein Versuch war, aus seinem verwöhnten Status auszubrechen und das wirkliche Leben kennenzulernen. Er wollte, dass die Umgebung ihn endlich als »Arschloch« erkennt, damit er innerlich aufgerüttelt wird.

Nicht verwöhnte Kinder realisieren, dass die Mittel ihrer Umgebung beschränkt sind. Die Auseinandersetzung mit der Umwelt und sich selber wird ihnen nicht abgenommen. In der Außenwelt lauern Gefahren, erwarten sie Enttäuschungen und Krisen, die Mami oder Papi nicht verhindern können. Sie wissen, dass die Welt kein Selbstbedienungsladen ist und viele Wünsche nie in Erfüllung gehen. Sie zeichnen sich durch eine größere *Frustrationstoleranz* und *Leidensbereitschaft* aus. Schritte in die Außenwelt werden stoischer ertragen und eigene Beschränkungen eher akzeptiert. Wenn Kinder realisieren, dass die Eltern oder andere Erwachsene nicht ständig als Eingreiftruppe bereitstehen, kann sie das *stärken*.

Notwendiger Ausbruch aus der familiären Wirklichkeit

Je älter Kinder werden, desto mehr gewinnt die Außenwelt an Bedeutung. Die Sicherheit und die Liebe der Eltern ermöglichen ihnen, sich mit fremden Realitäten zunehmend auseinanderzusetzen. Sie ahnen, dass die Welt nicht ganz so ist, wie Mami und Papi sie ihnen suggerieren. Dies betrifft auch ihre Persönlichkeit. Ihr Charakter und ihre Interessen decken sich nicht ganz mit jenen ihrer Familie.

Der Ausbruch aus der Familienblase führt dazu, dass die Kinder oder Jugendlichen die Vielfalt des Lebens entdecken: Bei kleinen Kindern sind Schimpfwörter das erste Zeichen, dass sie sich der Außenwelt annähern. Sie gebrauchen zum Entsetzen der Eltern Wörter aus der Gosse oder imitieren Slangs, die in der Familie als anrüchig gelten. Ältere Kinder und Jugendliche provozieren ihre Eltern, indem sie sich für Gewalt, Sexualität, Rausch, Intrigen, Krieg, Macht interessieren. Sie verbringen Stunden am Computer, um die ihnen fremde Welt zu erforschen. Oft wenden sie sich jedoch auch der Religion, Ethik, Musik, Technik oder Natur zu. Gesunde Kinder wollen aus dem Denk- und Erfahrungsraum der Familie ausbrechen und dem ganz Anderen nachgehen. Sie machen diesen Schritt, weil sie realisieren, dass es nicht nur um das eigene Wohl, sondern auch um das Leben an sich mit seinen Herausforderungen und Paradoxien geht. Existenzielle Probleme und Themen werden relevant.

Damit verändert sich die Stellung der Eltern. Die Eltern-Kind-Beziehung wird um eine unpersönliche Dimension erweitert. Es kommt zu einer Hinwendung zum *Dritten*. Es geht um Aspekte wie Tod, Leidenschaft, Hass, Gerechtigkeit, Gewalt, Rassismus, Gott, Kultur, Heimat, Konflikt, Sexualität. Oft handelt es sich um Themen, bei denen es keine permanente Lösung gibt. Wenn sich ein Kind zum Beispiel darüber aufregt, dass es vom Lehrer ungerecht behandelt wird, dann geht es nicht nur um eine persönliche, unangenehme Erfahrung, bei der die Eltern einschreiten, sondern auch um Gerechtigkeit und das Problem der Ungerechtigkeit. Solche Erfahrungen sind eine Voraussetzung für die Entwicklung des Gerechtigkeitssinnes.

Eine frühzeitige Begegnung mit außerfamiliären und außerschulischen Themen hilft Kindern, sich auf diese existenziellen Herausforderungen vorzubereiten. Sie brauchen Liebe, Sicherheit und Geborgenheit, jedoch müssen sie sich auch mit dem Queren, Unangenehmen der Menschen konfrontieren. Wir helfen ihnen nicht, wenn wir sie in einer künstlichen, abgeschotteten Welt aufwachsen lassen, in der die Erwachsenen den Anschein machen, sie hätten das Leben im Griff und für alle Probleme gäbe es eine Antwort. Wenn Gewalt und Konflikte ausgeklammert werden, dann kreieren wir hilflose Wesen. Außer Pornografie und explizite Gewaltdarstellungen gibt es keine Themen, vor denen wir Kinder schützen müssen.

Aus psychologischer Sicht wäre es wichtig, wenn sowohl Familien als auch Schulen sich auch außerfamiliären, nicht kindgerechten Themen zuwenden: Leider neigen beide eher dazu, Kinder in eine zensierte, gesäuberte Umgebung zu dirigieren, in der Machbarkeit und Harmonie vorgetäuscht werden. Nichts irritiert jedoch Kinder mehr, als zu merken, dass sie in eine Scheinwelt abgeschoben werden. »Lehrerinnen oder Lehrer, die ihren Unterricht stets reibungs- und störungsfrei gestalten, laufen deshalb Gefahr, eine harmonische Funktionalität herzustellen, die auf stummen Weltbeziehungen basiert«, schreibt Jens Beljan.[34] Schattenthemen werden ausgeklammert. Sie haben dadurch für die Schülerinnen und Schüler eine erhöhte Attraktivität. Sie merken intuitiv, dass etwas nicht stimmt. Wir müssen ihnen darum andeuten, dass es immer wieder Konflikte geben wird, sie persönlich Debakel erleben werden, Verletzungen in Beziehungen sowie Lug und Betrug in allen Kreisen möglich sind. Wir müssen sie jedoch auch an unseren Leidenschaften und Emotionen teilhaben lassen. Die Kraft der Liebe, die Faszination für ein Land oder Begeisterung für ein Projekt. Kinder wollen *Wahrheiten* hören. Sie wollen keine lebensfremde Märchen hören und mit schönen pädagogischen Leitsätzen, wie man sie heute vor allem in Schulen vorfindet, abgespeist werden.

Auf diese Weise finden Kinder auch eher einen Draht zu ihren *eigenen* archetypischen Tiefen. Sie können eigene unangebrachte

Fantasien verstehen. Wieso haben sie den Drang, der Lehrerin auf den Po zu schlagen? Die Fantasie, eine Kollegin anzuzünden? Oder warum fasziniert sie ein Computerspiel mit Zombies? Sie dringen in ihre seelischen Innenräume vor. Das Kind erlebt sich nicht nur als Sohn oder Tochter, sondern ahnt, dass es noch *andere* Rollen im Leben gibt. Kinder können durch die Eltern und Lehrpersonen auf diese persönliche Herausforderung vorbereitet werden. Es hilft ihnen, wenn Vater und Mutter sie an ihren eigenen beruflichen Themen teilhaben lassen. Der Vater erzählt von seinen Mobbingerfahrungen in der Firma, die Mutter führt ihre Tochter bei den kriegstraumatisierten Verwandten in Kosovo ein oder berichtet von den Hierarchiekämpfen an ihrer Arbeitsstelle bei einer Rückversicherung. Es geht nicht nur um persönliche Erfahrungen, sondern auch um weltanschauliche Themen. Die Mutter erklärt, wieso sie wieder in die Kirche eintritt, sich einer bestimmten Partei anschließt oder auf politischer Ebene von Ängsten geplagt wird. Entscheidend ist, dass die Kinder realisieren, dass Papi und Mami nicht nur und ausschließlich in der Familie leben, sondern auch außerfamiliäre Interessen und Leidenschaften verfolgen wie auch oft an Problemen verzweifeln.

Aber nicht nur persönliche Herausforderungen sind von Bedeutung. Es gilt auch, Beziehung mit der Welt herzustellen. Wenn zum Beispiel der Vater oder die Mutter von der Entstehung des Roten Kreuzes berichtet, dann sieht sich das Kind als Helfer, Kämpfer oder Friedensstifter. Je nach Veranlagung werden andere Eigenschaften und Interessen geweckt. Außerdem: Die Beziehung zu den Eltern wird entpersönlicht. Dank der Konfrontation mit solchen archetypischen Themen beginnen Kinder sich selber zu verstehen und ihre mögliche Rolle und Aufgabe im Leben zu fantasieren.

Richtet sich die Erziehung ausschließlich nach dem, was in unserem Bewusstsein vorgeht, wie es bei zielorientierten Lernprozessen propagiert wird, dann droht eine geistige Selbstbeschränkung. Wir werden zu Ich-Sklaven, die nur das suchen, was sie bereits wissen. Ich-Pläne rücken ins Zentrum. Es fehlt der Sinn für das Unbekannte,

Mysteriöse und nicht erfassbare, das uns immer auch umgibt. Eine entsprechende Erziehung führt das Kind nicht zu den Rätseln des Lebens, sondern degeneriert zu einem Trainingsprogramm. Man will aus dem Kind oder Jugendlichen das machen, was man sich vorstellt. Statt Autonomie und Selbstständigkeit zu fördern, bleibt der junge Mensch in seiner ausgezonten und benannten Welt.

Alles ist erklärbar. Das ganz Andere, Unfassbare, Mysteriöse, absolut Schöne oder Überraschende gibt es nicht. Die Folgen können prosaisch sein. Junge Erwachsene zögern auszuziehen, weil die Welt und ihre Themen bereits kartografiert sind. Man wird nicht von Erwartungen und Neugierde getrieben, sondern vom persönlichen Selbstverwirklichungsprogramm. Statt Träumen wird der Bequemlichkeit gefolgt. Die Selbstoptimierung steht im Zentrum der eigenen Lebensplanung. Numinose Erlebnisse, persönliche Erschütterungen und der Ausbruch von Leidenschaften sind nicht vorgesehen. Hotel Mama bleibt attraktiv. Eigenes Zimmer, regelmäßiges Essen, Internetanschluss, Waschservice werden geboten und sogar Rechnungen werden nach der dritten Mahnung von den Eltern beglichen.

Wenn die Faszination für das ganz Andere nicht geweckt wird, dann macht der Verzicht auf diese Annehmlichkeiten auch keinen Sinn. Denn: Die Begeisterung für ein außerfamiliäres Thema kann der erste Schritt zu einem eigenständigen Lebensweg sein.

Kinder brauchen wohlwollende Vernachlässigung

Erziehung und Milieu haben einen großen Einfluss auf die Entwicklung. Entsprechend groß geschrieben wird heute die Frühförderung des Kindes. Je früher desto besser. Niemand stellt die Förderung von Kindern infrage, doch es geht um das Maß. Heute droht jedoch die Gefahr, dass sich der Glaube an die Machbarkeit der Entwicklung verbreitet. Der Weg des Kindes bis zu einem ausgewachsenen Menschen ist komplizierter. Nicht nur die Außenreize, die familiäre Situation, die Gesundheit und Förderangebote spielen eine Rolle, sondern auch angeborene und subjektive Faktoren. Das Werden eines Menschen muss man sich als eine Interaktion zwischen Anlage, Umwelt und motivationalen Faktoren vorstellen,[35] beeinflusst durch die werdende Persönlichkeit des Kindes.[36] Kinder werden nicht geprägt wie Münzen, sondern setzen gleich nach Geburt eigene Prioritäten, streben eigene Ziele an und leben Fantasien aus, die nicht immer mit den Vorstellungen des Elternhauses übereinstimmen. Sie überraschen mit neuen ungewohnten Antworten und suchen Herausforderungen, die den Eltern und Pädagogen oft nicht vertraut sind. Der Erziehungshype, der Glaube an die Frühförderung und das Antrainieren von Kompetenzen wecken den fatalen Glauben, dass heute endlich die Eltern und Lehrpersonen zu den Gestaltern der Persönlichkeit ihrer Kinder oder Schüler wurden.

An anderer Stelle des Buches habe ich die Bedeutung der *mentalen Vorstellungen* für das Verhalten des Menschen erwähnt. Wir orientieren uns nach inneren Bildern, die oft wenig oder keinen Zusammenhang mit unserer konkreten Lebenssituation haben. Diese Vorstellungen sind oft *handlungsrelevant*. Mit anderen Worten: Wir folgen unseren inneren Bildern statt den Impulsen der Umgebung oder den Ratschlägen unserer Mitmenschen. Oft ignorieren wir die Reize und die Situation, in der wir sind, und folgen einem inneren Bild. Aus diesem Grund beschreiten wir oft eigene Wege und peilen Ziele an, die ungewohnt sind und in unserem Kopf existieren. Die inneren Bilder werden oft durch familienfremde Elemente angestoßen. Die Entwicklung des Kindes und der Weg der Jugendlichen sind darum immer voller Überraschungen. Der Sohn einer Akademikerfamilie ist plötzlich begeistert von der Gastronomie oder ein Mädchen opfert seine Freizeit für die Aufzucht von Hunden. Studiert man die Biografien von erfolgreichen Menschen, dann sind diese oft voller Abbrüche, Zwischenschritten, Tauchphasen und Umwegen. Viele dieser Abweichungen wurden durch persönliche Setzungen und eigenständige Ambitionen ausgelöst.

Wenn wir wollen, dass Kinder einen guten Weg ins Erwachsenenalter beschreiten, müssen wir vor allem Selbstvertrauen fördern. Ihre Entwicklung wird bestimmt nicht nach Plan verlaufen, sondern Unerwartetes wartet auf sie. Die Mehrzahl der Menschen sprengen die Normen des Milieus, in das sie hineingeboren wurden. Damit sie das Selbstvertrauen nicht verlieren, müssen wir sie darauf hinweisen, dass wir nicht wissen, was das Ziel ihrer Entwicklung ist, auch wenn wir bestimmte Werte und Normen vertreten. Sie sind darum auf Eltern angewiesen, die nicht nur Beziehungsarbeit leisten, empathisch sind und sich um sie sorgen, sondern sie auch auf das Außerordentliche, Mysteriöse und Unbekannte des Lebens hinweisen. Eltern müssen ihren Kindern das Gefühl vermitteln, dass sie etwas erwartet und dass sie Aufgaben zu erfüllen haben, von denen niemand eine Ahnung hat. Zukunftsvorstellungen sind wichtig, doch handelt es sich nicht um Programme, die Kinder ausführen müssen, sondern um Projektionen. Kinder entwickeln sich auch autonom aufgrund eigener Geschichten und der persönlichen Veranlagung. Bei den Erwartungen der Eltern handelt es sich oft um eigene Wünsche, Ideologien, Ambitionen oder Ängste, die über das Kind oder den Jugendlichen ausgelebt werden. Die Kinder müssen die Vorstellungen der Eltern ausführen und können nicht ihrer[37] eigenen inneren Stimme folgen. Dadurch werden ihre Möglichkeiten eingeschränkt. Im Namen der Förderung müssen sie sich einer Dressur unterziehen.

Die Besetzung der Kindheit durch die Erwachsenen

Machbarkeitsglaube, eingeschränkter Bewegungsraum, übertriebene Förderung. Wie konnte es soweit kommen? Gründe sind die demografische Entwicklung der Bevölkerung, der Erfolg der Medizin und der Wohlstand. Heute gibt es prozentual weniger Kinder wie vor 100 Jahren, die Eltern sind älter[38] und den Kindern wird mehr Wohnraum zur Verfügung gestellt. Diese Entwicklungen haben dazu geführt, dass Kinder ins Zentrum der Aufmerksamkeit rückten. Im Gegensatz zu früher sind heute Kinder eine Rarität. Kinder wurden zu einem Projekt und ein bis höchstens drei Kinder zu einem Lifestyle. Kinder sind nicht mehr *einfach auch noch da*, sondern wurden zu einem *Objekt unserer Ambitionen* und *Sinnfindung*. Die Folge: Wir sind bereits, *alles* für sie zu tun! Es gilt, sich voll für sie einzusetzen und ihre Entwicklungsschritte zu observieren. Erziehung und Bildung wurden damit zu unhinterfragten Werten. Die Kosten für Bildung werden vor allem in der Schweiz, Deutschland, den skandinavischen Ländern kaum hinterfragt.[39] Die Erwachsenen wollen den Kindern durch Schulbildung und Förderung dazu verhelfen, ihr Potenzial auszuschöpfen, in verschiedenen Disziplinen kompetent und glückliche Persönlichkeiten zu werden. Man kann es jedoch auch umkehren: Sie konstruieren eine Ideologie und entwickelten Systeme, damit die Kinder und Jugendlichen bis ins Erwachsenenalter an sie gebunden sind. Salopper: Kinder können die Alten nicht loswerden! Die Förderung und das Investment in die Bildung entlarven sich als heimliche Dressurmaßnahmen! Im Namen der Förderung und Schulung werden ihnen Freiräume weggenommen. Sie müssen sich den Alten unterwerfen und das auch noch begrüßen!

Kinder brauchen Freiraum, damit sie selber ihren Wünschen, Träume und Ahnungen nachgehen können. Sie brauchen Phasen der wohlwollenden Vernachlässigung und des ziellosen Herumtreibens. Nur so können sie unkonventionelle Fantasien ausleben, das Scheitern erfahren und Konflikte erleben. Alle diese wichtigen Erfahrungen können sie nur selber machen. Sie können durch keine Erziehungsprogramme ersetzt werden. Es gilt, ihnen diesen Raum zurückzugeben, damit sie in der Schule und zu Hause zwischendurch einer Leidenschaft nachgehen dürfen, gelangweilt sein oder schwierig sein können, ohne eine Diagnose zu erhalten.

Das Anpassungssyndrom

Anpassungssyndrom in der Familie

Es gibt einen alten Witz: Zwei Bauern streiten sich wegen einem Baum. Er steht an der Grenze der beiden Höfe. Beide Bauern wollen seine Früchte ernten. Es ist nicht klar, wem der Ertrag gehört. Sie konsultieren einen Richter. Dieser hörte sich die Argumente des ersten Bauern an. Er überlegt und antwortet: Sie haben recht! Nun ist der andere Bauer an der Reihe. Auch er argumentiert. Der Richter stützt seinen Kopf in die Hände, denkt nach und sagt schließlich: Sie haben auch recht! Der Schreiber des Gerichts ist irritiert, wendet sich nun an den Richter und wendet ein, er könne doch nicht *beiden* Bauern recht geben! Der Richter überlegt lange, wird stutzig und sagt schließlich: Da haben sie absolut Recht!

Dieser Witz weist auf eine Gefahr hin, der wir alle ausgesetzt sind. Wir stimmen uns auf die Erwartungen eines Mitmenschen ein und vergessen, dass es auch um die Sache geht. Was wir sagen oder tun, gründet dann nicht auf eigenen Überlegungen, sondern repliziert die Wünsche des Gegenübers. Dahinter steht unser Streben nach Harmonie, Akzeptanz und Konfliktvermeidung. Diese Anpassungsfähigkeit ist überlebenswichtig. Gemeinschaftsleben ist nur möglich, wenn wir fähig sind, Erwartungen und Gefühle unserer Mitmenschen nachzuvollziehen und uns nach ihnen zu orientieren, auch wenn wir einmal andere Ziele hegen und nicht gleicher Meinung sind. Wir passen uns an, weil uns die Beziehung zu unseren Mitmenschen wichtig ist und wir nicht aus einer Gemeinschaft ausgeschlossen werden wollen. Als Zoon politikon[40] übernehmen wir ihre Werte und Haltungen. Unsere Anpassungsbereitschaft ist auch die Basis für die Persönlichkeitsentwicklung.[41]

Von den Kindern und Jugendlichen erwarten wir darum, dass sie die Erwartungen ihrer Mitmenschen ernst nehmen. Damit dies gelingt, fördern wir ihre *Empathie*. Wir möchten, dass sie sich in die Haut ihrer Mitmenschen versetzen, ihre Anliegen, Wünsche, Ängste und Bedürfnisse berücksichtigen. Erziehung gibt sich die Aufgabe, Kinder für die Anliegen ihrer Mitmenschen zu sensibilisieren. Sie sollen ihr Verhalten und ihre Worte auf die Gemeinschaft abstimmen. Kindergartenkinder sollten nicht einfach drauflos reden, wenn die Kindergartenlehrerin der Gesamtgruppe eine Frage stellt. Sie müssen lernen, ihre Hand zu erheben und zu warten, bis sie aufgerufen werden. Sie müssen Pantoffeln anziehen, wenn sie den Raum betreten, Spielwaren nicht als Wurfgegenstände benützen und die mühsame Kollegin nicht schlagen. Feindselige Gefühle wie Wut und Ärger müssen hie und da dem Frieden zuliebe hinuntergeschluckt oder zivilisiert ausgedrückt werden. Das Problem ist: Kinder sind nicht Roboter, die sich programmieren lassen. Auch wenn sie sich anpassen wollen, funktioniert es nicht immer. Sie haben persönliche Ambitionen, eigenständige Meinungen und Ziele. Ihre Wünsche decken sich nicht immer mit denjenigen ihrer Mitmenschen. Sie leben in einer Ambivalenz. Sie wollen sich korrekt verhalten und dann wieder nicht. Soll man sich nach den Wünschen des Gegenübers ausrichten oder sich über sie hinwegsetzen? Wir sind nicht immer mit den Standpunkten anderer einverstanden, auch wenn wir sie nachvollziehen. Soll man Widerstand leisten? Die Erwartungen des Gegenübers enttäuschen? Bleibt man authentisch? Weil Kinder und Jugendliche den Erwachsenen ausgeliefert sind, handelt es sich bei ihnen um eine existenzielle Frage. Die Erwachsenen haben die Macht inne. Wie geht man mit der Frage Anpassung – Selbstständigkeit um?

Dass sie ihre Aktionen und Worte auf Mitmenschen abstimmen müssen, realisieren Kinder früh. Ab drei Jahren entwickeln sie die

Fähigkeit, ihr Verhalten nach den Erwartungen ihrer Mitmenschen auszurichten.[42] Sie realisieren, dass Empathie Vorteile mit sich bringt. Wenn sie sich den Erwartungen der Eltern fügen, dann sind diese eher zufrieden und schenken ihnen ihre Aufmerksamkeit. Sie reden ihren Eltern jedoch auch nach der Zunge, um sie zu vereinnahmen. Sie setzen einen leidenden Gesichtsausdruck auf, nachdem sie eine wertvolle Tasse zerschlagen haben, um die Mutter oder den Vater zu besänftigen. Das Kind hat eine Vorstellung entwickelt, wie man dank Anpassungsbereitschaft eine schwierige Situation meistert. Auf der Grundlage dieser Erkenntnis entwickelt es Strategien, wie man die Eltern beeinflusst:»Ich habe Hunger und ich will ein Sandwich!«, führt nicht zum Ziel, sondern vielleicht ist es besser, mit säuselnder Stimme der Mutter ins Ohr zu flüstern, dass ihre Sandwichs die besten der Welt sind! Kinder merken, welche Worte im Ohr des Gegenüber gefällig wirken. In der Psychologie nennt man dies: *Theory of Mind*.

Die Kehrseite dieser Empathie ist *Täuschung*. Wie kann man wissen, ob ein Verhalten *genuin* ist oder ob es sich um eine Maskerade handelt? Vielleicht sagt das Gegenüber nur, was man hören will? Es lächelt, um mich zu beruhigen und nicht aus Glück. Geschickte Kinder merken intuitiv, welche Worte man einsetzt, wie man auftreten muss, um sich gegenüber den Erwachsenen durchzusetzen. Muss man als Vater oder Mutter auf der Pirsch sein? Die meisten Eltern sind vom Gegenteil überzeugt.

Dauer der Beziehung schützt vor Täuschungen nicht

»Mein Sohn schwindelt mich niemals an!«, beteuert die Mutter vehement. Sekundiert von ihrem Mann sitzt sie mir gegenüber und bestreitet, dass ihr Sohn einen Mitschüler provoziert, geschlagen und ihm zwischen die Beine gegriffen hat. Ihr Hauptargument:»Ich kenne meinen Sohn und würde merken, wenn er mir nicht die Wahrheit sagt!« Er habe ihr glaubhaft erzählt, wie er hilflos am Boden lag und sein Mitschüler ihm brutal mit der Faust ins Gesicht geschlagen habe.

Diese Auffassung ist verbreitet. Viele Väter oder Mütter sind der Überzeugung, dass sie *merken*, wenn der Sohn oder die Tochter nicht ganz ehrlich ist. Ihr Argument: Sie kennen das Kind besser, als es sich selber kennt. Täuschungen seien unwahrscheinlich, wenn es sich um den eigenen Sohn oder die eigene Tochter handelt. Leider stimmt dies nicht immer: Die Dauer und Intensität des Kontaktes zu einem Kind oder Jugendlichen ist keine Garantie, dass man nicht getäuscht wird. Vertrautheit und gemeinsame Erlebnisse setzen uns eine Brille auf, durch welche wir die Beziehung verzerrt wahrnehmen. Man stimmt sich auf die vertraute Person ein und übernimmt die Entschuldigungen, die sie entwickelt, um ihr Selbstbild zu erhalten. Die Folge: Eltern sehen den Sohn oder die Tochter so, wie er oder sie sich sehen will. Die »liebe Tochter« lügt nicht und der »friedliebende Sohn« mobbt sicher niemanden in der Schule. Wenn wir jemanden gut und lange kennen, dann wird unser Beurteilungsvermögen getrübt, weil wir dazu neigen, die Selbstdefinition des Gegenübers als bare Münze zu nehmen. Ich bin ehrlich, ich bin nicht aggressiv, ich bin sozial etc. Wir sind empathisch.

Je besser wir jemanden kennen, desto leichter ist es, ihn oder sie zu täuschen. Kinder neigen dazu, Themen und Verhaltensweisen, die nicht den Vorstellungen und Werten der Eltern entsprechen, auszublenden. Sie merken, was den Vater oder die Mutter irritiert. Dem Frieden zuliebe oder um elterliche Nachfragen zu verhindern, sagt man lieber nichts über das nächtliche Kiffen oder den Alkoholrausch. Da man die armen Eltern nicht beunruhigen will, werden dunkle Emotionen und Gedanken hinter einer harmonischen Fassade versteckt. Einzelne Kinder sind noch raffinierter und setzen Täuschungsstrategien gezielt ein. »Meine Tochter erzählt mir alles, was sie beschäftigt! Geheimnisse kennen wir nicht!«, teilte mir die Mutter eines sechzehnjährigen Mädchens mit. Meine Informationen waren anders. In der Therapiegruppe erzählte sie von Liebeleien und Ladendiebstählen. Diese Aktivitäten verheimlichte sie der Mutter und dem Vater. Aus taktischen Gründen weihte die Tochter ihre Mutter periodisch in scheinbar private Geheimnisse ein. Sie machte auf vertraut, weil es die Mutter beruhigte und ihr das Gefühl gab, bei ihrer Tochter handle es sich um eine gute Freundin. Die Tochter machte auf Freundschaft, um ihre Mutter zu täuschen.

Die Täuschungsmanöver der Kinder und Jugendlichen erfolgen nicht aus böswilligen Motiven. Sie fabrizieren Geschichten, weil sie sich mit den Eltern emotional verbunden fühlen und sie lieben. Sie spüren ihre Ängste und wollen sie nicht unnötig verunsichern. Die Eltern könnten sich ängstigen. Solche Täuschungen geschehen unbewusst, so wie die Mitarbeiter einer Firma bei den Witzen ihres Chefs spontan mitlachen. Eine solche Anpassung ist bei empathischen Menschen normal.

Familien verfügen jedoch über ein wichtiges Korrektiv: es wird gestritten! In den meisten Familien wird es periodisch laut. Man regt sich über den anderen auf, wird emotional und schreit sich gegenseitig an.[43] Streitigkeiten sind mühsam, sie erfüllen jedoch eine wichtige psychologische Funktion: Die Masken werden abgelegt, man wird enttäuscht. Themen werden aufgenommen, zu denen man sich sonst nicht äußert. Streitigkeiten helfen Situationen und Beziehungen zu klären, Tabus aufzubrechen, Dissonanzen einzugestehen und sich auf einer tieferen, emotionalen Ebene miteinander auseinanderzusetzen. Familienmitglieder sind eng miteinander verbunden. Dies reduziert die Gefahr eines Beziehungsabbruches. Man streitet zwar, doch ist man doch noch füreinander da. Die meisten familiären Auseinandersetzungen sind existenziell nicht bedrohlich. Der Vater ärgert sich über das Zuspätkommen des Sohnes oder die Mutter regt sich über die Unordentlichkeit der Tochter auf, man schreit sich vielleicht sogar gegenseitig an, sitzt jedoch am nächsten Morgen wieder gemeinsam zu Tisch. Täuschungen und Schattenmotive werden erkannt, aber man arrangiert sich nach dem Streit wieder. Dank solchen Streitigkeiten dringen Gedanken und Ängste, die im Alltag nicht die Bewusstseinsschwelle erreichen, an die Oberfläche. Täuschungen und Schattenmotive werden erkannt. Ganz anders sind die Folgen von

Streits mit Arbeitskollegen, Nachbarn oder Unbekannten. Nennen wir einen Arbeitskollegen den Chefs Trottel, schreien ihn an, dann haben wir eine Klage, einen Verweis am Hals oder die Stelle wird uns gekündigt. Die Folgen sind gravierender als in der Familie. Dies ist auch in der Schule der Fall. Kommt man zu spät oder hat die Hausaufgaben nicht erledigt, dann gibt es im harmlosesten Fall eine Verwarnung. Stößt man mutwillig das Pult um, beschimpft die Lehrerin, dann droht ein Timeout und ein Eintrag im Zeugnis oder die Aufforderung, eine Therapie zu besuchen. Man hat bei einer überfachlichen Kompetenz versagt, verfügt über wenig Konfliktkompetenz. Dies realisieren auch Kinder: In der Kita oder der Schule muss man sich benehmen, darf sich nicht so verhalten wie zu Hause oder unter Kollegen. Lehrpersonen darf man nicht anschreien, ihnen laut widersprechen, sie mit Papierkügelchen bewerfen oder die Ohren verschließen. In der Schule herrscht ein anderer Groove wie zu Hause. Kinder internalisieren diese Codes und verhalten sich dementsprechend.

Anpassung an ein Kollektiv

Kinder und Jugendliche müssen sich jedoch nicht nur den Erwartungen der Schule anpassen, sondern sie sind auch mit Forderungen ihrer Peer, den Gleichaltrigen, konfrontiert. Sie müssen auch vor ihren Kollegen und Kolleginnen bestehen. Oft konstruieren sie Geschichten, um sich in ihrer Bezugsgruppe in ein positives Licht zu rücken oder interessant zu machen. Ein Mädchen setzte ein ganzes Dorf in Aufruhr und löste bei der Polizei Alarm aus, nachdem sie erzählte, dass sie in einen VW gezerrt und beinahe vergewaltigt worden sei. Die lokale Fernsehstation berichtete über den Vorfall und die regionale Tageszeitung veröffentlichte einen Bericht mit einem Kommentar eines Experten. Zwei Tage später stellte sich das Ganze als Schwindel heraus. Das Mädchen bestand jedoch immer noch darauf, die Wahrheit zu sagen. Ihre Geschichte variierte sie jedoch leicht: nicht sie sei beinahe entführt worden, sondern eine gute Freundin von ihr. Sie habe dieser jedoch versprochen, ihren Namen nicht zu verraten. Ihre Freundin wolle nicht über das Ereignis reden, da es zu grässlich gewesen sei. Die Eltern und Lehrpersonen hielten ihre Schilderungen für *authentisch*, effektiv gab es diesen Entführer nicht. Die Schülerin erfand die Geschichte, um ihre Reputation zu steigern. Auch sie hat Schlimmes erlebt.

Problematische Seiten des Anpassungssyndroms

Beim Anpassungssyndrom handelt es sich um einen Überlebens-*modus*: eine Reaktion des Körpers auf Stress. Er mobilisiert Energien, damit die herausfordernde Situation bewältigt wird. In unserem Zusammenhang handelt es sich um eine psychologische Reaktion auf ein Zuviel an Erziehung. Sie ist eine Folge davon, dass Kinder sich permanent anstrengen müssen und über wenige Freiräume verfügen. Sie beginnen sich zu schützen, indem sie sich scheinbar fügen.

Zum Anpassungssyndrom kommt es bei spezifischen Bedingungen. Es kann eine Reaktion auf ein kaschiertes *Machtgefälle* sein. Kinder werden zur Anpassung gezwungen, weil die Macht- und Entscheidungsstrukturen unklar sind. Was vorgegeben wird, entspricht nicht der Realität. Dies ist auch in vielen Arbeitsstellen der Fall. Gleichheit wird vorgespielt, ein betont jovialer Umgangston gepflegt und die Hierarchien werden flach gehalten. Der Chef ist mit allen Mitarbeitenden per Du, stößt beim Apéro auf die Festtage an und unterhält sich bestens mit ihnen über scheinbar Privates, die Kinder, Ferien und Hobbies. Niemand weiß jedoch, wie Entscheidungen gefällt und die eigenen Leistungen beurteilt werden. Wenn nicht klar ist, wer wo die Macht innehat, kann eine forcierte Anpassung die Folge sein. Man fügt sich der Betriebskultur aus Angst, einen Fehltritt zu machen und die eigene Position zu gefährden. Sorgfältig tastet man ab, welche Themen en vogue sind und wie man mit möglichen Entscheidungsträgern umgehen muss. Inhaber hoher Positionen realisieren oft nicht, dass sich ihre Untergebenen maskieren und sie selber in einer Blase leben. Die Angestellten lachen herzlich bei ihren Witzen, loben ihre Ideen und geben sich betont cool. Effektiv sind sie jedoch auf der Hut. Was sie wirklich von der Arbeit, der Firma oder ihren Chefs denken, wagen sie nicht mitzuteilen.

Diese Form der Anpassung ist nicht nur in Firmen und Schulen, sondern auch in höheren Bildungsinstitutionen verbreitet, in denen kein enger Kontakt und reger Austausch zwischen Dozenten und Studierenden gepflegt wird. Die Studierenden wollen es mit Oberen nicht verderben und geben ihnen darum den Schmus, um sich abzusichern. Sie wissen, dass der ihnen von der Schule her vertraute Anpassungsmodus herrscht. Scheinheiligkeit ist Usus und Vorsicht geboten: Auch bei anonymen und standardisierten Feedbacks hat man keine Gewähr, dass die Antworten vertraulich bleiben. Viele Studierende befürchten, ihre Daten werden wie bei Facebook genutzt und man kann herausfinden, dass man sich negativ geäußert hat. Die eigenen Gedanken und Gefühle werden versteckt und man schaltet bis zum Diplom auf Anpassungsmodus. Meistens ist dies kein Problem, denn nicht jeder Gedanke muss ausgetauscht werden und der Mensch hat ein Recht auf eine Privatsphäre. Das Problem ist jedoch, dass relevante und brisante Informationen nicht diskutiert oder nicht einmal den Studierenden oder Mitarbeitern bewusst werden. Die Schulleitung erfährt nicht, dass die Mitarbeiter einer Reform kritisch gegenüberstehen oder die Studierenden mit einer Unterrichtsmethode überfordert sind.

Vorgetäuschte Einsicht

Ein weiteres Kennzeichen des Anpassungssyndroms ist die *vorgetäuschte Einsicht*. Das betreffende Kind oder der Jugendliche teilt scheinbar die Meinung des Gegenübers und beteuert, dass es auch danach handelt. Die Einsicht erfolgt jedoch nicht aus innerer Überzeugung, sondern sie repliziert die Auffassung der Erwachsenenperson oder des Machtträgers, ohne sich mit dem Inhalt eingehender zu befassen. Dem Frieden zuliebe beteiligt man sich an der Inszenierung der überlegenen Person. Die Kinder oder Jugendlichen realisieren, dass sie argumentativ in einer schwachen Position sind und arrangieren sich mit den Machtverhältnissen. Ihre Zustimmung ist taktischer Natur und erfolgt nicht aus innerer Überzeugung.

Machtträger oder Erwachsene gewichten solche Aussagen anders. Sie betrachten die verbale oder mimische Zustimmung als *verbindliche* Zusage und merken nicht, dass es sich um einen Versuch handelt, eine Übermacht abzuwehren. Besonders problematisch wird es, wenn die Zustimmungen durch schriftliche Verträge eingeholt werden. Die Kinder oder Jugendlichen werden aufgefordert, ihren Namen unter ein Stück Papier zu schreiben. Aus erwachsener Sicht verleiht dies einer Zusage Verbindlichkeit. Als Lehrperson oder Schulleiter sieht man sich nun im Recht, Maßnahmen zu ergreifen, wenn die Abmachung nicht respektiert wird. Es sollte nun dem Kind oder Jugendlichen klar sein, was man von ihm erwartet. Abgesehen davon, dass es sich um einseitige und aufgezwungene Abmachungen handelt, da Kinder oder Jugendliche meistens keine andere Wahl haben als einverstanden zu sein, setzt eine solche Vorgehensweise ein Bewusstsein voraus, über das Jugendliche und erst recht Kinder noch nicht verfügen. Im Gegensatz zu Erwachsenen orientieren sie sich nicht nach schriftlichen Vereinbarungen, sondern Beziehungen. Es ist nicht das Papier, das ihre Handlungen und Einsichten steuert, sondern es sind die Deals mit Personen, die sie kennen und denen sie vertrauen. Das gesprochene Wort ist für sie wichtiger als ein Text auf einem Stück Papier. Sie realisieren nicht, was Verträge aus juristischer Sicht bedeuten. Wenn Schulen mit schriftlichen Vereinbarungen oder Verträgen arbeiten, um Schülern und Schülerinnen korrektes Verhalten beizubringen, dann entziehen sie sich der direkten erzieherischen Verantwortung. Es handelt sich um eine Form der Nötigung. Statt sich mit dem Kind oder Jugendlichen auseinanderzusetzen, ihre Ambivalenzen und Verwirrungen nachzugehen, operiert man mit einem unpersönlichen juristischen Instrument.

Sich hinter Bravheit verstecken

Ein weiteres Zeichen des Anpassungssyndroms ist der *ausbleibende Widerspruchsgeist*. Während einem Gespräch Einwände zu äußern ist ein Zeichen eines lebendigen Dialogs. Die Gesprächsteilnehmer bemühen sich, eine Sache zu verstehen. Dies ist auch bei Kindern der Fall. Wenn es Kindern gut geht und sie sich wohlfühlen, dann möchten sie wissen, wieso Bäume wachsen, das Klima sich verändert, Menschen zu Verbrechen fähig sind und das Weltall sich unendlich ausdehnt. Sie machen Beobachtungen und versuchen, die Welt um sich herum zu enträtseln. Meistens braucht es eine gewisse Zeit, bis sie etwas verstanden haben und eine Erklärung akzeptieren. Kritik und Einwände sind Ausdruck einer vertieften Beschäftigung mit dem betreffenden Thema. »Du hast doch gesagt, dass wir auf die Tierwelt Rücksicht nehmen müssen, wieso essen wir dann Fleisch?« »Es gibt so viele Menschen auf der Welt, die kein zu Hause haben, wieso schenken wir ihnen nicht unser Ferienhaus?« Wir werden nicht nur klüger, indem wir etabliertes Wissen übernehmen, sondern auch durch Auseinandersetzungen und das Hinterfragen von Wissen.

Für solche Diskussionen braucht es ein Klima der Meinungsvielfalt. Wir alle stimmen diesem Satz zu. Effektiv fällt es uns jedoch schwer, andere Meinungen auch nur anzuhören. Meistens sind wir überzeugt, die korrekte Ansicht zu vertreten, während andere Auffassungen von Mitmenschen stammen, die entweder falsch informiert oder konservativ sind, populistischen Parolen verfallen oder schlicht dumm sind. Wir neigen dazu, eine politisch korrekte, vom Mainstream anerkannte Auffassung zu vertreten. Je höher die Bildungsstätte, desto mehr sind nur politisch korrekte Meinungen erlaubt: Wer die Ehrlichkeit der #Metoo-Bewegung infrage stellt, die Ursachen des Klimawandels hinterfragt, von Schülern statt SuS spricht, von Pennern redet, das Wort Studenten statt Studierende gebraucht, der macht sich verdächtig. Wer gegen den Strom spricht, schafft sich Probleme.[44] Es ist darum problematisch, wenn wir Kindern, Jugendlichen oder Studierenden keine Zeit und keinen

Raum für Fragen und Kritik geben. Diese Gefahr droht paradoxerweise bei Settings, welche die Verantwortung des Lernprozesses an die Kinder und Jugendlichen delegieren. Sie sollen selbsttätig lernen und eigene Fragestellung entwickeln. Aus der Sicht des Kindes oder Jugendlichen handelt es sich um einen machiavellistischen Schachzug. Sie wissen genau, dass es die Erwachsenen sind, die das Sagen haben, über richtig und falsch entscheiden und ihre Leistungen beurteilen. Sie müssen vor ihren Augen bestehen. Daher schalten viele Kinder und Jugendliche, jedoch auch Studenten auf Anpassungsmodus und verzichten auf kritische Äußerungen. Sie nutzen ihre Empathie, um sich oberflächlich anzupassen. Man erledigt die Lernaufgabe, ohne sich vertieft mit dem Inhalt auseinanderzusetzen, sondern repliziert die Erwartungen, die man annimmt. Man zieht sich zurück und konzentriert sich auf Belanglosigkeiten. »Muss ich meinen Namen rechts oder links auf dem Blatt schreiben?« »Wie lange dürfen wir genau im Internet surfen?« Die Fragen betreffen Details oder Harmlosigkeiten. Das Kind oder der Jugendliche versteckt sich hinter einer Maske der Bravheit.

Psychosomatische Beschwerden

Im Anpassungsmodus zu sein erfordert Energie. Diese muss dafür aufgewendet werden, um den Erwartungen der Erwachsenen zu genügen. Eine solche Anstrengung reduziert den Freiraum, sich selber zu entfalten und interaktiv ins Dasein einzubringen. Schüler müssen sich der Macht des Faktischen fügen: Jeden Morgen muss man sich einer Zwangsgemeinschaft anschließen. Diese legt fest, wie man sich zu verhalten hat. Auf dem Schulweg darf man niemand foppen, in den Gängen darf man nicht rennen, während Pausen nicht kämpfen und während den Lektionen hat man sich selber zu disziplinieren. Die Schüler müssen permanent den Anordnungen der Erwachsenen folgen. Ein Ausweg aus dieser Drucksituation sind Krankheiten. Wer sich krank meldet, hat Zeit für sich und steht nicht unter Druck. Kann man die Symptome einer bekannten Krankheit präsentieren oder simulieren, dann hat man die Chance auf einen Freitag, kann eine Prüfung umgehen oder zu Hause wieder mal richtig gamen! Körperliche Beschwerden werden so zu einem Mittel, sich durchzusetzen. Kinder machen das oft nicht mit Kalkül, sondern sie fühlen sich *effektiv* krank und leiden unter Umständen unter den entsprechenden Symptomen. Sie greifen auf eine Disposition eines Krankheitsbildes zurück, zu dem sie neigen und das ihnen vertraut ist. Sie klagen dann über Kopfweh, Bauchweh, Migräne, Verdauungsprobleme oder es ist ihnen schwindlig.

Fehlende Ausgelassenheit

»Wenn eine Gruppe Menschen nicht zwischendurch herzhaft lacht, dann stimmt etwas nicht.« Natürlich ist diese Aussage zu extrem. Eine Gruppe kann sich auch verstehen und miteinander auskommen, ohne dass es zu Schenkelklopfen und Witzereißen kommt. Lachen verbindet Menschen. Es wirkt als sozialer Kitt. Durch das Lachen entspannt man sich und drückt Freude aus. Man findet sich nicht nur auf der intellektuellen Ebene. Die Selbstkontrolle wird gelockert und man riskiert Blößen. Gemeinsames Lachen weist auf eine harmonische emotionale Ebene. Wenn in Schulklassen oder in der Familie wenig oder nicht gelacht wird, dann dominiert oft die Anpassung. Ausgelassenheit ist nicht möglich. Die betreffenden Kinder und Jugendlichen ziehen sich in sich selber zurück, beherrschen sich und verbieten sich Emotionalisierungen. Sie maskieren sich. In Schulen verwechseln Lehrpersonen dieses Verhalten oft mit Fleiß und Lernbegierde.

Konfliktvermeidung

Eine Binsenwahrheit: Konflikte bringen die Qualität einer Beziehung zutage. Sie sind der Stresstest von Freundschaften und Teams. Aus psychologischer Sicht handelt es sich um Distanzierungs- oder Annäherungsakte. Der Ausgang eines Konfliktes ist vielfach offen. Er kann eskalieren und schließlich zu einem Beziehungsabbruch führen. Konflikte bergen jedoch auch die Chance der Vertiefung einer Beziehung. Ein Merkmal des Anpassungssyndroms ist die fehlende Bereitschaft, einen Konflikt durchzustehen oder sogar anzunehmen. Ist jemand in diesem Modus, dann darf es Konflikte nicht geben. Er oder sie fürchtet, dass eigene Gefühle und Gedanken verraten werden.

Lebt jemand im Anpassungsmodus, dann geht er Konflikten aus dem Weg. Sie werden negiert oder auslagert. Konflikte mit Lehrpersonen sind keine Möglichkeit, sich auf einer tieferen Ebene kennenzulernen. Schulen reagieren mit Timeouts, temporären Klassenwechseln oder schicken den betreffenden Schüler zum Schulsozialarbeiter. Er soll sich um den »Fall« kümmern. Die Gefahr besteht, dass die Beziehungsbotschaften, die durch den Konflikt an den Tag kommen, nicht gehört werden. Unter Umständen wird so eine Chance der gegenseitigen Annäherung verpasst.

Beim Anpassungssyndrom fehlt die Bereitschaft, sich auf einen Konflikt einzulassen. Es bleibt bei den Beschuldigungen, Empörungen und Klagen. Die Schüler müssen an sich arbeiten. Sie haben sich zu ändern. Oft mobilisieren sie ihre Eltern, die eventuell sogar Anwälte einsetzen.

Schmeicheleien

Ein weiterer Ausdruck des Anpassungssyndroms sind die *Schmeicheleien*. Dominiert der Anpassungsmodus in einer Gruppe, dann droht das Wohlfühlgespräch zur Norm zu werden. An Sitzungen, Pausen, jedoch auch während der Arbeit reduziert sich der Inhalt der Kommunikation auf Lob und gegenseitige Bestätigungen, wie gut man es macht und wie nett man ist. Im Extremfall entsteht eine Tätschelkultur, die für Außenstehende unerträglich wird. Das Lob wird als Strategie eingesetzt, um persönliche Auseinandersetzungen zu vermeiden. Durch das Tätscheln wird gegenseitiges Desinteresse überdeckt. Das Lob dient als Nebelpetarde, um mögliche Kontroversen zu verhindern. Vorgespielte Begeisterung und positives Feedback neutralisieren Konfliktpunkte. Diskussionen beschränken sich auf den Austausch von Ferienerlebnissen, die Schulerfahrungen der Kinder oder unproblematische öffentliche Themen. Alle sind sorgfältig bedacht, den Mainstream nicht zu verlassen. Man sorgt sich über den Klimawandel, das Kaputtsparen des Staates oder regt sich über Politiker auf, die bereits von den Medien verurteilt wurden, spricht jedoch nicht über interne Intrigen, Eifersüchteleien oder Mobbing von Teamkollegen. Wenn Schüler oder Studierende im Anpassungsmodus sind, dann ist es ihnen zu anstrengend, Kritik oder ihre Gefühle zu äußern.

Reduktion des Denkhorizonts

Eine weitere Gefahr des Anpassungssyndroms ist die *Verengung des Denkhorizonts*. Neue Ideen gedeihen in Freiräumen, in denen Spontaneität, Blödeleien, Humor und gegenseitiges Necken möglich ist. Voraussetzung ist ein Klima gegenseitigen Vertrauens und gegenseitiger Wertschätzung. Wenn Kinder oder Jugendliche merken, dass die Erwachsenen nicht gleich die Moralkeulen schwingen, dann werden sie eher äußern, dass sie Gewalt als notwendig, Drogen nicht so gefährlich und Alkoholkonsum als normal empfinden. Dominiert jedoch das Anpassungssyndrom, dann fügen sie sich den Denkstandards, die in ihrer betreffenden Gruppe herrschen. Brav werden in Umfragen die Leitgedanken der Institution oder Gruppe repetiert: Man fordert auch mehr gegenseitigen Respekt, empfand eine Unterrichtsform als spannend und die Leitung verständnisvoll. Ist jemand im Anpassungsmodus, dann hat sich sein Denkhorizont verengt. Autonome Denkleistungen und ungewöhnliche Schlussfolgerungen sind nicht mehr möglich.

Versteckte Aggressionen

Eine weitere Auswirkung des Anpassungssyndroms ist die Unfähigkeit, Aggressionen adäquat auszudrücken. Emotionen, die den Gruppenkonsens, die Erwartungen der Erwachsenen oder Verantwortlichen irritieren, werden geflissentlich verdrängt. Man versteckt sich. Die Gefahr ist, dass es zu Dekompensationshandlungen kommt. Die unangebrachten Emotionen äußern sich über Umwege. Das betreffende Kind oder der betreffende Jugendliche wird aus nichtigem Anlass aggressiv. Die Lehrerin wird vor der Klasse als »Schlampe« bezeichnet, das Pult eines Mitschülers mutwillig umgestoßen oder ein Jugendlicher zeigt dem Schulleiter den »Finger«. Da bereits bei milden Formen der Aggression oder Provokation mit Sanktionen reagiert wird, lernen die Kinder oder Jugendlichen nicht, auf zivilisierte Weise ihre aversiven Gefühle auszudrücken. Stattdessen drücken sie sich in kleinen Gemeinheiten, Insinuationen und hintergründigen Aggressionen aus.[45] Das Kind oder der Jugendliche fügt sich dem Anpassungsdruck, der von der Umgebung ausgeht und verhält sich scheinbar brav. Aggressionen sind nicht erlaubt.

Die ewig jungen Erwachsenen

Der Auseinandersetzung und Beziehungsaufnahme mit der nächsten Generation wird sowohl in der Schule als auch in der Familie ausgewichen. Die Jungen müssen sich fügen, doch werden sie sich selbst überlassen. Ein ähnliches Phänomen ist bei der Beziehung zwischen den Generationen zu beobachten. In Alterskategorien zu denken ist heute nicht opportun. Die Alten leben nach dem Motto: Wir sind so alt, wie wir uns fühlen. Sie können dies, weil sich die Lebenserwartung erhöht hat, der Tod im Gegensatz zu früher im persönlichen Umfeld kaum präsent ist und der Gesundheitszustand sich merklich verbessert hat. Dies hat zur Folge, dass die älteren Menschen der direkten Auseinandersetzung mit den Jungen ausweichen. Man präsentiert sich nicht als Autorität, die mit den Jungen über das Leben debattiert, sondern als abgeklärte Jugendversteher, die wissen, was die nachfolgende Generation braucht. Ihre Forderungen und Ideen werden jedoch nicht offen an die Jugend herangetragen und diskutiert, sondern über Bildungs- und Ausbildungsgänge der Jugend aufgedrängt. Diese haben keine Wahl. Sie müssen sich den Forderungen fügen, wenn sie nicht scheitern wollen.

Dies zeigt sich an diesem Vorfall an einem Zürcher Gymnasium: Wenn die Jugend provoziert, damit sich die Alten wirklich mit ihnen auseinandersetzt, dann ziehen sich diese rasch empört zurück.

»Ihr seid bei der Themenwahl völlig frei!«, erklärt die Lehrerin der Gymnasialklasse, »wichtig ist, dass ihr etwas wählt, das euch beschäftigt! Uns interessieren eure Meinungen!« Der Leistungsausweis: Ein Plakat, das in den Gängen der Schule präsentiert wird. Die Projektwoche wird neben der Klassenlehrerin auch vom Deutschlehrer begleitet, der lässig in roten Jeans auf dem Lehrerpult sitzt und seine weißen Turnschuhe präsentiert. Zwei sechzehnjährige Jungen können sich rasch entscheiden: die Bedeutung der Pornografie! Ein wichtiges Thema, über das man vertieft nachdenken sollte, finden sie!

Nach intensiver Datensuche und konzentrierter Arbeit stellen die beiden Schüler Ende der Woche ihre Arbeit auf einem Plakat vor. Von ihren Mitschülerinnen und Mitschülern erhalten sie Superbewertungen, das beste Plakat der Studienwoche! Die Lehrerschaft ist nicht gleicher Meinung. Einige Lehrpersonen sind entsetzt, weil auf dem Plakat leicht bis unbekleidete Frauen abgebildet werden. Die Schulleitung ergreift Maßnahmen. Das Plakat wird zensiert. »Diese Darstellung der Frau ist eine persönliche Beleidigung aller Frauen dieser Schule!«, steht nun auf dem überklebten Plakat in dicken Lettern. Kurze Zeit später kritzelt jemand neben der Ermahnung der Rektorin den Satz hin: »Bei ihnen ein Problem: Sie wären nämlich lieber ein Mann mit einem dicken, fetten Penis!« Erneut Entsetzen unter der Lehrerschaft, auch nicht alle Schüler finden den Satz lustig. Der Urheber wird rasch eruiert: einer der Plakathersteller! Konsequenzen werden beschlossen. Es gilt, ein Exempel zu statuieren. Sexismus und Frauenfeindlichkeit wird nicht toleriert. Der Schulausschluss steht zur Debatte. Natürlich sei man offen für Neues, Diskussionen und Experimente, doch die Kernwerte der Schule müssen respektiert werden! Es geht um Respekt vor Frauen, die

Bekämpfung von Geschlechterklischees und die Eindämmung von Macho-Allüren. Die Schulleitung beschließt, den Jungen zu einem Psychologen zu schicken. Nun sitzt der schmächtige Jugendliche in meinem Sprechzimmer. Der Vorfall ist ihm unangenehm. Es sei ihm und seinem Kollegen jedoch nicht primär um Porno gegangen, behauptet er, sondern sie hätten eine Diskussion über gesellschaftliche Tabus anstoßen wollen. Das Thema Pornografie habe sich dazu geeignet, meint er mit aufgesetzter Unschuldsmiene. Unser Gespräch dreht sich jedoch nicht lange um Porno und Tabus, sondern wir sprechen über Meinungsfreiheit, menschengerechte Diktaturen und Nietzsches Zarathustra. Ein herausfordernder, frecher, doch interessanter Junge.

Die Situation erscheint paradox: Lehrpersonen, die sich als progressiv und dialogbereit geben und die Selbstbestimmung der Schülerinnen und Schüler hoch achten – wenn jedoch Schüler dieses Recht für sich beanspruchen, dann schlägt ihnen Empörung entgegen und man spricht von Skandal, statt sich mit ihnen auseinanderzusetzen. Was bewegt dieses Lehrerteam, freche Schüler zur Räson bringen zu wollen? Sind die beiden Jugendlichen wirklich gestört und müssen von der Schule ausgeschlossen werden? Zweifellos: Ihre Themenwahl, das Plakat und vor allem der doofe Spruch waren als Provokationen unangebracht. Die Lehrerschaft musste reagieren. Muss man sie deswegen von der Schule ausschließen und zum Therapeuten schicken? Und: Widerspricht diese Reaktion nicht der deklarierten Haltung der Lehrerschaft? Der Konflikt lässt vermuten, dass auf beiden Seiten andere Motive mitspielen.

Den Jungen ging es nicht um Pornografie und der Lehrerschaft nicht um die Bekämpfung von Machismus und Sexismus, sondern es ging den Jungen um die *Entlarvung* der Alten. Sie wollten aufdecken, dass es sich bei der toleranten, offenen und verständnisvollen Haltung um eine *Maskerade* handelt. Vielleicht wollten sie die Illusion der Alten zerstören, sie könnten die Jungen verstehen und auf gleicher Ebene mit ihnen kommunizieren? Sie wollten ihnen das Eingeständnis abzwingen: Diese Jungen verstehen wir *nicht!* Ihr Verhalten ist nur skandalös! Die Lehrer hingegen fürchteten sich eventuell vor einer Diskussion über ein wirklich relevantes Thema unserer Gesellschaft. Sie wollten durch ihre scheinbar progressive und politische korrekte Haltung ein Streitgespräch ersticken.

In Alterskategorien zu denken gilt heute als obsolet. Wir ziehen es vor, mit Persönlichkeitseigenschaften zu argumentieren, die nicht altersgebunden sind. Gleichzeitig müssen wir anerkennen, dass die Angehörigen der gleichen Generation sich miteinander verbunden fühlen. Sie teilen sich eine gemeinsame Geschichte, sei es die Wirtschaftskrise, der Zweite Weltkrieg, der Wirtschaftsaufschwung, der Rock n'Roll, der Kalte Krieg, der Mauerfall oder 9/11. Wir werden durch Ereignisse geprägt, die wir mit den Angehörigen der gleichen Altersklasse teilen. Wir sind auch Angehörige einer Generation – mit ihren typischen Fähigkeiten und Beschränkungen und sind von ihren Denkweisen, Moden und Ideologien unserer Altersklassen geprägt.

Diese Prägungen sind uns nicht bewusst. Unsere Gedanken, Werte und Präferenzen nehmen wir als persönliche Leistung wahr und nicht als Folge der Zeitumstände. Die beiden frechen Jungen haben mit ihrem Verhalten ein sensibles Thema getroffen. Sie haben die Lehrpersonen an die Kluft zwischen den Generationen erinnert: Hier sind die Jungen, dort die Alten! Die Jungen zerstörten das Selbstbild der Alten. Sie sind nicht nur verständnisvolle Coaches und Lernbegleiter, sondern Menschen, die stur an ihrer generationenspezifischen Auffassung festhalten: »Wir sind jene, denen es Frauen zu verdanken haben, dass sie nicht mehr nur als Sexobjekte behandelt werden.« Die etablierten Alten repräsentieren Instanzen, gegen die man periodisch rebellieren muss, wenn man sich von ihnen nicht vereinnahmen lassen will. Die beiden Jungen haben ein Muster zutage gebracht, das sich zwischen den Generation periodisch abspielt: *die Inszenierung von gegenseitigem Unverständnis.* Eine Rolle, die ältere Menschen nicht gerne einnehmen.

Ungleiche Machtverhältnisse zwischen den Generationen

Ungern gestehen wir ein, dass unsere Haltungen und Werte auch altersgebunden sind. Das Alter macht uns zum Repräsentant einer bestimmten Epoche: Wir sind ein Vertreter der Babyboomer, gehören zur Aktivdienstgeneration, den rebellischen 68ern, den orientierungslosen 90ern. Mit dem Alter werden bestimmte Prägungen angenommen. Die Generation, die Aktivdienst geleistet hat, schwärmt für die Landesverteidigung. Wer zur Zeit des Wirtschaftsaufschwungs aufgewachsen ist, kann sich nicht vorstellen, unter materiellen Entbehrungen zu leiden, und die 68er-Generation fühlt sich berechtigt, Autoritäten zu hinterfragen.

Angehörige verschiedener Altersgruppen verstehen sich aus diesem Grund nur partiell. Diese Einsicht ist heute vor allem bei den Jungen akzeptiert. »Wissen Sie, das versteht meine Mutter nicht! Sie gehört noch zur Generation, die meint, man müsse über alles reden...« »Mein Vater hat mit über fünfzig nochmals eine Rockband gegründet, echt peinlich!«, »Meine Eltern haben nur geschuftet! Sie können nicht chillen!« An den Aussagen junger Menschen über ihre Eltern und Lehrpersonen merkt man, dass die Vorstellungen der Alten ihnen oft fremd sind. Es gibt eine Kluft zwischen den Generationen.

Die ältere Generation sieht es meistens anders. Sie glaubt, die Jungen zu verstehen, zu wissen, was sie brauchen und welches ihre Probleme sind. Die Jugend sei verwöhnt,[46] beziehungsunfähig,[47] nur am Chillen interessiert und zeige keine Bereitschaft zu politischer Basisarbeit. Vorgeworfen wird ihr weiter, sie sei brav, konventionell und angepasst. »Wir haben uns noch für Ideale und Utopien eingesetzt!«, wird im Kreis von Altersgenossen geprahlt, und man bestätigt sich gegenseitig, dass man es heute mit einer Generation unentschlossener Menschen zu tun habe; der Generation »Maybe«[48], die sich weigere, Verantwortung zu übernehmen. Die ältere Generation liebt es, die Jugend zu etikettieren. Sie glaubt zu *wissen*, was die jüngere Generation braucht und welche Gefahren ihr drohen. Ähnlich wie es die Jungen bei den Alten tun, werden die Jungen in Schubladen gesteckt. Es gibt jedoch einen entscheidenden Unterschied. Wenn die Jungen über die Alten schimpfen, sich über diese wundern oder diese nicht verstehen, dann bleibt das für die Alten ohne große Konsequenzen. Die Jungen verfügen über keine Mittel, ihre Auffassungen durchzusetzen. Sie sind weder im öffentlichen Diskurs präsent, noch besetzen sie einflussreiche Positionen. Die Alten hingegen sind an den Schalthebeln der Macht und definieren den öffentlichen Diskurs. Sie können ihren Einfluss geltend machen und Maßnahmen einleiten. Die Zuschreibungen, die von ihnen gemacht werden, wirken sich direkt auf das Leben der Jungen aus. Die Unterstellungen, die in den Medien verbreitet und zum Teil von Experten bestätigt werden, haben für die Jungen Konsequenzen.[49] Besonders deutlich zeigt sich diese in der Schule.

Die Dressur der Jungen

Als man in den 1990er-Jahren in den Schulen Brutstätten der Gewalt sah, wurden diverse Programme zur Gewaltprävention eingeführt.[50] Die Kinder und Jugendlichen müssen sich seither oft peinlichen Übungen unterziehen, um zu lernen wie man empathisch ist, die Stopp-Regel einsetzt, positive Botschaften formuliert, bei Kämpfen eingreift oder als Friedensstifter fungiert.[51] In jedem Schulhaus gibt es Schulsozialarbeiter. Es gilt, die Kinder und Jugendlichen vor ihren Gewaltneigungen zu schützen. Programme sollen den Schülerinnen und Schülern friedliches Verhalten beibringen.[52] Die Schulen werden aufgefordert, Maßnahmen gegen Cybermobbing und Rassismus zu treffen – natürlich neben der Förderung der Sozialkompetenzen – obwohl die Verbreitung dieser Probleme klein ist. Befürchtungen führen zu zusätzlichen Programmen, denen sich die Jungen unterwerfen müssen. Argumentiert wird mit Sicherheit und dem Schutz der Jungen. In Wirklichkeit mischen sich die Erwachsenen in einen Lebensbereich ein, der sie nichts angeht. Wie sie den Kontakt unter sich gestalten, bleibt Privatsache der Kinder und Jugendlichen. Wenn jedoch Erwachsene bestimmen, *wie* Kinder und Jugendliche konkret miteinander kommunizieren, sich verhalten und welche Wörter sie bei Spannungen einsetzen sollen, dann geht es nur noch um Dressur. Solche Programme gründen in der Auffassung, dass es sich bei den Jungen um defizitäre Wesen handelt, die Schutz brauchen und bevormundet werden müssen. Die Erwachsenen haben zudem noch den Vorteil, dass sie sich nicht auf eigene Auffassungen oder Beobachtungen berufen müssen. Es genügt der Hinweis auf »empirische Evidenzen«. Die Sozialwissenschaften liefern die entsprechenden Daten von Untersuchungen, die ganz selten repliziert wurden. Sie laufen damit Gefahr, Mainstream-Gedanken zu bestätigen. Die Forscher werden angetrieben von der Hoffnung nach einem nächsten Karriereschub und bestätigen darum, was im öffentlichen Diskurs befürchtet wird. Sie streben nach Einfluss und Reputation.[53] Den Kindern und Jugendlichen ist es jedoch nicht möglich, Kurse oder Kampagnen für die Erwachsenen zu initiieren: Maßnahmen gegen die perversen Boni-Bezüge und absurd hohen Gehälter in staatsnahen Betrieben, Kampagnen zur Förderung der Spiellust, obligatorische Kurse für Eltern zum Thema »Wie streite ich, ohne dass es ausartet« oder für Lehrpersonen zum Thema »gerechte Strafsysteme«.

Da Kinder und Jugendliche im öffentlichen Diskurs keine Stimme haben, sind sie immer wieder mit fixen Auffassungen konfrontiert.[54] Man ist zum Beispiel überzeugt, dass sich Jugendliche durch Strafen abschrecken lassen und fordert darum bei Vergehen Null-Toleranz.[55] Nicht realisiert wird, dass sich die meisten Jugendlichen die Auswirkung einer Strafe gar nicht vorstellen können, da sie in einer eigenen Welt leben. Für sie stehen andere Themen und Ängste im Vordergrund. Außerdem sind renitente, schwierige Jugendliche meistens überzeugt, dass sie schlauer als das Gesetz sind. Sie werden gewiss nicht erwischt! Aus solchen Gründen ist es zweifelhaft, ob Strafen eine abschreckende Wirkung auf die Jugend ausübt.[56] Bei der Vorstellung, je härter die Strafe, desto größer die Abschreckung, handelt es sich also um ein Paradigma – eine Projektion der älteren Generation auf die Jugend.

Gewisse Paradigmen treffen approximativ zu, andere erweisen sich als falsch. Beim jahrzehntelangen Projekt der Pro Juventute »Kinder der Landstrasse« nahmen die Behörden ledigen Müttern brutal das Kind weg und übergaben sie Bauern als Verdingkind. Man ging davon aus, dass der »liederliche Lebenswandel« von ledigen Müttern dazu führe, dass sie ihre Kinder nicht erziehen können. Man müsse deshalb die Familienbande auseinanderreißen. Heute hat man das Monströse dieser Aktion eingesehen. An das Paradigma »ledige Mütter gleich unordentliche Verhältnisse und Schaden bei den Kindern« wird nicht mehr geglaubt.[57]

Das Verhältnis zwischen Generationen ist ambivalent. Die Alten und Jungen unterschieben sich Eigenschaften und Motive, sie sind jedoch auch voneinander fasziniert. Bei vielen Themen grenzen sie sich voneinander ab, bei anderen Themen kommt es zu einer Verbindung.[58] Um die Hintergründe des Verhältnisses zwischen den Generationen zu verstehen, müssen wir uns der grundsätzlichen Bedeutung des Alters und der Zeit zuwenden.

Der Traum von der Alterslosigkeit

Das Alter markiert die Stelle, die wir persönlich in der Zeitachse einnehmen. Das Geburtsjahr verweist auf den Beginn unserer persönlichen Existenz und definiert damit auch die Zeitspanne, in der unser persönliches Ende auf diesem blauen Planet droht. Die Zeit ist unerbittlich. Das Leben geht an uns vorbei und je mehr Zeit vergeht, desto mehr werden wir daran erinnert, dass unser Dasein auf Erden begrenzt ist. Solange es uns jedoch gut geht, bleibt diese Vorstellung abstrakt. Wir können uns nicht vorstellen, dass wir einmal nicht mehr da sein werden. Wir verdrängen das Alter.

Aus diesem Grund haben wir zum Alter ein *zwiespältiges* Verhältnis. Das Alter und das finale Ende verdrängen wir in unserem privaten wie auch beruflichen Leben. Das Altern nehmen wir ungern als *Persönlichkeitseigenschaft* an. Wer in Alterskategorien denkt, droht als Rassist zu gelten.[59] Wir nehmen uns, solange uns nicht Krankheiten und Altersgebrechen plagen, nicht als Personen mit einem bestimmten Alter wahr, sondern als Individuum mit persönlichen Eigenschaften, Anliegen und einer persönlichen Geschichte. Weil das Altern gerne verdrängt wird, heben wir Erwachsenen es im Alltag nicht speziell hervor. In den Vereinigten Staaten ist es verboten, in Bewerbungsgesprächen nach dem Alter zu fragen. Nach vierzig drängen wir unseren Mitmenschen das eigene Alter nicht auf und sind froh, dass die Gesellschaft kaum mit Alterskategorien operiert. Abgesehen von altersspezifischen Partys und den Alterskontrollen beim Alkoholkauf sind das öffentliche Leben und die Freizeitwelt *allen* Altersklassen offen. Wir dürfen auch mit sechzig skaten und Piercings tragen! Wir proben die Durchmischung der Altersgruppen. Im öffentlichen Verkehr, in Szenerestaurants, ja sogar in Popkonzerten trifft man auf verschiedene Altersgruppen. Die Folge: Das Daseinsgefühl der Jugendlichen und Erwachsenen hat sich angeglichen. Ob alt oder jung: Die Handlungen sind bis ins hohe Alter dieselben. Direkte Hinweise auf das Alter fehlen.

Kinder erleben die Kluft der Generationen täglich

Bei Kindern und Jugendlichen ist das anders: Das Alter hat eine große Bedeutung. Kinder sind stolz auf ihre Jahre. Wenn sie sich gegenseitig vorstellen, dann weisen Kinder oft spontan und stolz auf ihr Alter hin.»Ich bin 6 und ¾ Jahre alt!«, korrigierte mich ein Schüler empört, als ich sein Alter auf 6 Jahre schätzte. Gegenseitig informieren sich Kinder über den Stand des Alterungsprozesses und der Entwicklung. Hierarchien werden nach dem Alter gebildet. Kinder und auch Jugendliche nehmen Erwachsene als Menschen wahr, die in einem Lebensabschnitt leben, von dem sie noch eine Ewigkeit weit weg sind.

Kinder und Jugendliche werden jeden Tag an die Kluft zwischen den Generationen erinnert. Die Hilf- und Machtlosigkeit gegenüber der Erwachsenenwelt gehört zu ihrem Alltagserleben. Nicht nur sind sie weniger geschickt, sie wissen auch weniger, sind unsicherer und impulsiver. Sie erleben sich als abhängige Wesen voller Defizite. Immer wieder wird ihnen vor Augen geführt, was sie nicht können. Erwachsene beherrschen nicht nur den aufrechten Gang, sondern imponieren auch durch ihre Selbstsicherheit und ihre verbalen Kompetenzen. Kein Wunder liegt die Macht in ihren Händen!

Erwachsene verfügen aus Sicht der Kinder über zahlreiche außerordentliche Rechte. Sie dürfen das familiäre Umfeld verlassen und die große, weite Welt außerhalb des Gartentors erforschen! Sie besuchen die Stadt, steigen in Flugzeuge und fliegen in ferne Länder! Sie verstehen es, eine belebte Straße zu überqueren, in einem Laden einzukaufen und zu kochen. Außerdem dürfen sie Auto fahren, Alkohol trinken und selber bestimmen, wann sie zu Bett zu gehen! Erwachsen zu sein bedeutet frei zu sein! Es gibt jedoch Hoffnung: Kinder realisieren, dass der Untertanenstatus nicht ewig dauert. Je älter man wird, desto mehr kann man sich befreien und Privilegien erobern. Man muss dem Vater oder der Mutter dann nicht mehr die Hand geben, wenn man eine Straße überquert, kann selber bestimmen, was man sich im Internet anklickt, und wird nicht gezwungen, früh aufzustehen, um die Schulbank zu drücken.[60]

Pubertät als Startphase für das Erwachsensein

Pubertierende glauben sich diesem Ziel sehr nahe. Ihr Selbstwertgefühl steigert sich, und sie wagen, die Herrschaft der Alten zu hinterfragen. Die Geschlechtsreife tritt ein, das Denken entwickelt sich und sie begegnen den Erwachsenen endlich auf Augenhöhe. Sie fühlen sich quasi-erwachsen. Dies hat zur Folge, dass sie vom Gefühl durchdrungen sind, dass das Ende der Gängelung, Verwöhnung und der Observation naht. Der Ausbruch aus der kindlichen Schutzzone ist in Sicht! Bald werden sie ihr Lebensumfeld selber gestalten. Sie wollen die Welt mit eigenen Sinnen erleben und entdecken. Doch auch Innenschau und Selbstreflexion werden wichtig. Diese Selbstsuche führt zu Schüchternheit und Unsicherheit, löst aber auch Überlegenheitsgefühle aus. Solche Jugendliche sind dann überzeugt, dass sie es besser wissen als die Alten. Sie verstehen mehr über Musik, können sich besser vergnügen und wissen im Gegensatz zu den Alten, was im Leben wichtig ist. Jugendlichen dämmert, dass Erwachsene *auch* Fehler machen. Sie können frech, undiszipliniert und ungerecht sein. Die Erwachsenen können ihre Überlegenheit nicht mehr mit ihrem Status überlegener Intelligenz oder ausgereifter Persönlichkeit begründen, sondern müssen sich beweisen. Jugendliche merken, wenn etwas Staffage ist und Worte sich nicht mit dem Verhalten decken. Sie träumen dann davon, die Erwachsenen zu entthronen und selber Macht auszuüben, werden hyperkritisch oder rebellieren. Entwicklungspsychologisch befinden sie sich in der *Startphase*. Mit einem Fuß sind sie noch in der Kindheit, doch mit den beiden anderen Füssen versuchen sie in der Erwachsenenwelt Fuß zu fassen. Diesen Schritt machen sie vorerst mental. Sie sind überzeugt, dass sie bereit sind, ins Leben einzusteigen und es auszukosten.

Bildung als Dressurinstrument für Jugendliche

Doch von der Aufbruchstimmung der Jugendlichen will die Gesellschaft wenig wissen. Sie fordert weiterhin *Unterwerfung*. Wie ist das gemeint? Natürlich geschieht dies nicht offen. Kein Erwachsener gesteht ein, seinen Willen den Jungen aufdrängen zu wollen. Es gibt raffiniertere Methoden! Man camoufliert seine Absichten mit positiven und nicht kritisierbaren Begriffen und Werten.[61] Außerdem verwendet man eine wunderbare Schaumrhetorik, um die wahren Absichten zu verschleiern. Man redet ihnen ein, alles, was man tue, sei zu ihrem Wohl. Es wird suggeriert, man wolle die Jugend einbinden, ihre individuelle Entwicklung fördern, ihnen Verantwortung geben und ihre Meinung sei wichtig. In Wirklichkeit werden die Eintrittsbedingungen zu gesellschaftlich relevanten Positionen und Aufgaben erhöht. Natürlich hat man Gründe: So wird behauptet, dass heute alles komplizierter werde, Anforderungen steigen und dass man sowohl für die Bewältigung des Berufs- wie auch Privatlebens mehr Kompetenzen brauche. Ergo: Ausbildungen müssen verlängert und mehr Bestimmungen erlassen werden. Schulen müssen sich Themen wie Gewalt- und Suchtprävention annehmen, Kinder müssen lernen, sich gesund zu ernähren und sich die schon erwähnten sozialen Kompetenzen anzueignen. Und: Sind sie als junge Erwachsene berufstätig, dann werden Weiterbildungen verordnet, um den beruflichen Standards zu genügen, welche die Alten selber festgesetzt haben.

Von der Jugend wird verlangt, dass sie sich *länger* anstrengen und mehr Bedingungen erfüllen, wie die Alten. Die meisten Berufe haben ihre Ausbildungszeiten in den letzten dreissig Jahren markant verlängert! Es dauert länger, bis sie an den Schalthebeln der Macht stehen und die Freiheit des Erwachsenendaseins genießen. Es genügt nicht mehr, dass man über eine solide Schulbildung, einen Lehrabschluss oder einen akademischen Titel verfügt, sondern erst nach zahlreichen, meist obligatorischen Weiterbildungen wird man im Kreis der Mächtigen aufgenommen und darf das Leben mitgestalten.

Dank der Idee der éducation permanente können die Alten Forderungen stellen. Die Jungen müssen sich oft bis vierzig ducken und nach den Launen der Alten tanzen. Die Bindung an das Elternhaus, die Schule und die Familie werden durch neue Bindungen abgelöst. Die Jungen sind von Bildungs- oder Ausbildungsinstitutionen und Approbationsverfahren abhängig. Es wird ihnen eingetrichtert, dass sie im Gegensatz zu ihren Ambitionen nicht bereit sind, ins Leben einzutreten, Entscheidungen zu treffen und Macht auszuüben. Sie müssen sich gedulden und die Schulbank drücken. Sie werden infantilisiert.

Argumentiert wird mit Berufsaussichten und Anforderungsprofilen: Wer erfolgreich sein und eine Position erklimmen wolle, der müsse sich um seine Weiter- oder Fortbildungen kümmern! Die Wirtschaftslage sei schlecht, und es seien nur Stellen in Aussicht mit akademischer Ausbildung oder diversen Zusatzqualifikationen. In Wirklichkeit geht es jedoch auch darum, dass man weiterhin von den

Jungen Gehorsam einfordern kann. Im Gegensatz zu früher beruft man sich nicht auf die eigene Autorität, sondern schiebt die Kriterien für BA, MA, MSA oder CAS vor. Der Herrscherwille der Alten wurde entpersönlicht und versteckt sich hinter dem nicht kritisierbaren Wert der Bildung. Die Alten müssen nicht mehr selber hinstehen und von den Jungen persönlich etwas verlangen, sondern ihre Forderungen wurden objektiviert und durch Verbände und den Staat sanktioniert. Als Jugendlicher hat man keine Wahl. Man muss sich weiterhin fügen, denn die Erwachsenen bleiben die Drahtzieher des gesellschaftlichen Systems.

Aufbruch ins Erwachsenenleben wird ständig vertagt

Ausdruck dieser Haltung ist die Bologna-Reform. An Universitäten und Fachhochschulen wurde ein Punkte-System eingeführt, das die Leistungen der Studierenden definiert, die sie zu erbringen haben. Damit Fremdstudienjahre möglich sind und das Qualitätsniveau der Schulen und Universitäten erhalten bleibe, sind die Inhalte vorgegeben. Es sind also nicht die Dozenten oder Lehrpersonen, welche die Lerninhalte festlegen, sondern Kommissionen und fixe Curricula. Damit Vergleichbarkeit gewährleistet ist, erfolgen die Leistungsnachweise nach *objektiven* Kriterien – möglichst durch den Einsatz von Multiple-Choice-Prüfungen.

Das Bologna-System wird als großartige Bildungsreform gepriesen. Das Problem ist jedoch, dass dieses System einen *Dialog* zwischen Studierenden und Dozierenden unmöglich macht. Was die Studierenden wissen müssen, ist nicht verhandelbar. Damit verliert die Ausbildung oder das Studium eine entscheidende Qualität. Es geht nicht mehr um Austausch und Debatten, sondern um Anpassung. Die Jungen müssen sich den Alten fügen, wenn sie Punkte erhalten wollen. Den jungen Menschen wurde das Recht auf Gegenrede und Reflexion genommen. Es geht nicht um die gemeinsame Suche nach dem richtigen Weg, sondern die Inhalte werden topdown verordnet. Den Jungen wurde das Denken unterbunden.

Die Folge: Der Aufbruch wird vertagt. Innerlich streben Jugendliche danach, Herausforderungen anzunehmen und das Leben mitzugestalten, doch ihr Alltag und zum Teil auch ihre Freizeitaktivitäten stehen im Gegensatz zu ihren Fantasien. Sie müssen Hausaufgaben erledigen, den Nothelferkurs absolvieren, Schleuderkurse bestehen, Leistungsnachweise erbringen und immer wieder zu Prüfungen oder Assessments antreten. Während sie sich mit Lernen und Praktika beschäftigen, entschweben sie in ihren Vorstellungen in die weite Welt. Man möchte in einer Firma in Las Vegas arbeiten, ein Hilfsprojekt in Kongo unterstützen, Flüchtlingskindern helfen oder die Insel Marion erforschen.

Keine Frage: Bildung ist wichtig. Es gilt, das Fachwissen und praktische Können einer Profession zu erwerben. Das Problem ist: Ausbildungen und vor allem Weiterbildungen drohen zu einem *Selbstläufer* zu werden, wenn sie zu exzessiv betrieben werden. Den Großteil der beruflichen Fähigkeiten lernt man immer noch »on the job«. Die formalisierte Bildung oder Weiterbildung kann nur einen Bruchteil von dem vermitteln, was effektiv an Fähigkeiten und Wissen notwendig ist. Eine Ausbildung umfasst nie alles, was ein Beruf verlangt. Diese Tatsache wird von der Aus- und Weiterbildungsindustrie instrumentalisiert. Sie operiert mit den Ängsten vieler Menschen, sie könnten in einem Beruf versagen und bieten deshalb Kurse in einer Vielzahl von Arbeitsbereichen an: Unternehmerorganisation, Leadership, Projektmanagement, Internet Grundlagen, Qigong, Human Ressource Management, Notfallpsychologie etc. Dank Punktesystem, modularisierten Ausbildungsgängen und genauer Kontrolle des Outputs kann man weiterhin Einfluss auf die nächste Generation ausüben. Es wird kein Dialog gesucht, sondern die Anpassung an von Erwachsenen gesetzte Normen und Standards gefordert.

Sich weiterzubilden ist zweifellos keine schlechte Sache. Das Problem ist jedoch, dass die Selbsterfahrung vergessen wird. Es verbreitet sich die Vorstellung, man könne sich auf einen Beruf restlos und einwandfrei vorbereiten. Der Infantilisierung wird Vorschub geleistet. Weiter besteht in etablierten Bildungsinstitutionen die Gefahr, dass ihre Dozierenden den Draht zu den Jungen und deren Bedürfnissen verlieren.

Die Themen der Weiterbildung stammen nicht aus der Praxis, sondern dem Diskurs innerhalb der eigenen Zunft. In vernetzten und etablierten Bildungs- und Weiterbildungsinstitutionen haben spontane und informelle Auseinandersetzungen meistens keinen Platz. Will man die Meinung der Kursteilnehmer wissen, werden professionelle Umfragen durchgeführt. Diese schränken jedoch durch die Fragenauswahl das Spektrum möglicher Antworten ein und verhindern ungewöhnliches Feedback. Dies liegt jedoch auch nicht im Interesse der Bildungsvertreter. Es geht um die Bestätigung und damit die Legitimierung der eigenen Ansätze und nicht um das Ausloten neuer Ideen. Die eigenen Konzepte werden im Austausch mit Kollegen und Kolleginnen an Konferenzen, in Journals und durch das Networking generiert. Auf diese Weise werden die eigene Position und jene des eigenen Berufsstandes gegenüber den unwissenden Jungen markiert. Abgrenzung gegenüber den unwissenden Jungen wird dann immer wichtiger: Die Sprache muss unverständlich sein, um die eigene Stellung zu legitimieren und den Eindruck von Kompetenz zu vermitteln.[62]

Fatal wirkt sich diese Entwicklung auf das Sprachdiktat an den Schulen aus. Der Jargon der Bildungswissenschaft wird zur Normsprache erklärt. In Schule darf nur Standarddeutsch gesprochen werden. Statt sich wirklich mit den Jungen auseinanderzusetzen und sie mit einzubeziehen, werden wissenschaftliche Ergebnisse und Theorien gelehrt, begründet durch eine standeseigene Legitimationsrhetorik und nicht durch kritisierbare Visionen.[63] Die Gefahr droht, dass die Ausbildungsinstitution zu einem Instrument mutiert, das die Jungen auf die eigenen ideologischen Positionen trimmt. Man will vorschreiben, was die nächste Generation lernen soll, ohne sich um die Erfahrungen und Visionen der Jungen zu kümmern. Bildungsinstitutionen halten Junge von konkreten existenziellen Herausforderungen fern.[64] [65]

Basiert eine Weiterbildung nicht auf der Berufspraxis der Jungen, dann richtet sie sich nach den Wünschen der etablierten Bildungselite aus. Diese besteht in der Regel aus 30- bis 60-jährigen hyperbeschäftigten Politikern, Erziehungswissenschaftlern, Fachhochschulrektoren und Verbandsvertretern. Sie dominieren bei den Wortmeldungen zur Bildung und setzen Standards und Normen. Auf diese Weise werden die Jungen weiterhin kontrolliert und müssen um Anerkennung buhlen. Sie bleiben bei Bildungs- und Ausbildungsfragen auf dem Hintersitz und es wird ihnen beteuert, dass sie lernen müssen, sich auf das eigentliche Leben vorzubereiten. Die Herrschaft der etablierten Bildungsvertreter bleibt bestehen. Werden die Jungen in den Warteraum geschickt, damit sie nicht radikal neue Ideen ausprobieren?

Bildung versus Verbildung

Mit dem Begriff der éducation permante wird ausgedrückt, dass wir nie aufhören zu lernen, weder nach Schulabschluss noch am Ende des Studiums. Wir können mehr lernen. Education permanente drückt eine Haltung aus: die Bereitschaft, in jeder Lebenssituation etwas Neues erfahren oder erwerben zu wollen, dem Leben mit Neugierde zu begegnen. Edcuation permanente bedeutet nicht, dass wir das Leben lang Weiterbildungsveranstaltungen besuchen sollten. Je nach Kontext haben Weiterbildungen eine andere Bedeutung. Sie können eine Gelegenheit sein, die Begeisterung einer Fachperson für ein bestimmtes Thema zu teilen, wertvolle Impulse für die eigene Arbeit zu erhalten oder einfach inspiriert zu werden.

Leider haben viele Weiterbildungen eine andere Funktion: Es geht um die Perpetuierung von Standesinteressen, indem man die Latten für den Berufseinstieg so hoch wie möglich hält. Es geht nicht darum, Neues zu lernen, sondern zu verhindern, dass andere Interessenten, meistens die Jungen, nicht am eigenen Honigtopf lecken.

Natürlich wird das nicht zugegeben, sondern das Anforderungsprofil wird hochgeschraubt. Weiterbildungen müssen besucht werden, damit man legitimiert ist, in einem entsprechenden Feld tätig zu sein. Im Bildungssektor feiern diese Approbationsverfahren Urstände. Solche Weiterbildungen sind oft ein großer Gewinn. Problematisch ist, wenn die Legitimation für die entsprechende Funktion oder das Erteilen des Faches von der Absolvierung der Weiterbildung abhängt. Hier schanzen sich vor allem staatliche Bildungsinstitutionen und Verbände Machtposition zu. Der professionelle Stand oder Staat verlangt, dass man vorher seinen Obolus entrichtet, indem man die obligatorische Weiterbildung besucht.

Diese Situation wirkt sich auf die Psyche der jungen Menschen aus. Die Weiterbildungen dienen dann nicht der persönlichen Weiterentwicklung oder werden aus Interesse gewählt, sondern man muss sich einem Weiterbildungsdiktat fügen. Die Botschaft ist klar: Die Verantwortung und Macht liegt in den Händen der Alten, auch wenn man beruflich tätig ist. Viele Jungen gehen pragmatisch vor. Sie absolvieren die Weiterbildungen, weil sie keine Wahl haben. Sie stehen unter Observation der Alten. Dies hat auch einen Vorteil: Sie tragen keine Verantwortung und können sich von gesellschaftlichen Aufgaben distanzieren. Natürlich machen sie sich auch Sorgen wegen der Umweltverschmutzung, sozialer Ungerechtigkeit, Überreglementierung und den Schattenseiten des Kapitalismus oder Sozialismus, doch können sie im Empörungsmodus verharren. Für effektive Handlungen sind andere verantwortlich. Wer nicht mitentscheidet, bewahrt seine Unschuld. Das Erleben der Eigenverantwortung wäre jedoch wichtig, denn die Bewusstseinsentwicklung wird gefördert, wenn man sich auch die Hände dreckig machen kann. Man wird erwachsen. Wenn man potenziell Leid oder Schaden anrichten kann, beginnt man, sich vertieft mit dem eigenen Tun auseinanderzusetzen. Sich der Mitschuld bewusst zu sein, ist eine Voraussetzung der Einbindung in Gesellschaft. Dazu braucht es die Fähigkeit, das eigene Handeln, die eigene Rhetorik und die eigenen Absichten zu hinterfragen. Das Skandalon sind nicht nur die Gesellschaft, Wirtschaft und Politik, sondern auch wir selber. Wir neigen als menschliche Wesen zu Untaten, verschleiern diese jedoch durch schöne Worte und edle Absichten.[66]

Unsere Weigerung, Jugendliche oder junge Menschen zu Schuldträgern zu machen, wirkt sich auch auf ihre *Selbstwahrnehmung* aus. Da sie bis ins dritte oder bei Akademikern sogar vierte Lebensjahrzehnt von existenziellen Herausforderungen dispensiert sind, werden sie auch seltener mit den Grenzen der eigenen Persönlichkeit konfrontiert. Wenn das Bewusstsein der eigenen Täterschaft fehlt, können Missstände auf die Politik, Institutionen, ungerechte Systeme oder das Verhalten der Eltern zurückgeführt werden. Im Warteraum kann man heftig protestieren und sich empören: Gedanken über Mitschuld wegen eigener Charakterschwächen müssen sich junge Menschen nicht machen. Die Schuld tragen die Erwachsenen, die sich über Institutionen verwirklichen wollen.

Die Folge: Ihre Schattenseiten bleiben für Junge in der Black Box. Das eigene Selbstbild wird kritiklos überhöht. Solche Jungen sind von der eigenen Ehrlichkeit, Loyalität, Empathiefähigkeit überzeugt und können sich nicht vorstellen, dass sie sich durch Geld, Macht, Eitelkeiten, Schmeicheleien oder Ruhm korrumpieren lassen. Sie wähnen sich unschuldig, weil sie auf die Wartebank verbannt wurden. Es fehlt ihnen an entsprechenden Lebenserfahrungen. Sie dürfen Ausbildungen absolvieren, die Schulbank drücken oder von der Unterstützung der Eltern oder dem Staat profitieren.

Im Wartezimmer des Lebens

Die Gesellschaft erwartet von den Jungen, dass sie weiterhin den Instruktionen der Alten folgen und sich mit subalternen Positionen abgeben. Die Jugend sucht aus diesem Grund andere Wege, um sich in der Gesellschaft zu profilieren. Eine Möglichkeit ist die *Selbstinszenierung*. Die eigene Ohnmacht wird überspielt, indem man selber Dramen erschafft. Gemeinsam wird eine Szene entwickelt, an der man partizipieren kann und die das Gefühl der Wirksamkeit vermittelt. Die Zugehörigkeit zu einer Szene wird zu einer Möglichkeit, Eigenständigkeit zu suggerieren.[67] Spezielle, unetablierte Treffpunkte, Clubs, neue Musikrichtungen und Kleidungsstile wirken als Ego-Booster. Man ist dabei! Der Austausch mit Kolleginnen und Kollegen vermittelt das Gefühl, einer eigenständigen Generation anzugehören. Dank der neuen Medien kann man außerdem unter sich kommunizieren, sich treffen und als etwas Spezielles erleben. Man folgt dem Flow, taucht in eine Szene ab und lässt sich überraschen. Mit einer Kurznachricht »Wo bisch?«, »WM?«[68] kann man mit einer ganzen Gruppe, über die man im Chat verbunden ist, Kontakt aufnehmen und ausloten, was abläuft und wozu man Lust hat. An den Reaktionen kann man abschätzen, was angesagt ist. Je nach Attraktivität der Antworten wird entschieden, wohin es geht. Wer »Biazha!« oder »Rumia!«[69] schreibt, droht out zu sein. In solchem Ausgangsverhalten spiegelt sich das Lebensgefühl junger Leute. Was fehlt, ist der Gegenpol der Erwachsenen. Der Aufbruch führt ins Leere.

Einbindung in die Gesellschaft

Der Austausch wird erschwert, weil die Erwachsenen in die Gesellschaft eingebunden sind. Diese operiert mit Werten und Normen. Will man ihr angehören, dann muss man ihre Codes respektieren. Allerspätestens nach dreißig orientiert sich darum die Mehrheit der Bürger an den offenen oder versteckten Vorgaben ihrer Gemeinschaft. Soziale Experimente werden schwieriger, weil man seine berufliche Stellung und Familie gefährden könnte und sich außerdem mit den jeweiligen Werten und Normen identifiziert.

Spielerisches, Herumhängen, Chillen und Spontaneitäten verlieren an Wert, dafür werden Pünktlichkeit, Verlässlichkeit, Bildung und Sicherheit wichtig. Es geht nicht darum, was sich in der Tiefe des Herzens abspielt, sondern was passt und das Gesellschaftssystem erlaubt. Willig oder mit leichtem Knurren werden Regeln befolgt. Man kauft sich Vorhänge, wenn es Genossenschaftsregeln verlangen oder reinigt das Auto regelmäßig, damit das Wohnquartier nicht in Verruf kommt. Ist man eingeladen, dann kommt man mit einem Mitbringsel, sei es eine Flasche Wein oder Pralinen; an Weihnachten schreibt man Mails und wünscht Freunden und Bekannten alles Gute und bei Abmachungen kommt man höchstens fünf Minuten zu spät. Neben den Umgangsformen gibt es ethische Grundsätze und Überzeugungen, die es zu befolgen gibt. Man ist gegen die Ausnützung der Entwicklungsländer durch globale Konzerne, Körperstrafen in der Erziehung und macht sich Sorgen wegen dem Klimawandel. Die Beachtung der sozialen Codes und der offenen oder versteckten Glaubenssätze und Überzeugungen definiert die eigene Haltung.

Die Mehrzahl der Erwachsenen geht einer deklarierten Tätigkeit nach. Man hat eine Anstellung in einer Bank, arbeitet als Sekretärin, Sozialarbeiterin, Hausfrau, Raumpflegerin, Manager oder selbstständig Erwerbender. Zum Status als Erwachsener gehört die *berufliche Identität*. Das eigene Selbstverständnis stützt sich auf berufliche Erfahrungen. Man versteht sich als Kommunikationsberater, Immobilienhändler oder Wissenschaftler und übernimmt die Denkmuster und Werte der eigenen Profession. Als Psychologe ist man ganz Ohr, wenn auch innerlich abwesend, als Investment-Banker spielt man Golf, auch wenn einem dieser Sport nicht gefällt und als Schauspielerin inszeniert man sich auch im Privatleben. Die berufliche Rolle kann zu einer Entfremdung von sich selber führen. Man wird zu dem, was man tut und hofft auf Anerkennung, Prestige und ein Auskommen. Die Jugendlichen profilieren sich noch nicht auf diese Weise.

Rolle als Konsument

Es gibt ein weiteres Merkmal, das die Jugend von den Erwachsenen unterscheidet: *die Rolle in der Konsumwelt.* Während Jugendliche sich auf Einzelstücke des Konsumangebots konzentrieren, setzen sich Erwachsene permanent mit der Konsum- und Dienstleistungswelt auseinander. Jugendliche sparen für ein neues iPhone oder gehen extra in die Stadt, um spezielle Turnschuhe zu kaufen. Der Kaufakt wird zu einer wichtigen Handlung und einem Element ihrer Identität. Im Erwachsenenalter wird der Gang ins Einkaufszentrum und die Evaluation von Dienstleistungsangeboten zur Routine. Unabhängig von Status und Einkommen verbringt man viel Zeit und Energie, um das passende Konsumgut zu erwerben oder die beste Dienstleistung zu bekommen.

Spätestens ab dreißig ist man *gezwungen,* sich an der Konsum- und Dienstleistungswelt zu beteiligen, wenn man seine Grundbedürfnisse befriedigen will. Also studiert man die Sonderangebote in Lebensmittelgeschäften, durchsucht die Regale in Kleiderläden nach herabgesetzten Blusen, studiert Prospekte mit Sofas oder Offerten der Krankenversicherungen. Oft stehen größere Erwerbe an: ein neuer Wagen, ein besserer Geschirrspüler oder eine größere Wohnung. Als Konsument auftreten zu müssen ist oft mühsam, es ist jedoch auch eine Gelegenheit, Bedeutung zu markieren und auf die Umgebung *Einfluss* auszuüben.

Als Konsument kann man Macht ausüben. Man reklamiert, wenn es lange dauert, bis das Essen auf dem Tisch steht, das Jackett nicht die gewünschte Farbe hat oder das Schokoladenjoghurt in der Kühltruhe des Einkaufszentrums fehlt. Geld in der Tasche garantiert Aufmerksamkeit der Mitmenschen. Durch den Kauf eines teuren Autos markiert man nicht nur seinen Status, sondern signalisiert, in welcher Lebensphase man sich wähnt. Einen Zweisitzer assoziiert man mit einem ungebundenen Junggesellenleben, ein Stationswagen weist auf Familie hin und ein Porsche-Cayenne stellt den Versuch dar, beides zu vereinbaren.

Geld verändert das eigene Verhalten im öffentlichen Raum. Während Jugendliche leicht gelangweilt in Einkaufzentren herumhängen, chillen und an Kaufangeboten schnuppern, geben sich Erwachsene beschäftigt und eilen zielstrebig von einem Termin zum anderen. Man präsentiert sich als Akteur der Arbeits- und Konsumwelt, wird in Läden angelächelt und begrüßt. In den Konsumtempeln sind die Erwachsenen die wichtigsten Protagonisten. Das ziel- und zwecklose

Streunen in öffentlichen oder halböffentlichen Räumen hat man als Erwachsener abgelegt.

Mit guten Absichten das Böse schaffen

Die Jugendphase ist durch Aufbruchsstimmung, Experimentierfreude, Spontaneität und Risikobereitschaft gekennzeichnet. Um diese Qualitäten zu leben, braucht es auch ein entsprechendes gesellschaftliches Umfeld. Erwachsene, die sie unterstützen, Einspruch erheben, Traditionelles erhalten wollen und die Jugendlichen in ihren Ideen ernst nehmen. Solche Auseinandersetzungen helfen der Jugend, ihren Weg ins Erwachsenenleben zu finden und ein eigenes Profil zu entwickeln. In diesem Kapitel ging es mir darum aufzuzeigen, dass bei dieser Entwicklung etwas schief läuft. Die Jugend wird in die gesellschaftliche Verantwortung nicht einbezogen, sondern mit der Aus- und Weiterbildung in einem Warteraum hingehalten. Es geht den etablierten Erwachsenen darum, ihre Stellung zu bewahren. Natürlich: Aus Erwachsenensicht ist es unverantwortlich, naiven und sogar respektlosen jungen Menschen Macht und Verantwortung zu übergeben. Man ist überzeugt: Die Gesellschaft würde ins Chaos stürzen. Darum erachten wir eine gründliche und seriöse Einführung in die Pflichten und Aufgaben des Erwachsenenlebens als notwendig. Dies ist nur dank klaren Berufsstandards und lebenslangen Weiterbildungen möglich. Jugendlichkeit wird zwar toleriert, bewundert und sogar imitiert, doch bevor eine Machtübergabe stattfindet, muss die nächste Generation warten. Bildung dient als Argument, der Jugend die eigenen Vorstellungen aufzudrängen. Sie muss sich zuerst in unzähligen Prüfungen bewähren, bevor ihr Verantwortung übergeben wird.

Wir Erwachsenen gestehen uns nicht ein, dass wir mit unserer Forderung nach mehr Weiterbildung und längeren Ausbildungszeiten den Eintritt der jungen Menschen ins Erwachsenenleben hinauszögern, sondern sind überzeugt, dass wir den jungen Menschen den

Eintritt ins Berufs- und Familienleben erleichtern. Wir berufen uns auf *positive Werte*: Bildung, Kompetenzvermittlung und das lebenslange Lernen. Diese Begriffe verschleiern unsere Motive. In Umkehrung des Zitates aus Goethes Faust müsste man sagen: Ich bin die Kraft, die stets das Gute will, doch das Böse schafft.[70] Die Beziehung wird von Schattenmotiven beeinflusst, die uns nicht bewusst sind, sondern verdrängt werden. Sie werden tabuisiert, weil sie unser Selbstbild infrage stellen und beunruhigen könnten.[71] Wir müssten unser eigenes Selbstbild hinterfragen. Damit dies nicht geschieht und es intakt bleibt, überzeugen wir uns gegenseitig, dass die Verlängerung der Ausbildungszeit, eine reglementierte Weiterbildung und möglichst viele Berufsstandards eine gute Sache sind und die Wirtschaftsentwicklung fördern.[72]

Ausharren im Wartesaal

Die Erwachsenen geben sich die Aufgabe, die Jugend auf die Zukunft vorzubereiten. Bei Kindern ist diese Haltung adäquat. Sie werden von den Erwachsenen auf das Erwachsenenleben vorbereitet und eignen sich entsprechend Wissen und Kompetenzen an. Je älter die Kinder werden, desto problematischer wird diese Haltung. Jugendliche wollen sich nicht mehr die Zukunft von den Erwachsenen erklären lassen, sondern sich selbstständig mit ihr befassen. Es geht nicht mehr nur um die Aneignung von Kompetenzen, sondern die Auseinandersetzung mit dem, was noch kommen wird. Um weiterzukommen sind darum Begegnungen zwischen den Generationen notwendig. Die Angehörigen verschiedener Altersgruppen suchen gemeinsam nach Antworten.

Das Problem ist jedoch nicht Bildung und Weiterbildung, sondern das Ausmaß. Die Vorbereitungszeit, die verordnete Weiterbildung,[73] die Reglementierung der Arbeitswelt ersticken den jugendlichen Drang, sich eher chaotisch in die Gesellschaft einzubringen.[74] Heute ist es oft so, dass man nach dem Abschluss einer Berufsbildung oder einem Studium noch lange nicht zu einer Stelle kommt, und es auch schwierig ist, etwas Eigenständiges aufzubauen. Als Psychologe bekommt man nach dem Studium keine Arbeit, ohne dass man Zusatz-qualifikationen vorweisen kann oder eine langjährige Ausbildung zum Psychotherapeuten absolviert hat.[75] Bei anderen akademischen Berufen gilt es zuerst Praktika zu absolvieren, bei denen man in einer subalternen Position arbeitet und kaum bezahlt wird. Später werden bei jeder neuen beruflichen Herausforderung Zusatzqualifikationen verlangt, die dann natürlich nur über Kurse erworben werden können.

Wenn jedoch ein Drittel bis die Hälfte des aktiven Lebens der Vorbereitung und Einführung auf eine gesellschaftliche Rolle und berufliche Aufgabe dient, dann stimmt etwas mit der Gesellschaft nicht. Die Gewichtungen haben sich auf problematische Weise verschoben. Fast die Hälfte der 20- bis 24-Jährigen ist heute noch in Ausbildung, vor zwanzig Jahren war es ein Drittel.[76] Es drängt sich daher der Eindruck auf, dass es nicht um eine adäquate Einführung ins Erwachsenenleben geht, sondern dass die Jugend so lange unter dem Fittich gehalten wird, bis sich ihre Aufbruchstimmung gelegt hat und sie bereit ist, die Werte der Älteren zu übernehmen.

Im Generationenzwiespalt

Problematisch an dieser Entwicklung ist, dass die Qualitäten, die junge Menschen auszeichnen, nicht genutzt werden. Statt sie rechtzeitig mit ihrer adoleszenten Energie und Risikobereitschaft einzubinden, werden sie in einem *infantilisierten* Zustand still gehalten. Auf diese Weise gelingt es den Erwachsenen, die Gesellschaft und Berufswelt weiterhin gemäß ihren Vorstellungen zu gestalten: Sicherheit, Erfahrungslernen, mehr Normen, formalisierte Abläufe, Regeln und Weiterbildung.[77] Nur mehrfach gesicherte Kompetenzen werden zugelassen: Das »Evidence Based Thinking« feiert Urstände und bestimmt Arbeitsbereiche, in denen Experimentierfreude möglich wären. Der Freiraum für jugendlichen Übermut wird eingeschränkt oder ist kaum vorhanden.

Es ist sehr schwierig, ein Start-up-Unternehmen zu gründen, für eine Stelle muss man verschiedene Berufsdiplome und Arbeitszeugnisse vorlegen und die Realisierung von eigenständigen Projekten ist fast unmöglich. Die Aufbruchstimmung, Risikobereitschaft, Spontaneität und Experimentierfreude verpufft in gesellschaftlich wenig relevanten Szenen. Die Jungen widmen sich dem Partyleben und extensiven Ferien, statt ernsthaft ins Leben einzusteigen. Viele glauben an die Worte der Alten und halten sich zurück. Risiken werden im Sport ausgelebt und Spontaneität im Privatleben unter Kolleginnen und Kollegen. In diesen Bereichen bedrohen die Jungen die Stellung der Alten nicht.

Es gibt Ausnahmen. Einige große, vor allem amerikanische Firmen in der IT-Branche setzen auf die Experimentfreude junger Menschen und wurden von jungen Menschen gegründet. Sie sind dementsprechend erfolgreich. In diesen droht dann eine umgekehrte Diskriminierung. Menschen über fünfzig gehören zum Alteisen.

Um die Hintergründe dieser gesellschaftlichen Entwicklung zu erkennen, hilft es nicht nur, in Persönlichkeits- oder soziologischen Kategorien zu denken, sondern das Verhältnis zwischen den Generationen aus *archetypischer Perspektive* zu verstehen. Sowohl Erwachsene wie auch junge Menschen leben ein *Generationendrama* aus. Dieses drückt den Zwiespalt, der zwischen den Generationen herrscht, aus.

Initiationsriten: ein notwendiger Leidensweg?

Für das unvertraute Ohr tönt es befremdlich: Auf den Trommeln wird ein Rhythmus angeschlagen, der nicht zur Flötenmusik passt, die auch gespielt wird. Die Männer spielen konzentriert und schreiten in Kolonnen. Den Vorabend hatten sie trinkend und tanzend mit einer Ingwerwurzel im Mund an einem Flussufer verbracht. In einem umzäunten Bereich warten am nächsten Morgen die Novizen. Diese wurden von ihren Müttern ins Dorf gebracht, damit sie ihre nächste Lebensphase antreten. Es geht um eine Zeremonie der Kaningra, einem Stamm im Papua Neuguinea.[78] Die Jugendlichen werden ins Erwachsenenalter initiiert. Die Zeremonien dauern mehrere Tage und sind brutal. Die Initianden müssen unter anderem einen Weg entlangschreiten, während dem sie von älteren Männern geschlagen werden. Nur die Onkel der jungen Männer können sie beschützen. Am zweiten Tag werden sie belehrt und anschließend in einem Haus tätowiert. Dieser Vorgang ist sehr schmerzhaft. Die Jungen haben sowohl am Rücken wie auch an der Brust blutende Narben. Am Schluss werden die jungen Männer von alten Männern begrüßt und gelten fortan als erwachsen. Solche Initiationszeremonien ins Erwachsenenleben sind in vielen Kulturen verbreitet. Der Eintritt ins Erwachsenenleben wird von der ganzen Gemeinschaft zeremoniell begleitet. Durch diese wird der Gemeinschaft und den jungen Menschen klar, dass die Kindheit oder Jugend beendet ist. Der Sinn solcher Zeremonien ist es, den jungen Menschen den Übergang von Kindheit ins Erwachsenenalter zu markieren.

Der Übertritt ins Erwachsenenalter verläuft bei uns menschlicher. Kaum jemand sieht einen Sinn in Ritualen, bei denen jungen Menschen Schmerzen zugefügt werden, die mit Angst verbunden sind. Initiationszeremonien wie in Papua Neu-Guinea bringen wir höchstens ethnologisches Interesse entgegen. Gleichzeitig müssen wir uns jedoch überlegen, welche *psychologische Bedeutung* solche Initiationszeremonien haben. Vielleicht können wir von diesen Kulturen auch etwas lernen. Die Tatsache, dass solche Initiationen weltweit verbreitet sind, könnte auf eine wichtige gesellschaftliche Funktion hinweisen.

Die Initiationen werden unterschiedlich durchgeführt. Die Omaha, ein Stamm der Sioux, fordern die Neophyten (jungen Kandidaten) auf, außerhalb des Dorfes auf einem sakralen Hügel Nächte zu durchwachen, bis sie eine Vision haben.[79] Diese werden anschließend mit einem Weisen oder Schamanen besprochen, dem Wakonda. Im Dialog mit den Träumen des Jugendlichen wird entschieden, wann der Eintritt ins Erwachsenenalter erfolgen kann und er über spezielle Tänze und Gesänge ins Erwachsenleben eingeführt wird. Bei den Omaha spielen also nicht nur äußerliche Handlungen ein Rolle, sondern auch, was *innerlich* in den jungen Menschen vorgeht. In vielen Kulturen spielen Grenzüberschreibungen eine Rolle. Die Neophyten müssen etwas Verbotenes tun. Sie müssen einen Tabubruch wagen, Vieh stehlen, über Feuer laufen oder einen Abgrund hinunterspringen. [80] Aus westlicher, rein rationaler Sicht machen solch komplizierte Zeremonien keinen Sinn. Der Übertritt ins Erwachsenenalter ist bei uns ein rein bürokratischer Akt. Im 18. Lebensjahr werden einem neue Rechte zugestanden: Man darf heiraten, eigene Verträge abschließen, hochprozentigen Alkohol und Tabak kaufen, sich in Nachtklubs aufhalten und an Glücksspielen teilnehmen. Aus rechtlicher Sicht wird man zu einer Person, die sich Süchten und Vergnügungen aussetzen, Bindungen eingehen und Verantwortungen übernehmen kann. Für die überwiegende Mehrzahl der jungen Menschen bleiben diese neuen rechtlichen Freiheiten abstrakt. Es handelt sich um Paragrafen und nicht um konkrete Herausforderungen. Sie heiraten nicht sofort, stürzen sich auch nicht gleich ins Nachtleben oder schließen Verträge ab. Sie erfahren nicht am eigenen Leib, was es heißt, erwachsen zu sein.

Aus psychologischer Sicht machen Initiationszeremonien Sinn. Es geht um die gesellschaftliche Anerkennung des Eintritts ins Erwachsenenalter und die Beeindruckung der Initianten. Der Beginn der neuen Lebensphase wird dramatisch inszeniert und mit der Stammesmythologie in Verbindung gebracht. Die Initianten sollen merken, dass sie von nun an eine andere Rolle einnehmen. Mithilfe von Symbolen erfahren sie, dass es nicht nur um sie persönlich geht, sondern um ihre Bereitschaft, sich mit existenziellen Herausforderungen zu konfrontieren. Diese werden durch die Dämonen und Götter repräsentiert, welche die Gemeinschaft kennt. Der Übergang ins Erwachsenenleben wird dadurch vertieft und zu einem kollektiven, von der Gemeinschaft getragenen Ereignis. Die jugendlichen Kandidaten machen nicht nur einen Statuswandel durch, sondern auch einen inneren Prozess. Es geht um den Abschied und das Loslassen der Kindheit und den Beginn des Erwachsenenalters. Durch die Beteiligung der Gemeinschaft, bei Jungen sind es meistens ältere Männer, wird diesem Eintritt zusätzliche Bedeutung verliehen. Die jungen Menschen werden nicht einfach volljährig, sondern am Übergang ins Erwachsenenleben beteiligt sich die ganze Gemeinschaft. Die Neophyten übernehmen offiziell eine neue Rolle, nachdem sie verschiedene emotionale Zustände durchlebt und Tests bestanden haben.

Übergangsriten als wichtiger Bestandteil des Erwachsenwerdens

Gemäß Gennet bestehen diese Zeremonien aus drei Phasen: *Trennung, Luminalität* und *Wiedervereinigung*. Mit Luminalität ist ein Zustand gemeint, bei dem man sich als andersartig erlebt. Man fühlt sich »out-spaced«.[81] Damit dies möglich ist, müssen die Initianten Prüfungen bestehen, Ängste überwinden, sich Geschichten anhören und Schmerzen erleiden. Nur so werden sie in den Kreis der Männer aufgenommen.[82] Im Zwischenstadium, dem luminalen Zustand, erleben sie sich emotionalisiert, verängstigt oder wütend. Sie driften in eine Welt, in der Dämonen oder Geister regieren. Im Ritus treten diese symbolisch auf. Bei den Kaningra in Papua-Neuguinea sind es Krokodile, die durch Masken dargestellt werden. Bei den Kelten waren es Geflechte, die Wölfe oder das Dach der Erde symbolisierten.[83] Die Initianden haben vor den Dämonen ihrer Kultur zu bestehen. Der Abschluss einer Initiationszeremonie ist der Bund der Initianden mit Nicht-Verwandten. Die Bindungen zu den Eltern rücken in den Hintergrund. Bezeichnenderweise erhalten die Neophyten am Schluss der Zeremonie neue Namen und kleiden sich fortan anders.

Übergangsriten, an denen sich die ganze Gemeinschaft beteiligt und die verschiedene Bewusstseinszustände oder Prüfungen beinhalten, gibt es bei uns nicht. Vielleicht enthielten die Lehr- und Wanderjahre, in der Schweiz die Rekrutenschule, das Welschlandjahr oder die Konfirmation Restbestände solcher Initiationen. Den Eintritt ins Erwachsenenalter begehen wir prosaisch. Er wird kaum je zeremoniell begleitet. Wir gehen von der Vorstellung aus, dass man schleichend ins Erwachsenleben eintritt und sowohl beruflich wie auch privat flexibel bleibt. Früher hatten Ausbildungen einen initiatorischen Charakter. Wie bei Initiationen musste man sich einem außerfamiliären Regime unterwerfen, einer Gruppe Gleichaltriger anschließen, sich die Geschichten und Weisheiten der Lehrpersonen anhören und Prüfungen bestehen, um schließlich bei der Abschlussfeier unter den Blicken der Eltern und Ausbilder ins Erwachsenenalter entlassen zu werden. Persönliche Feiern und ausgelassene Trinkgelage folgten.[84] Nach dem Abitur, dem Lehr-oder Studienabschluss galt man früher definitiv als erwachsen und übte die gleichen Rechte und Pflichten wie die Alten aus. Heute wird man, wie ich betont habe, nach dem Abschluss der Ausbildung *nicht* ins Erwachsenleben entlassen und außerdem fehlt der kollektive Akt, der den Eintritt ins Erwachsenenalter effektvoll markiert. Junge Menschen sollen ohne rituelle Inszenierung erwachsen werden, der Übergang soll fließend verlaufen. Auf dem Papier tönt dies vernünftig, in der Praxis ist dies jedoch problematisch.

Vergessen wird, dass Menschen eine *Psyche* haben. Dieses Innenleben gilt es beim Übergang ins Erwachsenenleben auch zu berücksichtigen. Die Identität und Einstellung zum Leben werden bei den jungen Menschen nicht durch Diplome und Kompetenzen der Ausbildung geprägt, sondern durch beeindruckende Erlebnisse und kollektive Markierungen. Junge Menschen werden darum nicht einfach durch einen Klick im Kopf oder das Absolvieren eines Trainingsprogrammes erwachsen, sondern sie müssen einen emotionalen und psychischen Prozess durchlaufen. Ein erfolgreicher innerer Wandel ist Voraussetzung des Erwachsenendaseins. Dieser beinhaltet nicht nur die Auseinandersetzung mit sich selber und verschiedenen inneren Zuständen, sondern auch eine Auseinandersetzung mit den Schattenthemen der Gemeinschaft.

Wenn der Übergang nicht gesellschaftlich betont und inszeniert wird, dann sind die jungen Menschen und die Erwachsenen überfordert. Die jungen Menschen fühlen sich *alleine* gelassen, bleiben in der Adoleszenz gefangen und drohen in einem infantilen Modus zu verharren. Die Erwachsenen sehen in den jungen Menschen weiterhin betreuungs- und schulungsbedürftige Menschen. Sie können nicht loslassen. Ohne Markierung und Begleitung ihrer Gemeinschaft oder der Gesellschaft wird die adoleszente Lebensphase nicht abgeschlossen. Diese jungen Menschen leben weiterhin im adoleszenten Modus. Sie treten ihrer Umwelt verlangend gegenüber, gefallen sich in moralischer Empörung über die Geschehnisse der Welt und haben Mühe, sich zu etwas verpflichten. Die Leichtigkeit des Seins und der Unschuldsstatus bleibt ihnen wichtig.

Selbstinitiation als Folge fehlender Übergangsriten

Das Fehlen der Übergangsriten kann sich negativ auswirken. Junge Menschen versuchen sich eigenständig zu initiieren. Oft beginnen diese Initiationen mit einem Vorwand, um sich von den Eltern oder den Lehrpersonen zu distanzieren. Man wirft ihnen Engstirnigkeit oder Unwissen vor, damit man sich einer anderen Szene zuwenden kann. Wie im Eingangsbeispiel mit den Jugendlichen, die eine Arbeit über Pornos schreiben, wählen viele junge Menschen Themen, die bei den Erwachsenen eine *Gegenreaktion* auslösen. Man will die Erwachsenen in Aufregung versetzen, sie emotionalisieren, damit sie sich ernsthaft mit ihnen auseinandersetzen. Es geht dann nicht primär um Inhalte, sondern um den Versuch, sich von bisherigen Bindungspersonen zu lösen, damit man sein Dasein anders gestalten kann.

Zur Ablösung und Rebellion gehören, dass man Verhaltensweisen ausprobiert, die eine Bewusstseins- und Stimmungsveränderung zur Folge haben. Man will in eine Parallelwelt eintauchen. Diese luminöse Zwischenphase wird durch Partys, exzessives Reisen sowie Alkohol- und Drogenkonsum durchlebt. Man experimentiert mit verschiedenen Bewusstseinszuständen, bricht Tabus und will alleine oder mit den Peers in eine Zwischenwelt abtauchen. Durch diese Ersatzhandlungen versuchen junge Menschen den Abschied von der Kindheit zu vollziehen und zu markieren. Wenn jedoch diese Zwischenphase nicht ritualisiert und ohne Beteiligung der Erwachsenen erfolgt, dann drohen Abstürze. Es fehlen die wohlwollende Begleitung durch die Alten und ein feierlicher, lärmiger oder festlicher Aufnahmeakt in die Erwachsenenwelt.

Das Fehlen der Übergangsriten wirkt sich auch auf die Erwachsenen aus. Die jungen Menschen bleiben in ihren Augen ewig jung. Es fällt den Erwachsenen schwerer, in ihnen Erwachsene zu sehen. Sie bleiben Auszubildende, die man führen und vor Gefahren schützen muss. Fehlende Übergangsriten haben auch zur Folge, dass Erwachsene selber nicht realisieren, welchen Platz sie bei der Auseinandersetzung zwischen den Generationen einnehmen sollten. Sie sehen sich nicht als die Alten, sondern verstehen sich als Junggebliebene. Sie haben sich trotz Positionen und anerkannten Funktionen nicht von der Adoleszenz verabschiedet und definieren sich als dynamisch, offen, kritisch, neugierig und innovativ. Die Eigenschaften der adoleszenten Lebensphase werden nicht abgegeben. Je älter sie werden, desto mehr droht eine Diskrepanz zwischen dem, was sie inzwischen geworden sind, und dem Selbstbild. Die eigene Veralterung wird verdrängt und abgestritten.

Das jugendliche Selbstverständnis dieser Erwachsenen steht den Realitäten ihres Lebens gegenüber. Sie beteiligen sich an der gesellschaftlich inszenierten Geschäftigkeit, präsentieren eine volle Agenda, engagieren sich im Beruf, haben eventuell einen imposanten Lebenslauf vorzuweisen, werden in Ämter gewählt, haben eine Familie und besitzen vielleicht ein Einfamilienhaus. Mit anderen Worten: Sie sind voll im Leben, kommen ihren Pflichten und Verantwortungen nach. Problematisch ist, wenn das Selbstbild nicht aktualisiert wird, wenn immer noch auf jugendlich gemacht wird. Verständlicherweise möchte man nicht zum Funktionär reduziert werden, der sich an

Konventionen und Standards orientiert, also redet man sich ein, dass man ja eigentlich immer noch offen, spontan, flexibel und zukunftsorientiert und vor allem jugendlich ist. Fatal an diesem Selbstbetrug ist, wenn man zudem auch noch glaubt, die Jugend bestens zu verstehen sowie ihre Bedürfnisse und Anliegen zu kennen! Man weiß, wie die Jugend tickt und was sie braucht!

Schlussfolgerungen: Dialog zwischen den Generationen

Was wäre ein Lösungsansatz? Eine Maßnahme sollte sein, Institutionen aufzufordern und Anlässe einzubauen, in denen nicht nur das Wissen und Können der Alten weitergegeben wird, sondern es auch Möglichkeiten der intensiven Auseinandersetzung zwischen Jung und Alt gibt. Es geht dann nicht nur um Anpassung, sondern auch um eine Ortung und Evaluation des Wissens und Könnens der Alten und der Gesellschaft. Damit dies jedoch möglich ist, braucht es Zeit und Muse. Wenn die jungen Menschen jedoch durch das Punkte sammeln, Prüfungen schreiben und Leistungsausweise verfassen permanent auf Trab gehalten werden, dann kommt die nötige Lockerheit und Zerstreutheit nicht auf, die kritisches Nachfragen und vertiefte Diskussionen ermöglichen. Der sokratische Dialog bleibt aus, der in jeder Gesellschaft wichtig ist, das selbstständige Denken fördert und eigene Schlussfolgerungen erlaubt.

Freiwillige Weiterbildung

Lebenslanges Lernen ist wichtig. Jeden Tag oder zumindest jede Woche können wir Neues über seinen Beruf, die Gesellschaft oder uns selber erfahren. Die Aneignung von neuem Wissen oder Können kann lustvoll sein, wenn es aus genuiner Neugierde erfolgt. Lernen unter Zwang hingegen ist problematisch. Die Gefahr ist, dass das Lernen zur Pflicht oder Anpassungsleistung wird. Das formalisierte Lernen ist nur ein kleiner Teil des Lernprozesses, den wir unserem

Berufs- und Privatleben durchmachen. Wenn wir offen und neugierig sind, dann lernen wir durch Beobachtungen, Zufälle, Alltagserfahrungen, Missgeschicke und dank neuen Herausforderungen. Dieses Lernen erfolgt spontan, unmittelbar und wird von uns als lustvoll empfunden. Wenn man sich mit einer beruflichen Aufgabe identifiziert und Freude an der Arbeit hat, dann sucht man automatisch nach neuen Ideen und Antworten.

Unter lebenslangem Lernen wird auch die Bereitschaft verstanden, *Weiterbildungen* zu absolvieren. Zweifellos sind Weiterbildungen essenziell in jedem Beruf. Sobald eine Weiterbildung *zwingend* besucht werden muss, verändert sich ihr Charakter. Nicht alle genießen es dann, Neues zu erfahren, sondern empfinden es dann als eine Pflichtübung. Die Teilnehmer schalten innerlich ab und beteiligen sich mäßig. Obligatorische Weiterbildungen sind bei jungen Berufstätigen möglichst zu vermeiden. Nach der Ausbildung sollen junge Menschen in das entsprechende Berufsfeld entlassen und nicht durch diverse Weiterbildung gebunden werden.

Dekretierte Weiterbildungen sind problematisch, weil sie nicht von der Freude am Lernen ausgehen, sondern von einem Defizit. Das Lernen wird dann zu einem Anpassungsakt, wie es junge Menschen bereits vom Studium oder vielleicht von der Lehre her kennen. Nach Abschluss der Berufsbildung sollten junge Menschen für ihre Weiterbildung selber verantwortlich sein. Sie soll auf freiwilliger Basis erfolgen.[85]

Wichtige Übergangsriten

Aufwendige, lärmige und herausfordernde Initiationen, wie sie in Papua-Neuguinea organisiert werden, passen nicht zu uns. Wir müssen uns trotzdem Gedanken machen, wie wir junge Menschen ins Erwachsenenalter einführen. Sie brauchen auch eine Markierung des neuen Lebensabschnitts durch die Gemeinschaft. Initiationsriten helfen, die Unterschiede zwischen Jugend und Adoleszenz deutlich bewusst zu machen. Sie erleichtern den Jungen, ins Erwachsenenalter einzutreten und den Habitus als Erwachsener anzunehmen. Die jungen Menschen können dann auch eher innerlich nachvollziehen, dass die Jugendphase beendet ist. Der Ritus beeindruckt und forciert den Eintritt ins Erwachsenenleben. Initiationen bestehen aus verschiedenen Elementen. Das Elternhaus leistet ihren Beitrag, indem es die Jungen gehen lässt. Wenn Jugendliche aufgrund großzügiger Wohnverhältnisse noch bis lange ins Erwachsenenalter bei den Eltern leben und die Vorzüge von Hotel Mama genießen, dann wird der Eintritt ins Erwachsenenalter verzögert. Es hilft darum, wenn die Eltern loslassen. Bei der Schule und Ausbildung ist wichtig, dass es zu einem *Bruch* zwischen der Ausbildungsinstitution und dem Berufsleben kommt. Ausbildungsinstitutionen sollten darum nicht für die Berufseinführung, Nachbetreuung oder Weiterbildung ihrer Absolventen zuständig sein. Ein Berufsdiplom besagt nicht, dass der betreffende Absolvent es mal probieren kann, sondern es verleiht die Legitimation, beruflich tätig zu sein. Er oder sie trägt dann die volle Verantwortung über seine berufliche Tätigkeit.

Zur Initiation gehören auch Zeremonien, an denen sich alle relevanten Personen beteiligen. Es geht nicht nur um eine Diplomübergabe nach dem erfolgreichen Bestehen der Prüfungen, sondern um einen kollektiven Akt, der markiert, dass man nun entlassen wird. Solchen Anlässen gegenüber sind wir ambivalent eingestellt. Man empfindet sie als steif und unnötig, weil man schließlich nicht gerne älter wird und sich vielleicht auch vor neuen Herausforderungen fürchtet.

Spiel mich in den Ernst des Lebens

Wieso verhalten sich Kinder anders als Erwachsene?

Eine Weiterbildung für Lehrpersonen. Es geht um neue Lernformen. Die Hundertschaft der Lehrer und Lehrerinnen sitzt in einem modern eingerichteten Saal und lauscht aufmerksam den Worten des Dozenten. Draußen scheint die Sonne. Eine breite Fensterfront erlaubt den Blick auf einen Vorplatz, der von einer schmalen Mauer begrenzt wird. Der Dozent erklärt die Idee der Lernlandschaften, die Bedeutung der individuellen Festlegung der Lernziele und der Eigenaktivitäten. Er geht davon aus, dass jedes Kind lernen möchte und neugierig ist. Die Lehrpersonen hören zu, einige sind am Handy und schreiben SMS. Viele haben ihre Laptops vor sich, machen sich Notizen oder lesen Mails. Es herrscht eine nüchterne Atmosphäre. Niemand lacht oder tuschelt. Man merkt jedoch, dass einige Zuhörer sich um eine aufrechte Sitzhaltung bemühen.

Während der Spezialist den Aufbau der Lernateliers erklärt und eindrückliche Folien präsentiert, nähert sich ein rollendes, metallenes Geräusch. Blicke wenden sich von Redner ab und wandern zum Vorplatz: Zwei Rollbrettfahrer brausen an. Freche Jugendliche. Sie stehen nun lässig vor einer kleinen Mauer und inspizieren sie. Der Redner im Saal spricht von Kompetenzförderung, während einer der Jungen zu einem Experiment ansetzt. Er rast den leicht abschüssigen Vorplatz hinunter, macht Spins und versucht das Treppengeländer hinunterzurutschen. Sein Versuch macht Lärm; sein Rollbrett klatscht auf den Boden. Die beiden Jungen lachen und blödeln. Nun setzt der zweite Jugendliche zu einem Versuch an. Ihm gelingt es mit dem Rollbrett auf das Geländer zu springen. Immer wieder wiederholen sie den Sprung. Eine nicht geringe Zahl der Zuhörer im Saal blickt bewundernd, irritiert oder erstaunt nach draußen. Wow! Sie sind von der Hartnäckigkeit der Jugendlichen beeindruckt. Ihr Einsatz ist bewundernswert, doch macht es Sinn ein Treppengeländer hinunterzurutschen? Schließlich greift der Dozent am Rednerpult ein. Ein Knopfdruck an seinem Pult und die Jalousien fahren hinunter. Die Sonne scheint nicht mehr in den Saal, die Außengeräusche sind kaum mehr hörbar und man kann sich wieder auf das Konzept der Lernlandschaft konzentrieren.

In dieser kleinen Episode manifestieren sich zwei unterschiedliche Methoden, Herausforderungen anzugehen und sich Fähigkeiten anzueignen. Die Lehrer und Lehrerinnen eignen sich Wissen an, indem sie konzentriert den Worten des Dozenten lauschen. Sie arbeiten mit dem Kopf, verhalten sich besonnen. Sie zeichnen sich durch eine disziplinierte Haltung aus. Sie erwarten von sich, dass sie den Input bewusst aufnehmen, den ihnen der Dozent vermittelt. Fakten sollen gehört und konkrete Informationen verarbeitet werden. Sie beteiligen sich an einem formalisierten und zielgerichteten Lernprozess. Die beiden Jugendlichen gehen anders vor, denn auch sie lernen. Sie eignen sich neue Fähigkeiten jedoch spielerisch locker an, und wirken zwischendurch zerstreut. Sie sind im Spielmodus. Mit ihren Gedanken schweifen sie zwischendurch ab, blödeln, machen Witze und lassen ihren Emotionen freien Lauf. Ihre Konzentration alterniert zwischen Phasen totaler Konzentration und detachierter Zerstreuung. Ihre Handlungen erfolgen aus dem Moment heraus.

Konzentrierte Besonnenheit versus spielerische Zerstreutheit

Die Art, wie die Lehrpersonen und die Jugendlichen lernen, gründen auf unterschiedlichen Haltungen. Die Lehrpersonen zeichnen sich durch *konzentrierte Besonnenheit* aus, die Jugendlichen durch *spiele-

rische Zerstreutheit. Beide Strategien bringen Resultate, führen zu einem Erfolg. Auf den nächsten Seiten versuche ich aufzuzeigen, welche tiefere Bedeutung diese beiden Haltungen haben und wie sie sich auf das Lernen auswirken. Ich werde argumentieren, dass die spielerische Zerstreutheit beim Lernen der Kinder und Jugendlichen und bei ihre Entwicklung eine Rolle spielt. Während die besonnene Konzentration mit Ernsthaftigkeit assoziiert wird, hat die spielerische Zerstreutheit einen schlechten Ruf.

Doch beginnen wir von vorn: Bei den unterschiedlichen Haltungen handelt es sich um Grundeinstellungen dem Leben gegenüber, die unsere Wahrnehmung und unsere Gefühle beeinflussen. Wie wir eine Herausforderung bewältigen, hängt vom Modus ab, den wir einnehmen. Ob wir spielerisch zerstreut vorgehen oder besonnen und konzentriert hängt nicht nur von der Persönlichkeit ab, sondern auch vom Alter. Je nach Lebensalter dominiert eine andere Einstellung. Vergleichen wir zum Beispiel die Begrüßungen von Erwachsenen mit jenen von Kindern. In allen Kulturen haben sich Codes entwickelt, die Begegnungen mit anderen Menschen regeln. In der Schweiz äußert einen Gruß, gibt sich die Hand oder umarmt sich, nicht ohne sich kurz in die Augen geschaut zu haben. Man erkundigt sich nach dem Befinden oder der Familie und beginnt dann vielleicht einen Smalltalk über das Wetter, ein harmloses politisches Event oder Sport. Wir wissen, wie man sich wo begrüßt. Bei den Erwachsenen läuft ein Kopfprogramm ab. Bei Kindern sieht das ganz anders aus.

Wie man sich begrüßt, entscheiden Stimmungen, gegenseitige Sympathie oder Antipathie, der soziale Kontext, die Erwartungen der Umgebung und natürlich auch der Charakter. Viele Kinder, vor allem Knaben, schneiden zuerst mal tüchtig auf. Sie demonstrieren gerne ihre Fähigkeiten, sei es von einer Mauer springen, die Mutter ärgern, laut rülpsen oder das Sofa als Trampolin benützen. Andere Kinder ziehen bei Begegnungen mit Kollegen körperliche Konfrontationen vor: Eine freche Bemerkung oder Provokation, damit eine kämpferische Stimmung aufkommt. Andere wiederum ziehen sich zurück und zieren sich. Mädchen deuten bei Kontakten oft an, dass sie etwas wissen, was das Gegenüber nicht weiß oder aber sie erzählen sich Geheimnisse.

Weshalb verhalten sich Kinder nicht wie Erwachsene? Auf der Hand liegt die Erklärung, dass es sich bei Kindern um *unfertige* Menschen handelt. Sie werden sich noch entwickeln. Sie sind noch ungehobelt und haben viel zu lernen. Wir Erwachsene hingegen wissen, wie man sich korrekt verhält, sind reflektiert und darum den Kindern in punkto Fähigkeiten und Denken überlegen. Wir gehen davon aus, dass wir differenzierter, organisierter und kontrollierter sind als die wilden Kinder. Wir sind vernunftorientiert und folgen nicht spontanen Impulsen. Sind Erwachsene den Kindern überlegen?

Diese Sicht ist richtig, wenn wir die Fähigkeiten, die es braucht, um in einer Gesellschaft kompetent zu funktionieren, zum Maßstab machen. Kinder schneiden im Vergleich zu Erwachsenen schlechter ab, wenn es um Kommunikation, zielgerichtete Arbeit und Konzentrationsfähigkeit geht. Soziale Situationen, die codiert und ritualisiert sind, überfordern viele Kinder. Wir stellen uns dann vielleicht vor, dass sie sich später mal benehmen. Die Entwicklung vom Kind zum Erwachsenen sollte jedoch nicht nur als linearer, progressiver Prozess verstanden werden, sondern jedes Lebensalter hat seine spezifischen Qualitäten. Kinder zeichnen sich demnach durch Qualitäten aus, die sich bei den Erwachsenen zurückgebildet haben.[86] Bei einem Vergleich der Fähigkeiten zwischen Jung und Alt darf darum das Profil der Erwachsenen nicht die einzige Norm sein. Kinder sind nicht grundsätzlich defizitäre Wesen, sondern ihre spielerische Zerstreutheit zeichnet sich durch Qualitäten aus, auf die wir Erwachsenen neidisch sein können. Doch eines nach dem anderen. Bevor wir auf spezifische, wertvolle Eigenschaften des Kindes eingehen, gilt es über Unterschiede zwischen Kindern und Erwachsenen nachzudenken, die in diesem Zusammenhang relevant sind.

Anpassungsfähigkeit als Tugend

Erwachsene sind in die Gesellschaft eingebunden. Ihr Aktionsradius beschränkt sich nicht nur auf den familiären Raum, die Schule und unmittelbare Umgebung. An der Arbeitsstelle kooperieren sie mit Kollegen, befassen sich mit Kunden, müssen sich unterordnen oder Menschen führen. In halböffentlichen Räumen wie Restaurants, offiziellen Anlässen oder Weiterbildungen tauschen sie sich mit einer Vielzahl verschiedenartiger Persönlichkeiten aus. In der Freizeit schließlich treffen sie sich mit Gleichgesinnten; Menschen, die ihnen sympathisch sind und denen sie trauen. Dank ihres größeren Denkraums klicken sie sich in Vorstellungen ein, wie man sich in einer Gesellschaft zu benehmen hat, damit man akzeptiert und respektiert wird, seine Ziele erreicht und erfolgreich ist. Sie wissen, welches Verhalten Probleme auslösen könnte und unterlassen es im Normalfall, einem Nachbarn eine Kopfnuss zu geben, wenn sie sich über ihn ärgern oder eine Kollegin zu umarmen, weil sie freundlich lächelt. Aufgrund ihres Vorstellungsvermögens, ihres Wissens und ihren Erfahrungen können sie problematische Situationen und Gefahren erkennen. Sie wissen, was erwartet wird, fügen sich, weichen aus oder rebellieren. Ausbrecher gibt es unter den Erwachsenen jedoch selten.

Die Fähigkeit, sich dem sozialen Kontext anzupassen, wurde bei den Erwachsenen zu einem *Automatismus*. Sie müssen konzentriert und besonnen vorgehen, wenn sie in einer Gesellschaft bestehen wollen. Ihr Verhalten drückt dann nicht persönliche Präferenzen aus, sondern widerspiegelt die Erwartungen der Umgebung. Erwachsene schützen sich vor Überraschungen und Peinlichkeiten, indem sie das machen, was üblich ist. Sie wollen nicht auffallen und Gefahr laufen, ausgeschlossen zu werden – oder das Gegenteil: auffallen und Codes durchbrechen, damit sie bemerkt werden. Erwachsene disziplinieren ihre Rede. Sie unterdrücken die Bemerkung gegenüber einer Kollegin, dass sie zugenommen hat oder dass ihr neuer Freund unsympathisch ist. Sie nehmen die möglichen Reaktionen der Umgebung vorweg und verhalten sich entsprechend.

Die Selbstdisziplinierung beschränkt sich nicht nur auf Worte und Gesten, sondern bezieht sich auch auf den Körper. Welche Bewegungen sie ausführen, hängt von der Umgebung und verinnerlichten Vorgaben ab. Auf einem großen öffentlichen Platz schlagen sie selten das Rad oder wagen eine kurze Tanzeinlage. Oft sind sie gehemmt oder schämen sich, weil die körperliche Aktivität nicht zu ihrer Altersgruppe passt. Wenn sie sich im öffentlichen oder halböffentlichen Raum trotzdem abreagieren möchten, dann braucht es dazu eine Genehmigung. Nicht durch eine äußere Autorität, sondern eine innere Instanz. Sie müssen sich deblockieren, ihre Hemmungen überwinden, wenn sie rennen wollen. Möglich wird ein Spurt jedoch, wenn man einen Joggingdress anzieht und dadurch der Umgebung klarmacht, dass man ja nur der Gesundheit zuliebe außer Atem ist.

Erwachsene verfügen über ein Repertoire, wie man sich auf den Bühnen des sozialen Lebens bewegt. Dieses hilft, sich in Beruf und Privatleben korrekt und normal zu verhalten. Der Nachteil: Die *Spontaneität* wird eingeschränkt, da das Verhalten vom sozialen Kontext und der Erziehung abhängt. Ihre Gedanken, Gefühle, Eingebungen und Assoziationen unterliegen einer inneren Zensur.

Jedoch: Soziale Anlässe, Freundschaften, Arbeitsteams leben von der Spontaneität ihrer Mitglieder. Neue Ideen werden generiert und Kontakte lebendiger, wenn man sich persönlich einbringt und nicht nur am Protokoll orientiert. Spontaneität kommt eher bei spielerischer Zerstreutheit auf. Dies ist jedoch mit dem Risiko verbunden, dass man sich unangebracht verhält und abgelehnt wird. Aus diesem Grund unterlassen wir Erwachsene es oft, unangebrachte Eingebungen, Emotionen, Erinnerungen und Assoziationen zu äußern. Wir wollen uns nicht blamieren. Ein Einfall, der nicht zum Skript passt, wird unterdrückt. Die Gefahr ist, dass diese Einstellung zu einem Verdrängungsmechanismus wird und sich verfestigt. Wir verlieren dann den Kontakt zu unseren Vorlieben, Wahrnehmungen und tieferen Gefühlen, entfremden uns von uns selber und tragen im Extremfall eine Maske. Dies ist nicht problematisch, denn Gemeinschaften können nur funktionieren, wenn die Mitglieder bereit sind, Rollen zu übernehmen. Spontane Ideen und Gefühle drohen uns auf Abwege zu bringen. Wir stellen unangebrachte Ideen und Gefühle zurück. Es ist der Preis, den wir bezahlen, um einer Gemeinschaft anzugehören. Dies ändert jedoch nichts an der psychologischen Tatsache, dass es innere Bilder, Träume und Fantasien sind, die uns antreiben. Sie drängen sich uns auf, ohne dass wir es wollen. Es sind die inneren Bilder, die uns zu Taten motivieren und Entscheidungen möglich machen.

Eine zweite Schwierigkeit der konzentrierten Besonnenheit ist, dass wir Gefahr laufen, den Kontakt zu uns selber zu verlieren. Was wir tun und sagen, sollte auf unsere inneren Bilder abgestimmt sein. Wenn wir konzentriert und besonnen sind, dann verhalten wir uns selber skeptisch. Sie stimmen unter Umständen nicht mit äußeren Bedingungen und Codes überein. Weil wir nicht zugeben können, welches unsere tieferen Motive und Fantasien sind, bemühen wir eine Szenerie, die gesellschaftlich akzeptabel ist. Wir schlagen einer Kollegin eine gemeinsame Wanderung ins Maderanertal vor und teilen ihr mit, dass wir mit ihr den Golzernsee sehen, die Natur der Innerschweiz kennenlernen und den Herbst erleben wollen. Vielleicht haben wir jedoch etwas anderes vor. Das Maderanertal interessiert uns nicht wirklich, sondern wir möchten mit dieser Kollegin Kindheitserinnerungen nachspüren. Wir möchten wieder mal auf einer Bank sitzen, den Duft der Föhren riechen, ein schmackhaftes Käsebrot in den Händen halten und eine wärmende Hand auf unserem Knie oder auf unserer Schulter spüren – regredieren! Möglicherweise ist es diese *gefühlsbesetzte Vorstellung aus der Kindheit,* die hinter unserem Beschluss, das Maderanertal zu besuchen, steht. Sie schenkt die Energie, die es braucht, eine Wanderung zu unternehmen und die Kollegin einzuladen.

Auch Kinder und Jugendliche werden durch Vorstellungen beseelt und energetisiert. Im Gegensatz zu Erwachsenen haben sie einen direkteren Zugang zu diesen Bildern. Wenn sie spielerisch zerstreut sind, dann nehmen sie sich selber und die Umgebung anders wahr. Sie neigen zu Assoziationen. Diese sind ein Verbindungsglied zu inneren Fantasien. Der Denkraum erweitert sich, weil dadurch auch ungewollte Zusammenhänge möglich sind. Wenn die spielerische Zerstreutheit dominiert, braucht es keine komplizierte Ausrede, wenn man einer Fantasie nachleben will. Die Fantasie, die einen antreibt, wird einem bewusst. Wenn Jungen Fußball spielen, dann üben sie das Drippeln, Torschießen, Absatzkicks und prägen sich Regeln ein. Was sie antreibt, sind bestimmte Fantasien. Wenn man sie fragt, wieso sie das tun, geben die meisten bereitwillig zu, dass sie später Fußballstar sein möchten. Sie malen sich aus, wie es sein wird, ein Tor zu schießen und von Fans umjubelt zu werden. Sie fantasieren sich Größe und Erfolg. Im Gegensatz zu Erwachsenen verstecken sie ihre Vorstellungen nicht hinter schönen Argumenten.

Die konzentrierte Besonnenheit macht es leichter, Codes und gesellschaftliche Konnotationen wahrzunehmen und zu respektieren. Weil bei Kindern die spielerische Zerstreutheit dominiert, nehmen sie ihre Umgebung anders als Erwachsene wahr. Das Dasein hat für sie dadurch eine andere Qualität. Die *Tätigkeit* an sich steht im Vordergrund und nicht der Zweck oder die gesellschaftliche Bedeutung einer Handlung. Das hat zur Folge, dass Aspekten eine Aufmerksamkeit geschenkt wird, die wir als Erwachsene nicht berücksichtigen. Bei einem Tennisspiel geht es ihnen nicht nur um Satzbälle, sondern darum, den Ball auf verschiedene Art und Weise über das Netz zu schießen. Fantasien werden eher direkt umgesetzt. Das *Lustgefühl*, das die betreffenden Tätigkeiten auslöst, ist wichtig und nicht nur die Befolgung eines Schemas. Spontan tasten sie ab, was in einer bestimmten Situation alles möglich ist, und beginnen zu experimentieren.

Uns Erwachsenen ist diese Form der Auslotung unserer unmittelbaren Umgebung fremd. Wir lassen uns eher von Zielen vereinnahmen. Sich »einfach so« dem Moment hinzugeben, keinen Plan zu haben und sich nicht an einem vorgegebenen Plan zu orientieren, empfinden wir als riskant. Wenn wir weiterkommen und etwas lernen wollen, dann nehmen wir eine besonnene, disziplinierte Haltung ein.

Besonnene Konzentration oder spielerisches Vorgehen?

Wenn wir besonnen und konzentriert sind, dann sind unsere Sinne *außengerichtet*. Wir sind der Realität verbunden und überzeugt, uns ein objektives Bild unserer Mitmenschen und Umgebung zu machen. In der spielerischen Zerstreuung ist hingegen die Chance größer, dass auch eine Innenschau möglich ist.

Konzentrierte Besonnenheit gilt als erstrebenswert. Überall wird indirekt das hohe Lied auf diese Einstellung gesungen. Erziehungsdirektoren, Fachhochschulen, Bildungswissenschaftler, doch zum Teil auch Psychologen und Therapeuten schwören auf *Kompetenzen* und kontrollierbare therapeutische Prozesse. Es gehe um die erfassbaren exekutiven Fähigkeiten, die wir zu Bewältigung bestimmter, identifizierbarer Situationen brauchen. In der Schule wird der ergebnisorientierte Unterricht angestrebt, mit dem definierte Ziele erreicht werden sollen. Wenn wir konzentriert besonnen sind, dann suchen wir eher nach Kausalitäten und orientieren uns an Fakten. Es geht um die äußere Bühne und nicht die Innenwelt. Diese Nüchternheit macht uns funktionsfähig und verhindert, dass wir unpassende und problematische Seiten unserer Persönlichkeit ausleben.

Ein Großteil unserer Alltagshandlungen erfordert Konzentration. Es empfiehlt sich nicht, ein Auto spielerisch locker zu steuern, sondern wir müssen uns auf die Straße und die Verkehrsregeln konzentrieren. Auch die meisten Routinehandlungen führen wir mit dieser Haltung aus. Wenn wir eine Geschirrspülmaschine ausräumen, dann nehmen wir Tassen, Teller, Gläser und Besteck aus der Maschine und legen sie in den Küchenschrank. Wir nutzen konkrete, von allen geteilte Informationen und führen jene Handlungen aus, die es braucht, um diese gewünschte Ordnung herzustellen. Tassen und Teller kommen in den weißen Schrank, das Besteck kommt in eine

Schublade und die Gläser auf ein Gestell im Vorzimmer. Unsere Handlungen folgen einem Ablaufschema, das nicht viel Spielraum erlaubt. Nüchterne Besonnenheit wird gefordert.

Dank der konzentrierten Besonnenheit fallen wir nicht als Störenfriede auf: Die subjektive Eigenwelt wird kaltgestellt. Fantasien behalten wir diskret für uns oder registrieren sie gar nicht. Als Autofahrer fahren wir nicht Zick-Zack, obwohl es uns lockt die Breite einer Straße auszunützen, und als Polizist beginnen wir nicht während dem Dienst zu singen. Wir unterwerfen uns den jeweiligen gesellschaftlichen Codes, verhalten uns normal. Im Bewusstsein, dass eine Gesellschaft nur funktionieren kann, wenn die Mehrheit der Bevölkerung in nüchterner Besonnenheit ihre Regeln und Codes respektiert.

Die Nachteile der nüchternen Haltung

Der Nachteil der konzentrierten Besonnenheit: Sie schränkt unseren Wahrnehmungs- und Denkhorizont ein. Wir widmen uns vor allem jenen Objekten, die für die Ausführung unserer jeweiligen Handlungen wichtig sind oder gesellschaftlich gefordert werden. Außergewöhnliche Ereignisse oder ungewohnte Objekte drohen wir zu übersehen. Wir entwickeln den *Tunnelblick*. Im berühmten Experiment von Chabris und Simons[87] hatten die Studenten die Aufgabe, die Ballwürfe zweier Handballmannschaften zu zählen. Erstaunlicherweise erkannten die meisten Studenten die Person im Affenkostüm nicht, die zwischen den Spielern hin und her pendelte. Sie waren dermaßen auf das Zählen fixiert, dass sie den großen Affen übersahen. Sie konzentrierten sich auf die Ausführung eines Auftrages, selektierten die Informationen, die für ihren Auftrag wichtig waren. Ihr Denken war eingeschränkt.

Die Ausrichtung auf Wissen, Fakten und Fähigkeit kann zu monothematischer Fixierung führen. Wir werden blind für *andersartige* Ereignisse.[88] Es ist, wie wenn wir in die Stadt gehen, um Turnschuhe zu kaufen, und nur noch Schuhläden und Passanten mit Turnschuhen sehen und dem Mann mit dem Cowboy-Hut und der chinesischen

Touristengruppe keine Aufmerksamkeit schenken. Wir sind zwar handlungsfähig, doch weniger bereit für wirklich Neues.

Verweigerte Imagination: die Reduktion der kindlichen Sicht

Eine der wichtigsten Eigenschaften des Menschseins ist es, dass wir uns mental in andere Situationen und Zeiten transferieren können. Wir träumen von besseren Umständen oder schwelgen in Erinnerungen der Vergangenheit. Diese Fähigkeit zur Imagination ist absolut zentral für die Entwicklung der Kinder und Jugendlichen. Sie wollen nicht einfach nur Kompetenzen vermittelt bekommen, sondern wollen sich selber und die Welt imaginieren. Aus diesem Grund lieben Kinder Geschichten, benehmen sich Schüler und Jugendliche oft schlecht und spielt das Internet als virtueller Aufenthalts- und Möglichkeitsraum eine große Rolle. Man will sich eine eigene Welt fantasieren, die Realität ist zweitrangig.

Diese Fähigkeit zur Imagination wird heute in der Erziehung und Schule vernachlässigt. Wenn Kinder imaginieren, dann reagieren wir als Lehrperson, jedoch auch als Vater oder Mutter häufig uninteressiert, irritiert oder sogar geschockt. Eine Mutter holte ihren vierzehnjährigen Jungen direkt von der Schule ab, fuhr mit ihm zum Psychiater und verlangte die Einweisung ihres Sohnes in eine Klinik. Sie hatte in seinem Tagebuch eine Skizze gefunden, auf welcher der Bahnhof ihrer Stadt in die Luft gesprengt wird und Körperteile durch die Luft fliegen. Aus ihrer Sicht war ihr Sohn psychisch krank.

Verborgene Existenz der Imagination

Imaginationen sind wichtig, damit Kinder und die Gesellschaft an sich weiterkommen und sich in die Welt einbringen. Sie folgen eigenen Gesetzmäßigkeiten und sollten nicht abgelehnt werden, wenn sie amoralische Handlungen enthalten. In der Imagination äußert sich unser Unbewusstes, so wie es in den Träumen geschieht. Verrücktes, Abartiges erscheint vor unserem inneren Auge, wie auch Wunderbares und Erstaunliches. Es handelt sich um Symbolbilder, in denen sich innere Kräfte und Gefühle darstellen. Sie sind ein Spiegelbild unserer Seele: unserer inneren Kämpfe, Ambivalenzen, Motivationen, Emotionen, Träume, Vergangenheiten, Bindungen, unserer Körperlichkeit und unserer Sehnsüchte.

Wie Träume geben uns Imaginationen wertvolle Hinweise darüber, was in uns abläuft. Diese werden uns jedoch nicht auf einem Tablett serviert, sondern wir müssen uns bemühen, um sie zu verstehen. Wir müssen sie interpretieren. Der Grund für ihre verborgene Existenz ist, dass wir im Alltag und im Umgang mit uns selber unser Bewusstsein und Wissen beschränken müssen. Damit wir kompetent, entscheidungs- und handlungsfähig bleiben, müssen wir uns auf das fokussieren, was wir wirklich brauchen, um zu überleben. Unser Bewusstsein und unser Wissen werden durch die Herausforderungen, die wir in unserem konkreten Dasein antreffen, kalibriert. Die Imagination kreiert Bilder, die diesen Raum sprengen, uns neue Wege aufzeigen und uns auffordern, neue Ziele anzustreben. Es sind innere Bilder, die uns dazu motivieren, zu neuen Ufern aufzubrechen. Statt Imaginationen zu unterbinden, wäre es darum besser, wenn wir den Kindern und Jugendlichen Räume zu Verfügung stellen, in denen sie ihre Fantasien abhandeln können. Lernen geschieht auch größtenteils über Fantasien und innere Vorstellungen.

Im Land der unbegrenzten Möglichkeiten

»Amerika war für mich als Kind das Land der unbegrenzten Möglichkeiten. In meiner Vorstellung gab es überall Männer mit Cowboy-Hüten und Indianer, gute und schlechte Kerle. Es war das Land, in dem es wunderbare Musik gab!«, sagte Ray Davies, Leader der englischen Rockband Kinks.[89] Sein Bild der USA hat er später gründlich revidiert. Die Vorstellung, dass es jenseits des großen Meeres ein Land gab, in dem viel mehr möglich war als in seiner Heimat, hat ihn und damals Millionen von Teenagern motiviert, neue Musik zu machen. Die USA galten als Land der Hoffnung und des Aufbruchs. Der Lebensstil der USA wurde imitiert, man trug Jeans, schnitt sich die Haare kurz, übte den Twist und rauchte Marlboro-Zigaretten. Die Faszination Amerika widerspiegelte sich auch im freien Spiel der Kinder. Cowboy und Indianer waren populär, die Bücher von Karl May über Winnetou und Old Shatterhand wurden gierig verschlungen und mancher Junge wünschte sich einen Cowboy-Gurt zu Weihnachten. Der wilde Westen war in der Vorstellung der Kinder das Land voller Abenteuer, wo man sich beweisen konnte sowie Freiheit und Natur genoss.

Heute lächeln wir über solche romantische Projektionen. Wir empfinden sie als einseitig, verzerrt, und unrealistisch. Der Mythos von Cowboy und Indianer ist längst verblichen. Andere, ähnliche Mythen folgten, die auch von anderen Welten erzählen und eine ganze Generation begeistern. Harry Potter entführte Millionen von Kindern in eine Welt der Magie. Filmserien wie »Game of Thrones«, die ins Mittelalter entführen, oder »Star Wars«, bei der man ferne Galaxien bereist, stillen das Bedürfnis der Kinder und Jugendlichen, einen Einblick in andere Welten zu haben.

Dank Imaginationen können wir der Realität entschwinden und in Fantasiewelten eintauchen. Wir leben somit nicht nur im Hier und Jetzt, sondern *auch* in subjektiven Welten. Mit einem Fuß sind wir darum immer einer Traumwelt. Diese kann von anderen Personen nicht eingesehen werden. Oft ist die äußere Realität Ausgangspunkt von inneren halbbewussten Fantasien.

Vorstellungskraft macht uns zu Suchenden

Diese Eigenschaft führt dazu, dass wir Neues entwickeln wollen und Andersartiges suchen. Wir geben uns nicht zufrieden mit dem Vertrauten und Bekannten, sondern wollen die Grenzen unseres Daseins überwinden. Die inneren Bilder sind Ursache unseres Strebens nach mehr und nach dem Unbekannten. Sie wecken unsere Neugierde und das Interesse an der Umwelt. Sie machen uns jedoch auch kritisch. Wir können uns vorstellen, dass etwas anders ist, als wir uns gewohnt sind. Die inneren Bilder verführen uns, sie machen unzufrieden, sind jedoch auch die Grundlage unserer Kreativität. Wir sehen nicht nur, was uns vorgegeben wird, sondern interpretieren unsere Umwelt auf der Grundlage unserer Vorstellungen. Die Ferienwohnung, die wir an der Algarve mieten, könnte direkt am Meer liegen, die Freundin charmanter, der Sex stürmischer und die Boni-Zahlung höher sein.

Die Eigenschaft zur Imagination macht uns zu Suchenden. Wir werden durch *Neugier* getrieben. Veränderungen gegenüber sind wir zwar ambivalent, doch das Neue, Andersartige und Fremde ist immer eine Versuchung. »Was wäre wenn?« ist eine konstante Frage der überwiegenden Mehrheit der Menschen. Wir wollen mehr und oft auch anderes, als wir haben. Wir streben Veränderungen an. Wir beenden Beziehungen, ziehen um, lassen uns beruflich umschulen und unterwerfen uns der Mode. Die Fähigkeit zu mentalen Reisen macht uns unruhig. Sie führt jedoch auch dazu, dass wir nach neuen Lösungen und Lebenswegen suchen und erfinderisch sind. Wir sind dadurch strebsam und wollen Neues ausprobieren.

Die Fähigkeit zu mentalen Reisen kann sich natürlich auch negativ auswirken. Wir zerstören, was wir erreicht haben, werden gierig und wollen mehr, als uns zusteht: Der Lohn ist zu tief, das Haus zu klein und wieso besitzt man keine Jacht in Cannes? Wir streben nach dem Unmöglichen.

Instrumentalisierung des Geistes für Kompetenzen

Kinder und Jugendliche verfügen ganz besonders über innere Welten. Sie leben mit einem Fuß in der Fantasie, und mit dem anderen versuchen sie, die Realität zu betreten. Die Imagination dient ihnen als Brücke. Sie reichern ihre Umwelt und ihre Mitmenschen mit ihren inneren Bildern und Gefühlen an. Kleinkinder haben zum Beispiel Angst vor der Dunkelheit. Sie wollen, dass man ein Licht brennen lässt, weil sonst unheimliche Gestalten auftauchen. Diese Angst ist darauf zurückzuführen, dass bei ihnen die Trennung zwischen Innen- und Außenwelt noch nicht eindeutig ist. Was sie wahrnehmen, vermischt sich mit inneren Bildern.

Wenn wir wollen, dass sich Kinder und Jugendliche entwickeln und in die Welt einbringen, dann müssen wir ihre *Imaginationskraft* nutzen. Die Innenwelt ist der Schlüssel zur Außenwelt. Kinder und Jugendliche wollen sich nicht nur der Realität anpassen, sondern ihre Umgebung mithilfe ihrer inneren Bilder erforschen. »Wenn es richtig ist, dass wir Träume und Wünsche, die uns ein Leben lang begleiten, schon in der Kindheit und Jugend träumen und entwickeln, dann fällt der Schule hier eine enorme Bedeutung zu«, schreibt der deutsche Philosoph Richard David Precht.[90]

Die Imagination ist auch jene Kraft in uns, die wir als Geist bezeichnen: Ein Interesse an inneren Gedankenspielen und die Freude an Neuem. Dazu brauchen Kinder und Jugendliche Anregungen durch die Erwachsenen. Leider wird dieses genuine Bedürfnis in der aktuellen pädagogischen Diskussion vernachlässigt. Alle Schulreformen in deutschsprachigen Ländern sind auf *Kompetenzen* ausgerichtet. Der Unterricht orientiert sich an den Leistungen der Schülerinnen und Schüler. Sie sollen selbstständig ihren Lernprozess gestalten, eigene Ziele und Interessen definieren. Lernen wird als Prozess verstanden, der vor allem durch den Lernwillen der Kinder oder Jugendlichen angetrieben wird. Bildung wird als Akt verstanden, bei dem man anwendungsorientierte Fertigkeit vermittelt.[91] Das Innere des Menschen, der Geist, wird zur Funktion einer Handlung reduziert. Wir brauchen nur soweit zu denken, wie es die Ausführung einer bestimmten definierten und messbaren Handlung braucht. Einen Text gilt es nur soweit zu verstehen, wie es nach vorgegebenen Kerninhalten definiert wurde. Der Inhalt und somit das, was ein Text in einem auslöst, ob er einen begeistert, fasziniert oder langweilt, spielt keine Rolle.

Schule ohne Imagination

Im heutigen Schulsystem droht die Gefahr, dass die Kinder sich als Lernmaschinen wahrnehmen. Sie müssen sich anpassen. Ihre eigenen, spontanen Reaktionen dürfen nicht sein. Vergessen wird, dass sich Kinder und Jugendliche einen eigenen Reim darauf machen, was sie hören und sehen. Sie aktivieren ihre Imaginationen, um die Umwelt zu verstehen. Damit ihr Geist angeregt und ihre Neugier geweckt werden, braucht es *inspirierende Inhalte*. Eine Kompetenz, die an keinen Inhalt gebunden ist, macht keinen Sinn. Es ist, wie wenn man den Kindern Landkarten in die Hand gibt und sie auffordert, einen Weg zu wählen, ohne ein Ziel anzugeben. Kinder sind Menschen mit einer Seele, mit Fantasien und eigenen Wünschen. Sie suchen in ihrer Umwelt und bei ihren Mitmenschen nach spannenden Inhalten.

Es gibt verschiedene Gründe, die zu dieser Entwicklung führten. Ein Grund ist, dass die Imagination der Kinder von Außen nicht einsehbar ist. Sie hält sich an keine Regeln und Codes. Was Kinder sich ausmalen, ist somit für Erwachsene nicht steuer- und kontrollierbar. Unterrichten und Lernen verstehen wir jedoch als strukturierten und kontrollierten Prozess. Eigenständigkeit und Spontaneität ist nur in einem vordefinierten Rahmen möglich. Wie an anderer Stelle dieses Buches erwähnt, müssen wir Kinder gemäß unseren Leitvorstellungen erziehen. Mit Argumenten der Sicherheit, der Prävention, der Förderung und Gleichberechtigung versuchen wir unsere Vorstellungen des richtigen Lebens durchzusetzen.

Es geht um Anpassung, ohne dass man sich mit den von ihnen imaginierten Schattenfantasien auseinandersetzt. Das Paradoxe ist, dass die Fantasien dadurch umso spannender werden, wie ich selber bei einer mythodramatischen Intervention in einer kalifornischen Schule erlebte.

Die Schule war bekannt dafür, dass ihre Schülerinnen und Schüler streng geführt werden. Schimpfwörter wie »What the hell« oder »Shit« durften nicht ausgesprochen werden. Die Schule war bereit, das Mythodrama auszuprobieren, eine Methode, bei der man Geschichten einsetzt, welche die Schülerinnen und Schüler in Gruppen weiterfantasieren und anschließend der Klasse und Lehrerschaft vorstellen. Die erste Gruppe spielte vor, wie sie den Schulbus kidnappen, mit Sprengstoff füllen, damit das Büro des Rektors rammen und dann in die Luft sprengen. In der zweiten Gruppe hatten sich sowohl die Knaben wie die Mädchen als Ballerina verkleidet. Zum Erstaunen des Publikums traten sie jedoch nicht nur mit Tütüs aus Papiermaché, sondern mit Flammenwerfern aus Karton auf. In ihrem Spiel taten sie so, als würden sie die Mauer um das Schulhaus anzünden. Die dritte Gruppe bestand aus Mädchen. Diese spielte vor, wie sie sich aus dem Schulareal schleichen, eine Bar betreten, dort einen Mann anlachen und dann in ein Hotel verschwinden.

Sicher, die Schülerinnen und Schüler wollten provozieren, wie es Pubertierende gerne tun. Doch ihr Spiel war voller Energie. Es verriet die Kraft der Imagination, mit der sie sich in eine Welt hineinkatapultierten, in der sie weder Regeln gehorchen noch Normen entsprechen. Vor allem: Sie wollten Themen aufs Tapet bringen, die man nicht ansprechen durfte, die tabuisiert wurden.

Wie lässt sich die Vorstellungskraft fördern?
Imagination gehört zur Erziehung und Entwicklung der Kinder. Kinder bringen sich über diese Fähigkeit in die Welt ein. Die Imagination zeigt sich früh. Kleine Kinder haben Angst vor dem Monster unter dem Bett und haben vielleicht das Gefühl, der Wald sei voller Bergmännchen. Sie stellen sich vor, dass es Christkind, Engel und Sankt Niklaus tatsächlich gibt. Sie imaginieren sich in die Welt hinein. Später, wenn sie älter werden, malen sie sich aus, wie das Leben in anderen Ländern sein könnte, was sie vielleicht als Erwachsener tun und was es sonst noch alles gibt. Die Aufgabe der Eltern und Schule ist, diese Fähigkeit zur Imagination zu fördern und sich nicht nur auf das Verhalten und die Kompetenzen zu beschränken.

Imagination gehört auch zur Schule. Kinder wollen nicht nur für das erwachsene Leben vorbereitet werden, sondern sie versuchen sich über ihre Fantasien in ihre Umgebung einzubringen. Sie wollen sich in die Welt mit ihren Dramen, Problemen und Überraschungen hineinfantasieren, bevor sie den familiären und schulischen Raum verlassen. In ihrem Kopf können sie es sich so vorstellen, wie es sein wird, wenn sie einen Beruf wählen, reisen und Beziehungen pflegen. Sich etwas vorzustellen ist der erste Schritt in die reale Welt.

Die Aufgabe der Erwachsenen ist es, Kinder und Jugendliche in die Welt und ihre Dramen einzuführen. Was sich Menschen über sich selber überlegen, wie sie sich organisieren, was ihnen wichtig ist, was sie auswählen, genießen, hassen und erträumen. Diese Inhalte können Kinder nicht googeln. Sie wollen sie von ihren Bezugspersonen hören. Diese haben den Kindern und Jugendlichen vorzuzeigen, welche Antworten und Entwürfe bisher entwickelt wurden, was wichtig ist. Sie wollen wissen, wie sie mit Paradoxien, Herausforderungen, Träumen, jedoch auch mit dem Bösen auf dieser Erde umgehen. Sie wollen hören, was in den Köpfen der Erwachsenen vorgeht. Kultur entstand, weil man sich nicht nur mit dem Hier und Jetzt zufrieden gab, sondern *weitergedacht* hat.

Die meisten Lehrpersonen realisieren das. Sie bauen Imaginationsphasen in den Unterricht ein. Kinder wollen nicht nur Kompetenzen erwerben und Leistungen erbringen, sie wollen auch erforschen, was es noch geben könnte. Eine Möglichkeit, die Imagination anzuregen sind *Geschichten*. Menschen lieben es, von dramatischen Ereignissen, fernen Ländern, bizarren Vorkommnissen und Skandalen zu hören. Mit Geschichten distanzieren wir uns von der Realität, die uns umgibt.

Die meisten Kinder und Jugendlichen lieben Geschichten ganz besonders. Dank Geschichten können sie die Herausforderungen, Probleme und Faszinationen der Welt erfahren, die auf sie warten. Sie widerspiegeln existenzielle Herausforderungen ihres Daseins. Kleine Kinder hören gerne Märchen, später Harry Potter, Mythen oder Geschichten von extremen, persönlichen Erlebnissen. Kinder und Jugendliche nehmen über Geschichten mit ihrer Umgebung Kontakt auf und beginnen sie zu verstehen.

Geschichten als Einführung in die Paradoxie des Lebens

Es ist Aufgabe der Erwachsenen, der nachfolgenden Generation Geschichten zu liefern. Diese können die Herkunft betreffen. Sagen und historische Geschichten können eingesetzt werden, um die eigene Herkunft und Identität zu verstehen. Die Geschichten müssen nicht wahr sein, doch hilft es, wenn sie zum Kulturerbe, dem man angehört, gehören. Sie müssen nicht originell, alternativ oder progressiv sein. Es kann sich auch um Geschichten über die alten Eidgenossen, die Römer oder Habsburger handeln. Die Identität der meisten Länder basiert auf Geschichten. Sie sind grässlich, jedoch oft auch großartig und faszinierend. Auch wenn es sich um eine Fiktion handelt, ist zum Beispiel Wilhelm Tell eine spannende Ursprungsgeschichte der Schweiz. Sie erzählt vom Recht auf Rebellion gegen ein ungerechtes System. Solche Geschichten stärken den Zusammenhalt der Gemeinschaft und begründen ihre Werte.

Die Geschichten, die Kinder erzählt werden, dürfen nicht banal sein. Kinder und vor allem Jugendliche schrecken vor zu viel Normalität zurück. Nicht nur wollen sie sich selber beweisen, dass es sich bei ihnen um außerordentliche Personen handelt, sondern sie wollen wenigstens im fiktiven Bereich Grenzen überschreiten und Extremes erleben. Die Geschichten, die man Kindern oder Jugendlichen präsentiert, dürfen darum nicht zu brav sein und vor allem keinen moralischen Unterton enthalten. Kinder und Jugendliche wollen Geschichten hören, die Grenzen überschreiten, in denen etwas Extremes und Unerwartetes geschieht. Geschichten, in denen ihnen auf versteckte Weise gesagt wird, wie sie sein sollen, sind langweilig. Sie wollen, wie wir Erwachsene auch, vor allem von außerordentlichen Ereignissen hören. Lehrgeschichten mit einer klaren moralischen Botschaft regen die Fantasie nicht an.

Es ist Aufgabe der Erwachsenen, Kindern und Jugendlichen Geschichten zu präsentieren. Sie sollten den Denkraum erweitern und die Unterwelt unserer Zivilisation einbringen. Schrecken, Gewalt, Katastrophen gehören dazu wie Heldentaten, Erfindungen und großartige Taten. Bei den Geschichten, die wir Kindern erzählen, geht es nicht um die Vermittlung der richtigen Werte, Haltungen oder Kompetenzen, sondern darum, Kinder und Jugendliche in die Paradoxien der menschlichen Existenz einzuführen.[92]

Die Bedeutung des Spiels in der kindlichen Entwicklung

Kinder neigen zu spielerischer Zerstreuung. Diese Haltung ist eine Voraussetzung für ihre Spielfreude. Sie lernen so, ihr eigenes Verhalten zu ordnen und eignen sich Fähigkeiten und Kompetenzen an.[93] Sie erwerben Sprache, motorische Fertigkeiten, Wissen und kognitive Fähigkeiten. Spielen ist für sie ein Akt der *Selbstorganisation*. Sie bringen sich in die Welt ein, deuten sie neu, loten Daseinsmöglichkeiten aus und erfahren, wer sie sind. Spielen und Menschwerdung gehören darum zusammen;[94] eine Grundform menschlichen Daseins, wie Johan Huizinga (1872–1940) in seinem Buch *Homo Ludens* festhält.[95]

Während ihren ersten Lebensjahren bewältigen Kinder neue Herausforderungen mit einer lockeren Unbestimmtheit. Was sie alles mit dieser Haltung erlernen, ist beeindruckend: Lallen, Aufsitzen, erste Worte, Gehen, Treppen steigen, sich waschen, aus einer Tasse trinken, Zähne putzen, Hüpfen, die Toilette benützen, die Hände waschen, Schnürsenkel binden, das Essen vom Teller auf den Löffel schieben, den iPad gebrauchen, den Fernsehen anstellen, zivilisiert essen, rennen, das Hemd zuknöpfen, den Vater und die Mutter mit Mami und Papi ansprechen, auf einen Stuhl sitzen. Es gibt keine Lebensphase in der wir mehr lernen als während der Kindheit.[96] Die enormen Lernfortschritte gelingen dank ihrer spielerischen Zerstreutheit. Kinder wählen das Spielen als Strategie, sich ins Leben einzubringen. Die spielerische Haltung erlaubt eher ungewohnte Verhalten- oder Denkvarianten. Dank der spielerischen Haltung erweitern sich unsere Verhaltensoptionen. Wir sind nicht auf *eine* Handlung fixiert, sondern lassen Variationen zu. Beim Treppensteigen wagen wir einen Zwischensprung oder bei einer Begrüßung eine spontane Bemerkung. Wir orientieren uns nicht nur nach einem vorgegebenen Ablauf, sondern wagen Neues.

Mit der subjektiven Eigenwelt verbunden

Bei der konzentrierten Besonnenheit ist Kontrolle wichtig. Wir strengen uns an. Da wir denken und verstehen wollen, wird es schwieriger, andere Optionen auszuloten und Fantasien nachzugehen. Wir konzentrieren uns auf die Realität. Lockerheit und Zerstreutheit ist nicht erlaubt. Es gilt, sich nach den Codes und Erwartungen der Außenwelt zu richten. Kontakt zur subjektiven Eigenwelt ist nicht vorgesehen. Normalität wird angestrebt.

Wenn wir in einer spielerischen Stimmung sind, dann nehmen wir unsere Mitmenschen besser wahr. Da wir uns von fixen sozialen Codes lösen, begegnen wir unseren Mitmenschen unmittelbarer. Persönliche Ambitionen, Interessen und Probleme rücken in den Hintergrund, Spontaneitäten sind möglich. Nicht umsonst wird die spielerische Haltung von einer Tätigkeit abgeleitet, die man bei unseren unmittelbaren Verwandten in der Tierwelt beobachtet.

Menschliches Spielen als Kraulersatz der Schimpansen

Zuerst kratzt sich der Schimpanse an der Brust und an den Armen. Nachdem er damit fertig ist, legt er sich auf den Rücken, hält die Beine und Arme in die Höhe und beginnt zu zappeln. Ein anderer Schimpanse nähert sich, lacht und beginnt sich mit seinem Artgenossen zu tummeln. Die beiden kämpften freundschaftlich miteinander, bevor ein dritter Schimpanse sich nähert und zu kreischen beginnt. Die beiden ersten Schimpansen beenden ihren kurzen Kampf. Ein Schimpanse steht auf und ergreift den neuen Kollegen.

Er macht es nicht kämpferisch, sondern lustvoll. Schließlich stößt der erste Schimpanse einen lauten Schrei aus. Alle drei Schimpansen beenden ihre Aktivitäten und widmen sich einer anderen Tätigkeit. Das Verhalten der Schimpansen hat Ähnlichkeiten mit dem Spiel der Kinder. Sowohl Schimpansen wie Kinder nähern sich ihren Artgenossen über eine *zweckfreie* Aktivität. Schimpansen kratzen sich gegenseitig den Rücken, tummeln sich und rennen herum. Solche Kraulaktivitäten kann man auch bei Kindern beobachten. Sie veranstalten Klatschspiele, rennen sich gegenseitig nach, initiieren einen Freundschaftskampf oder kreieren sich gegenseitig Frisuren. Solche Aktivitäten fördern nicht nur das Gemeinschaftsgefühl, sie reduzieren auch Spannungen und verhindern Konflikte. Wenn Kinder mit ihren Kolleginnen und Kollegen herumtollen und sich einer scheinbar sinnlosen Tätigkeit hingeben, dann kommen sie besser miteinander aus.[97] Dank Kraulaktivitäten oder dem Spiel kommen sie sich näher. Wir lassen Emotionen zu, weil soziale Codes dann weniger wichtig sind. Kraulen oder Spielen ist nicht nur eine Quelle der Lebensfreude, sondern Basis unserer Umgangsformen.

Zweckfreie Aktivitäten

Nicht umsonst hat Spielen auch für Schulkinder und Jugendliche eine große Bedeutung. Wenn sie das Schulareal betreten, dann stürmen sie nicht gleich in die Schulzimmer und warten auf den Beginn des Unterrichts, sondern versammeln sich zuerst auf dem Schulhof und in den Gängen. Jungen spielen Fußball, machen ein Würfelspiel oder inszenieren Wettbewerbe.»Wer zuerst an der Wand!«, schrie jeweils ein Junge einer Primarschulklasse, die ich als Junglehrer unterrichtete. Es galt als Startzeichen eines Wettrennens in den Pausenhof zur großen Wand des gegenüberliegenden Gebäudes. Wer zuerst diese Wand berührte, hatte gewonnen. Ein sinnloses Wettrennen, könnte man denken. Es war jedoch eindrücklich, mit welcher Verve die Jungen die Treppen hinunter stürmten und über den Pausenplatz rasten. Das Spiel hatte sie fest im Griff. Die Schüler erlebten es als lustvoll. Mädchen organisieren sich anders. Sie widmen sich Hüpfspielen wie Himmel oder Hölle, üben sich im Seilspringen oder wagen Übungen an Turnstangen. Das Spielerische äußert sich in ihren sozialen Aktivitäten. Geheimnisse werden ausgetauscht, mit Freundschaften wird experimentiert und Aggressionen werden ausprobiert. Unter Kindern und Jugendlichen ist der soziale Kontakt dynamisch und veränderbar. Freundschaften werden geschlossen und wieder aufgelöst. Kinder werden ausgeschlossen, um ein Jahr später wieder akzeptiert zu werden. Das soziale Leben folgt Gruppencodes, die sich von Klasse zu Klasse unterschiedlich entwickeln.

Spielen bedeutet Abgabe der Kontrolle

Spielen bedeutet Abgabe der Kontrolle. Man weiß nicht, welchen Verlauf das Spielgeschehen nehmen wird. Eindeutig ist dies bei Würfelspielen, doch auch bei Brettspielen, Karten- oder Ballspielen kennen wir den Ausgang nicht. Er hängt davon ab, ob uns das Glück wohlgesinnt ist. Der Ausgang ist offen und das Geschehen nicht absehbar. Wir liefern uns dem Schicksal oder Fortuna aus. Eigene Ambitionen, Machtspiele, Pläne und Ansprüche müssen wir zurückstellen. Wie etwas ausgeht, entscheiden der Zufall, glückliche Umstände, die eigene Stimmung und eigene Anstrengungen. Im Spiel erleben wir die Macht des Schicksals.

Der Kontrollverlust löst in uns einen Adrenalinschub aus und führt zu einer Emotionalisierung. Oft legen wir unsere Maske ab. Bisher verborgene Gefühle oder Gedanken brechen hervor. Wir werden wütend, weil wir in einem Schachspiel die Königin verlieren, oder klatschen freudig in die Hände, weil wir in einem Kartenspiel die maximale Punktzahl erreicht haben. »Das schmerzt, tief, tief unten!«, hörte ich einen Zuschauer beim Baseballspiel der Red Sox in Boston ausrufen, als ein Fänger den Ball nicht auffing. Der ältere Mann war fast in Tränen. Das Spiel vermag in eine Welt zu entführen, in der die Sorgen und Aufgaben des Alltags in den Hintergrund rücken.

Wir katapultieren uns durch das Spiel ins Leben und erweitern unseren Denk- und Erfahrungshorizont. Kontrollaufgabe, Perspektivenwechsel, Zweckfreiheit, Kraulersatz, Hingabe an den Moment und Aktivierung der Fantasie sind Qualitäten, die wir im Spiel erleben.

Die Austreibung des Spieltriebs durch Erziehung und Schule

Unsere Aufgabe ist es, Kindern Freiräume und Anregungen zu gewähren, damit sie ihre Spielfreude kreativ ausleben. Bei Kleinkindern ist dies akzeptiert und selbstverständlich.[98] Gezielte Förderprogramme sind in diesem Alter wenig erfolgreich.[99] Zwei- bis sechsjährige Kinder reagieren mit Unmut, wenn man ihnen etwas gegen ihren Willen aufzwingen will. Förderung gelingt indirekt. Man setzt sie einer anregenden Umgebung aus, spricht mit ihnen, singt Lieder vor, begleitet sie, setzt sich mit ihnen auseinander und schenkt ihnen inspirierendes Spielmaterial. Dem Gründer des Kindergartens, Friederich Fröbel (1782–1852), war es darum ein Anliegen, für Kinder Orte einzurichten, in denen sie weiterhin frei spielen können.[100] Sie sollen ihre Aktivitäten nach Lust und Laune wählen und sich dem Symbol-, dem Rollen- und Fantasiespiel hingeben oder mit Objektiven experimentieren. Das Spiel helfe ihnen sich selber und ihre Mitmenschen kennenzulernen und eigene Interessen zu entwickeln. Gemäß Fröbel fördern Kindern sich selber, wenn man für sie eine anregende Umgebung gestaltet und die Spiele selber wählen lässt.

Bedeutung des Spiels im Wandel der Zeit

Die Bedeutung des Spiels veränderte sich im Laufe der Zeit. Der Pisa-Schock Ende des letzten Jahrhunderts führte zu einem Paradigmenwechsel. Das schlechte Abschneiden Deutschlands und der Schweiz gegenüber skandinavischen Ländern alarmierte Bildungsbehörden und Politiker.[101] Es setzte sich die Vorstellung durch, dass Kinder früher, intensiver und gezielter gefördert werden müssen.

Nichts durfte dem Zufall überlassen werden. Der Wert freier Spiel-aktivitäten wurde angezweifelt. Es gelte *erfassbare* Leistungen einzu-fordern. Die Entwicklung dürfe nicht den Kindern überlassen wer-den. Das Spiel verwandelte seine Bedeutung und wurde zu einem *Förderungsmittel.* Die Kinder sollen unter Anleitung ihrer Spielfreude nachgehen. Die freien Aktivitäten gelte es in Bahnen zu lenken und auf definierte Ziele auszurichten. Damit dies möglich ist, wurde die Schulpflicht vorverschoben. Der Wandel drückt sich auch darin aus, dass man neuerdings von Vorschule oder Eingangsstufe spricht statt von Kindergarten. Statt sich dem freien Spiel zu widmen, sollen Kin-der spätestens vom sechsten Lebensjahr an *systematisch* lernen.[102] Der Anteil der Instruktionen und geführten Aktivitäten müsse in der Vorschule erhöht werden, das freie oder offene Spiel der Kinder habe entwicklungspsychologisch keine große Bedeutung.[103]

Spielaktivitäten wurden zu einem Mittel, spezifische Lerninhalte zu vermitteln – ein Trick, Kinder für die Themen der Erwachsenen zu interessieren. Die Alten entscheiden, was die Entwicklung fördert. Nicht jede spontane Aktion gehört dazu: Herumrennen im Gang, sich gegenseitig foppen, ein Pantoffelwurfwettbewerb oder Schimpf-wörter werden nicht gestattet. Kriegsspiele auf dem Schulhof sind verboten, Spiele mit Siegern und Verlieren sind verpönt, bei sexuellen Themen und solchen, die Vorurteile perpetuieren, muss eingegriffen werden. Wenn gespielt wird, dann müssen pädagogische Zielsetzun-gen erfüllt werden. Es geht darum, Lerninhalte zu vermitteln. Die Kinder lernen über ein Hüpfspiel das Zifferblatt einer Uhr zu lesen, in einem Singspiel das ABC oder werden dank einem Setzkasten mit den Umrissen der Länder Europas vertraut.[104] Die gezielte Förderung der kognitiven Fähigkeiten steht im Vordergrund. Die Qualitäten des freien Spiels drohen damit vergessen zu werden.

Spiel als Fördermittel

Wenn man Lernprogramme mit spielerischen Elementen anreichert, dann wird von den Kindern Konzentration, Besonnenheit und eine vernünftige Einstellung gefordert. Ihr Bewusstseinsmodus positioniert sich im oberen Teil des Spektrums zwischen unbewusstem Zustand und klarem Bewusstsein. Es ist eine Einstellung, die den Tunnelblick fördert, Fantasien blockiert und Kreativität verhindert. Die Spielaktivitäten sind Zielen untergeordnet. Sie werden zum Beispiel eingesetzt, um die sozialen Kompetenzen zu fördern. Den Kindern soll geholfen werden, soziale Standards zu erfüllen. Wie sie sich gegenüber ihren Kollegen und Erwachsenen verhalten sollen oder müssen, wird ihnen durch Rollenspiele und spielerische Unterrichtselemente beigebracht. Die Schülerinnen und Schüler dürfen spielerisch Begrüßungsformen einüben oder in schablonenhaften Gesichtern Stimmungen identifizieren.[105] Damit droht jedoch das Spiel seine ursprüngliche und oben beschriebene Qualität zu verlieren. Es muss sich einem bestimmten Zweck unterordnen. Es geht dann um zielorientierte Förderung. Die Ziele sind vorgegeben: Die Kinder sollen spielerisch ihre Sozialkompetenz, Selbstkompetenz und Sachkompetenz entwickeln. Sie sollen lernen, Regeln einzuhalten, Gefühle auszudrücken, Konflikte zu lösen, ruhig zu sitzen und zuzuhören. Damit sie dies können, müssen sie sich konzentrieren und den Anweisungen der Lehrpersonen folgen. Mit anderen Worten: Kinder dürfen spielen, doch darf die Hauptqualität des Spielens, die spielerische Zerstreutheit, nicht aufkommen. Was ihnen angeboten wird, ist etwas Widersinniges: Spielen, ohne wirklich spielen zu dürfen. Der freien Entfaltung und dem Nachgehen eigener Fantasien wird kein Platz eingeräumt. Die Kinder werden unterjocht, ein wichtiger Teil ihrer Kindheit wird ihnen genommen.

Instrumentalisierung des kindlichen Spieltriebs

Noch extremer sind Trends, die in den Vereinigten Staaten beobachtet werden. Die gezielte und systematische Förderung beginnt nicht erst bei Schuleintritt, sondern vorher. Je früher desto besser.[106] Da Kinder sich nicht leicht in ein Programm einbinden lassen, setzt man auf neue Technologien. Die Faszination der Kleinkinder für Computer soll ausgenutzt werden. Zum Beispiel werden Apps entwickelt, welche die Aufmerksamkeit der Kinder auf sich ziehen. Diese elektronischen Spiele sollen die Entwicklung in gewünschte Bahnen lenken. In Kindergärten im Silicon Valley soll Kindern mit Hilfe lustiger Apps das Programmieren beigebracht werden. Die Spielprogramme auf dem iPad sollen sie auf ihre Arbeit als Programmierer vorbereiten. In anderen Kindergärten geht man noch weiter. Kindern werden Trainingsprogramme angeboten, in denen sie spielerisch überzeugend argumentieren oder Kreativität lernen sollen. In »Child-Prep-Bootcamps« werden dann ältere Kinder auf ihre Karriere in der Schule vorbereitet.

Bei Schuleintritt wird die freie Spieltätigkeit der Kinder als verlorene Zeit empfunden.[107] Freie und vor allem nicht observierte Spielaktivitäten kommen kaum mehr vor. In vielen Schulen werden Lehrpersonen, Klassenassistenten, Schulsozialarbeiter und Heilpädagogen angehalten, ein strenges Auge auf das Verhalten der Schüler während den Pausen sowie in der Zeit vor und nach Schulbeginn zu werfen. Es geht darum, Gefahren abzuwehren und Schüler zu erziehen. Wichtig sei, dass jeder Schüler sich »stets beaufsichtigt« fühlt.[108] Wie sich Kinder auch unter sich verhalten sollen, wird von der Schule vorgegeben. Sie sollen realisieren, dass die Erwachsenen jederzeit reagieren können. Was sie tun, wird in der Folge von den Erwachsenen observiert und kommentiert. Wenn Kinder im Freien zu wild sind, die Gänge entlang stürmen, einen Kollegen ausgrenzen oder Wettkämpfe veranstalten, dann wird interveniert. Ähnliche Tendenzen beobachtet man bei gewissen Elterngruppen. Diese überbesorgten Eltern wollen genau wissen, was die Kinder wann und wo getan haben, wer zur eigenen Tochter oder zum eigenen Sohn frech war. Dank speziellen Apps weiss man jederzeit, wo sie sind. Sie schwirren als Helikoptereltern über ihren Kindern und glauben über alles Bescheid zu wissen, was in der Welt ihrer Zöglinge passiert.

Bei der Entwicklung von Kindern und Jugendlichen geht es nicht nur um die Aneignung von Kompetenzen und die Förderung der

Intelligenz. Während der Kindheit und Jugend sind auch die Erkundigung des eigenen seelischen Innenraums, der Emotionen und Erfahrungen mit den Stärken und Schwächen der eigenen Persönlichkeit wichtig. Damit dies möglich ist, brauchen Kinder und Jugendliche die Möglichkeit, spielerisch und frei ihre Umwelt zu erkunden. Jeder Weg zu sich selber und der Umgebung sieht anders aus. Kinder und Jugendliche brauchen dazu Zeit und Raum, den spontan gesetzten Zielen und eigenen Vorstellungen nachzugehen. Die Instrumentalisierung von kindlichen Aktivitäten durch Vorgaben, Lernkontrollen und Training hat zur Folge, dass der nächsten Generation die Kindheit geraubt wird. Sie können sich nicht selbstorganisierend und kreativ ihrer Umgebung und Mitmenschen widmen, sondern müssen sich anpassen. Wichtige Werte unserer Gesellschaft, nämlich das Recht auf Eigenständigkeit und Selbstbestimmung wird mit den Füssen getreten. Angezeigt wäre eine Umkehr. Statt den Kindern und Jugendlichen observierte Räume zur Verfügung zu stellen, sollten sie ihre Zeit selber gestalten können, um sich selber zu erforschen, zu entdecken und spielerische Zerstreuung zu erleben.

Förderung von Verhaltensmustern im Dienste der Wirtschaft

Nicht nur wird den Kindern und Jugendlichen das freie Spiel verwehrt, man versucht auch, ihr soziales Verhalten zu formatieren. Wie man sich verhält, welches Sozialverhalten akzeptiert ist, wird der nächsten Generationen nicht mehr über Anstandsformen beigebracht, sondern man spricht von Kompetenzen und damit personalen Eigenschaften. Dies ist ein entscheidender Bedeutungswandel: Es geht nicht mehr um Anstandsregeln, die für uns alle gelten, sondern Verhaltenseigenschaften, die zwingend eingefordert werden. Diese Auffassung soll in der Schweiz vor allem über den Lehrplan 21 implementiert werden. Er legt genau fest, welche Leistungen die Schülerinnen und Schüler liefern müssen. Die Ziele sind als »Können-Vorgaben« beschrieben. Es geht um definierte Leistungen, welche die Kinder zu erbringen haben. Die Vorstellung ist, dass die Schule damit professioneller wird und unergiebige Schulstunden kaum mehr vorkommen. Bei den Kompetenzen geht es um messbare Leistungen. Die Erwartung ist, dass die Schule damit outputorientiert wird. Das Pikante ist, dass nicht nur schulische Leistungen, sondern soziales Verhalten als Kompetenz verstanden wird. Es geht um *Persönlichkeitseigenschaften*. Lehrpersonen werden zur Schulqualität angehalten, die sozialen Kompetenzen der Kinder gezielt und systematisch zu fördern.[109] Die Schule soll sich nicht nur auf die Förderung der Sprachkenntnisse, Rechenkenntnisse, geschichtliches Wissen sowie Mensch und Umwelt konzentrieren, sondern auch auf *Verhaltenseigenschaften*. Wie Kinder sprechen, sich in einer Gruppe verhalten, sich ausdrücken und welche Haltungen sie gegenüber ihren Kollegen und Kolleginnen zeigen, soll gezielt gefördert werden. Kataloge von Erwartungen an die Schülerinnen und Schüler wurden aufgestellt. Bei den Formulierungen wird bewusst das Verb »können« eingesetzt. Man will betonen, dass es sich um *ultimative* Forderungen handelt. Es geht nicht um Ideale, sondern überprüfbare Verhaltenseigenschaften. An die Schülerinnen und Schüler werden konkrete Erwartungen gestellt, wie sie sich in sozialen Situationen verhalten sollten. Unter *Selbstständigkeit* wird zum Beispiel verstanden:

– Sie können sich in neuen, ungewohnten Situationen zurechtfinden.
– Sie können Herausforderungen annehmen und konstruktiv damit umgehen.
– Sie können sich Unterstützung und Hilfe holen, wenn sie diese benötigen.
– Sie können das eigene Lernen organisieren und sich unter anderem einen geeigneten Arbeitsplatz einrichten oder bei Bedarf Pausen einschalten.
– Sie können sich auf eine Aufgabe konzentrieren und ausdauernd daran arbeiten.
– Sie können eigenverantwortlich Hausaufgaben erledigen und sich auf Lernkontrollen vorbereiten.

- Sie können übertragene Arbeiten zuverlässig und pünktlich erledigen.
- Sie können Strategien einsetzen, um eine Aufgabe auch bei Widerständen und Hindernissen zu Ende zu führen.

Förderung der Selbstständigkeit und Eigenständigkeit

Gefordert wird von den Schülerinnen und Schülern auch *Eigenständigkeit*. Sie sollen eigene Ziele und Werte reflektieren und verfolgen.
Die Schülerinnen und Schüler können...
- sich eigener Meinungen und Überzeugungen (z.B. zu Geschlechterrollen) bewusst werden und diese mitteilen.
- eigene und fremde Meinungen und Überzeugungen auf zu Grunde liegende Argumente (Fakten, Interessen, Werte) hin befragen.
- Argumente abwägen und einen eigenen Standpunkt einnehmen.
- die Argumente zum eigenen Standpunkt verständlich und glaubwürdig vortragen.
- aufgrund neuer Einsichten einen bisherigen Standpunkt ändern; sie können in Auseinandersetzungen nach Alternativen bzw. neuen Wegen suchen.
- einen eigenen Standpunkt einnehmen und vertreten, auch wenn dieser im Gegensatz zu vorherrschenden Meinungen/ Erwartungen steht.

Förderung der Sozialen Kompetenzen

Weiter werden *soziale Kompetenzen* erwartet. Darunter versteht man vor allem die Fähigkeit, mit anderen Menschen zusammenzuarbeiten.
Die Schülerinnen und Schüler können...
- sich aktiv an der Zusammenarbeit mit anderen beteiligen.
- in der Gruppe und in der Klasse oder in der Schülerversammlung Abmachungen aushandeln und Regeln einhalten.

- auf Meinungen und Standpunkte anderer achten und darauf eingehen.
- je nach Situation eigene Interessen zugunsten der Zielerreichung in der Gruppe zurückstellen oder durchsetzen.
- Gruppenarbeiten planen.
- verschiedene Formen der Gruppenarbeit anwenden.

Förderung der Konfliktfähigkeit

Weiter ist *Konfliktfähigkeit* wichtig. Die Schule soll die Schülerinnen und Schüler befähigen Konflikte zu benennen, Lösungsvorschläge zu suchen und Konflikte lösen.

Die Schülerinnen und Schüler können...

- sachlich und zielorientiert kommunizieren, Gesprächsregeln anwenden und Konflikte direkt ansprechen.
- sich in die Lage einer anderen Person versetzen und sich darüber klar werden, was diese Person denkt und fühlt.
- Kritik angemessen, klar und anständig mitteilen und mit konstruktiven Vorschlägen verbinden.
- Kritik annehmen und die eigene Position kritisch hinterfragen.
- Formen und Verfahren konstruktiver Konfliktbearbeitung anwenden.
- in einer Konfliktsituation einen Konsens suchen und diesen Konsens anerkennen.
- Konfliktsituationen, die sich nicht lösen lassen, aushalten und nach neuen Konfliktlösungsmöglichkeiten suchen; wenn nötig holen sie bei Drittpersonen Unterstützung.
- die von der Schule bereitgestellten Hilfen nutzen und Instrumente zur gewaltfreien Konfliktlösung akzeptieren.

Umgang mit Vielfalt

Schließlich verlangt die Schule von den Schülerinnen und Schülern, dass sie mit *Vielfalt* umgehen können. Sie sollen Verschiedenheiten akzeptieren, Vielfalt als Bereicherung erfahren und die Gleichberechtigung der Geschlechter umsetzen. Folgende Ziele werden formuliert. Die »können«-Formulierung weist wieder auf den ultimativen Charakter dieser Ziele hin.

Die Schülerinnen und Schüler können...
- Menschen in ihrem Anderssein wahrnehmen und akzeptieren.
- respektvoll mit Menschen umgehen, die unterschiedliche Lernvoraussetzungen mitbringen bzw. die sich in Geschlecht, Hautfarbe, Sprache, Kultur, Religion und Lebensweise unterscheiden.
- auf ihre Sprache achten und die Wirkung von Sprache reflektieren (Vermeidung sprachlicher Diskriminierung).[110]

Im Gegensatz zur herkömmlichen Schule, die von den jungen Menschen Anstand, Pünktlichkeit, Fleiß und Ordnung verlangte, erwartet die Schule heute, dass die Schüler komplexe soziale Verhaltensweisen beherrschen. Das Verhalten des Schülers wird als *Leistung* deklariert, die bei genügender Intelligenz und ausreichender Lernbereitschaft erbracht und überprüft werden kann. Die meisten Kompetenzen setzen kritische Selbstreflexion voraus: Argumente abwägen, Konflikte und sprachliche Diskriminierungen erkennen, sich an Fakten orientieren etc. Andere implizieren *Standards*. Anderssein, Respekt, Klarheit, angemessene Kritik, sachliche Argumentation, Wirkung der Sprache, konstruktive Konfliktarbeit. Sie werden als Kompetenzen definiert, das heißt als messbare Leistungen.

Trainingsprogramme für das richtige Verhalten

Trainingsprogramme werden angeboten, um den Kindern dieses Verhalten beizubringen.[111] In Rollenspielen sollen etwaige Spannungen der Schüler aufgenommen und durchgespielt, gewaltfreie Kommunikation geübt, Mobbing verhindert und gendergerechte Einstellungen gefördert werden. Die Schüler sollen spielerisch lernen, wie man verständlich miteinander kommuniziert und Konflikte bereinigt. Fehlverhalten soll mithilfe von Beispielsituationen korrigiert werden. Lehrpersonen sollen ihre Schülerinnen und Schüler auch während den Pausen in den Gängen oder – bei Tagesschulen – über Mittag im Auge behalten. Es geht nicht nur darum, bei Gewalt einzuschreiten und Unfälle zu verhindern, sondern um die Durchsetzung von Verhaltensnormen. Wenn ein Schüler regelmäßig stört, dann werden Lehrpersonen angehalten, mit den Eltern zu reden. »Ich mache mir große Sorge um ihre Tochter, etwas stimmt bei ihr nicht«, informierte eine Lehrerin mich und die Mutter eines Mädchens während eines Gesprächs in meiner Praxis. Das Problem: Die Tochter reagiere irritiert bis ablehnend, wenn sich die Schülerinnen und Schüler im Rahmen einer Gruppenübung gegenseitig eine Massage verabreichen sollten. Wie sie also mit ihren Kollegen zusammensitzen, mit ihnen arbeiten oder sich in der Schulstunde äußern, hat Konsequenzen und wird als eine personale Verhaltenseigenschaft verstanden. Wenn sie schlechte Teamarbeiter sind, eine Mitschülerin in der Arbeitsgruppe ablehnen oder einen Kollegen beleidigen, dann handelt es sich nicht um ein Versagen oder doofes Getue, sondern ein *registriertes Fehlverhalten*. Der Schüler oder die Schülerin hat *versagt*.

Erwartungen an unsere Mitmenschen zu stellen ist normal. Gegenseitige Erwartungen sind auch Teil der Beziehung zwischen Schülern und Lehrpersonen. Lehrpersonen haben ihren Schülerinnen und Schülern Anstand beizubringen und auf die Einhaltung der Verhaltenscodes der Schule zu pochen. Die Schülerinnen und Schüler hoffen, dass ihnen die Lehrpersonen mitteilen, welches Verhalten erstrebenswert ist und dass sie gerecht vorgehen. Nur: Wer diese Erwartungen als »Können-Eigenschaften« definiert, die man überprüfen soll, der macht einen Denkfehler. Bei Anstandsformen und Verhaltensregeln handelt es sich nicht um Leistungen, die man permanent einfordern und objektiv nachprüfen kann. Es handelt sich um *idealistische Leitvorstellungen*, die wir entwickeln, damit das Gemeinschaftsleben reibungslos funktioniert, man sich gegenseitig respektiert und seine Aufgaben erfüllt. Es handelt sich um mentale Bilder, die uns helfen, über unser eigenes Verhalten nachzudenken. Sie dienen uns als Referenz, indem sie umschreiben, wie das Leben in einer idealen Welt sein könnte. Solche Leitvorstellungen weisen über unser Dasein hinaus. Sie verhelfen uns zu einer Orientierung im realen Leben. Sie geben uns Kraft und die nötige Motivation, die jeweilige Eigenschaft zu leben, auch wenn wir dem Ideal nie ganz entsprechen können. Dazu sind wir zu schwach, zu widersprüchlich und ambivalent. Ideale beeinflussen unser Leben, obwohl wir persönlich immer wieder daran scheitern. Wir möchten tapfer sein, doch wir haben Angst zu intervenieren, wenn wir eine Schlägerei beobachten. Wir möchten empathisch sein, doch realisieren wir, dass wir die Sorgen unserer Mitmenschen übersehen. Bei der Umsetzung der Ideale scheitern wir immer wieder an uns selber, dies ist völlig normal. Es handelt sich um platonische Begriffe und nicht konkrete Handlungsanweisungen.

In den Schulreformen in Deutschland und Österreich, in der Schweiz im Lehrplan 21 mutierten Idealvorstellungen zu konkreten Erwartungen. Es geht nicht mehr um das Streben nach einem höheren Ziel, sondern um einen unnatürlichen Zwangsakt: Ein Ideal wird per Dekret den Schülerinnen und Schülern aufgezwungen. Damit die Schulen die Kompetenzen wirklich fördern, soll das Können der Schülerinnen und Schüler regelmäßig überprüft werden. »Accountabilty« ist das Losungswort. Sie können jedoch nur scheitern. Sie werden an Normen gemessen, denen kein Mensch je nachlebt. Da jedoch soziales Verhalten nie genau empirisch festgehalten werden kann, hängt es von der Willkür der Lehrperson ab, ob ein Kind genügt oder die Rote Karte bekommt. Kinder und Jugendliche sind der Macht und dem Wohlwollen der Lehrperson ausgeliefert, weil kein Mensch je alle Kompetenzanforderung erfüllen kann. Die Folge: Der Machtbereich der Lehrpersonen wird ausgeweitet. Sie steigen wie früher die Kirche zu unantastbaren Instanzen auf, die jederzeit über die Schülerinnen und Schüler richten können. Das Fehlverhalten wird in Lernberichten umschrieben, in Protokollen aufgeführt, in Kontaktheften mitgeteilt und bei Elterngesprächen besprochen. Nach der Sekundarschule ist die Beurteilung der sozialen Kompetenzen sogar promotionsrelevant. Die Lehrpersonen haben somit ein Mittel in der Hand, mit dem sie Schülerinnen oder Schüler nach Belieben verurteilen können. Natürlich macht das die Mehrzahl der Lehrpersonen nicht. Sie schätzen ihre Schülerinnen und Schüler, unterstützen sie und haben sie gern. Sie wollen ihnen nicht böse. Man kann jedoch nicht damit rechnen, dass sie Fehler des Systems kompensieren. Wie man aus der Politik und der Organisationspsychologie weiß, muss ein System möglichst »Psychopathen-sicher« sein. Es darf nicht mit unseren Werten inkompatibles Verhalten fördern. Schüler müssen Anstandsregeln respektieren, doch darf das Fehlverhalten nicht gleich dauerhafte Konsequenzen zur Folge haben.

Die Einforderung anständigen Verhaltens, indem man sie zu Kompetenzen umformuliert, ist auch deswegen problematisch, weil Erwachsene sich selber bei unangebrachtem Verhalten entschuldigen. Sie sind nicht so streng mit sich selber, wie sie es den Kindern gegenüber sind. Auch Erwachsene verhalten sich immer wieder mal abwegig, sind zu frech, beleidigen sich gegenseitig oder benehmen sich doof. Sie verhalten sich nicht gemäß den Standards, die sie sich selber setzen. Meistens hat dieses Fehlverhalten keine Folgen. Man vergibt sich, weiß, dass Fred hie und da Gäste beleidigt, Vreni temperamentvoll ist und Peter zu laut wird. Im Gegensatz zu Kindern haben jedoch Erwachsene keine Aufpasser, die sich sogleich Notizen machen. Bei den Schülerinnen und Schülern ist es anders: Die Auflistung der sozialen Kompetenzen hat zur Folge, dass Ausrutscher und unanständiges Verhalten als *soziales Defizit* und *Problem* aufgefasst wird. Die Kinder oder Jugendlichen werden nicht als in Entwicklung befindliche Wesen verstanden, bei denen es dazugehört, dass sie sich auch ab und zu daneben benehmen, sondern als Fall oder Problem. Sie drohen zum »schwierigen Schüler« zu werden. Diagnosen wie ADHS sind die Folge. Die Lehrerschaft hat ein Mittel zu Hand, Schülern eine Pathologie unterzuschieben.

Dazu kommt, dass unangepasstes Verhalten von Schülerinnen oder Schülern *kontextabhängig* ist. Nicht jedes Fehlverhalten ist Ausdruck der Persönlichkeit, kann also dem einzelnen Schüler angelastet werden. Der Raum, die beteiligten Personen, die Gruppendynamik und die Beziehung zu Lehrperson haben auch einen Einfluss. Ein Schüler kann sich in der Klasse schlecht benehmen, jedoch in seiner Peer-Gruppe und zu Hause tadellos aufführen. Das Verhalten kann Ausdruck eines Problems sein, dass in der Klasse herrscht oder von der Lehrperson ausgelöst wird. Es kann die Reaktion auf ein Problem sein, mit dem ein Schüler zu Hause konfrontiert wird oder er oder sie mit der Lehrperson hat. Konflikte gehören zu Beziehungen. Die Frage ist, wie man mit ihnen umgeht.

Es gibt ein weiteres Problem. Gemäß dem individualisierten Unterricht gestalten die Schüler Lernprozesse selber und legen eigenständig das Lerntempo fest. Die Kompetenzorientierung und die Lernzielvorgaben machen jedoch den individualisierten Unterricht zur Farce. Wenn Lernziele schon vorher definiert werden und im sozialen Bereich genaue Vorstellungen herrschen, wie man sich zu verhalten hat, dann bleibt kein Raum mehr für eigenständige Interpretationen und Experimente. Neue Ideen entstehen, wenn man irritiert oder emotional wird oder zerstreut ist. Selbstreflexion ist vielfach die Folge eines Streits oder Wutanfalls. Wenn die Kinder die eingeforderten sozialen Kompetenzen tatsächlich übernehmen, dann haben wir am Schluss lauter einfallslose Langweiler vor uns. Die jungen Menschen verbietet sich dann selbstständig zu denken oder einen eigenen Weg zu gehen. Das Erkunden eines Themas und die vertiefte, vielleicht auch hitzige Diskussionen mit einer Lehrperson sind nicht vorgesehen. Das Postulat der Aufklärung, dass jeder Mensch ein Recht auf eigenständige Denkleistungen und Interpretationen hat, wird missachtet.

Pädagogische Beziehungen:
Ideale statt Kompetenzen

Pädagogische Beziehungen zeichnen sich durch drei Pole aus: Der Schüler, der Pädagoge und das Ziel, das man erreichen will. Sowohl das Kind wie auch die Lehrperson sind bereit, sich einem *gemeinsamen* Ziel, einer Idee oder Vorstellung unterzuordnen. Die Lehrperson und das Kind verbindet der Versuch, diese Vorstellung umzusetzen. Man will erreichen, dass man möglichst gerecht, verständnisvoll mit seinen Mitmenschen umgeht oder Konflikte friedlich löst. Der Schüler, wie auch die Lehrperson richten sich nach einem *höheren* Ziel aus, das nicht der Realität entspricht. Dies ist auch gut und richtig, denn in er Schule geht es nicht nur um die Perpetuierung aktueller Zustände und Verhaltensweisen, sondern auch um den ewigen Versuch, aus uns bessere Menschen zu machen. *Gemeinsam* setzt man sich für eine bessere Welt ein – im Bewusstsein, dass man im Alltag immer wieder vor den eigenen Anforderungen versagt. Die Schule gründet auf der archetypischen Sehnsucht nach einer besseren Welt als jene, die wir vorfinden; einer Welt, in der es keine Kriege, keinen Hass, keine Ungerechtigkeiten und Diskriminierungen gibt. Einer Gesellschaft, welche die Menschenrechte respektiert, in der Gleichberechtigung herrscht und das Einkommen gerecht verteilt wird. Solche Vorstellungen sind wichtig, denn ohne Träume kann der Mensch nicht überleben. Wir leben von Vorstellungen, die über unser unmittelbares Dasein hinausreichen: der perfekten Beziehung, permanent wunderbarem Sex oder ein sorgenfreies Leben im Eigenheim. Solche Träume spornen uns an und führen dazu, dass wir Projekte anpacken und am Morgen aufstehen, um zu arbeiten. Wenn wir hoffen können, dass sich ein Traum wenigstens ein klein bisschen erfüllt, dann sind wir bereit, Opfer zu erbringen und Widerstände zu überwinden.

In der pädagogischen Dreiecksbeziehung setzen sich Schüler wie Lehrpersonen für eine bessere Welt ein. Träume sind wichtig. Sie setzen den Ton der pädagogischen Arbeit. Wir setzen uns für eine gerechte Schule ein, wollen zufriedene, selbstständige und lernbereite Schüler und eine Schule, in der es möglichst wenig Konflikte gibt. Ideale weisen über die Situation hinaus, in der wir leben; haben wenig mit der Realität zu tun. Bei den Kompetenzen, wie sie im Lehrplan 21 formuliert werden, geht dieser Aspekt verloren. Ideale wurden zu Kompetenzen umformuliert, die Schüler und Schülerinnen zwingend erfüllen sollten. Mit anderen Worten: Die nächste Generation soll verwirklichen, woran wir versagen. Wer von uns kann behaupten, dass er Konfliktsituationen aushalten kann oder meistens sachlich argumentiert? Wir alle versagen immer wieder und außerdem ist oft nicht klar, wo die Grenze zwischen Kritik ablehnen und annehmen liegt. Soll man sich wie ein Lämmchen verhalten? Bei Kritik zustimmend nicken? Pünktlichkeit kann man von einem Schüler fordern, das kann man mit der Uhr messen, doch Kritik annehmen? Hat der Schüler nicht ein Recht auf Widerspruch? Es gibt *keinen* Mensch, der die »kann«-Verhaltensweisen annähernd erfüllt. Nochmals: Das Problem ist nicht, dass es sich um falsche oder verwerfliche Ziele handelt. Jeder wird zustimmen, dass Kinder Konflikte bewältigen und gut kommunizieren sollten. Der Betrug liegt darin, dass sie als konkrete Kann-Forderungen definiert werden und nicht als erstrebenswerte, letztlich schwer fassbare und transzendente Ideale.

Die Schule reklamiert für sich einen unbescholtenen Status. Lehrpersonen müssen ihre eigenen Verwicklungen bei Konflikten nicht in die Augen sehen und sich nicht mit ihren Schattenmotiven auseinandersetzen. Da das Verhältnis zwischen Lehrpersonen und Schülern nicht als Dreieckkonstellation definiert wird, können sich die Lehrpersonen herausnehmen. Es wird angenommen, dass sie Konflikte konstruktiv lösen, keine Vorurteile hegen, reflektieren und kommunizieren können. Fehler machen die Kinder und Jugendlichen. Jedem, auch der Mehrzahl der Lehrpersonen, ist die Absurdität dieser Haltung klar. Sie empfinden darum auch die Definition der Kompetenzen als Bildungsrhetorik, die nicht viel mit der Realität der Schule zu tun haben.

Bei den Kompetenzen handelt es sich um Weltverbesserungsfantasien. Die Schule soll durchsetzen, was noch nie einer Institution gelungen ist. Von oben herab wird am besseren Menschen gearbeitet. Dies gelang weder den Jesuiten noch stalinistischen Umerziehungslagern, nicht den kubanischen Revolutionären noch den franquistischen Faschisten oder den Nationalsozialisten des Dritten Reiches. Unser Dilemma ist, dass wir uns zwar *vorstellen* können, bessere Menschen zu sein, doch immer wieder von der Realität eingeholt werden. Es gelingt uns selber nicht, die von uns gesetzten Ziele zu erreichen. Wir sind fauler, als wir es wünschen, haben mehr Streitigkeiten, als uns lieb ist und machen Dinge, die nicht sehr nett sind. Wir setzen uns zwar hohe Ziele, doch scheitern wir immer daran. Durch die Kompetenz-Forderungen wird jedoch suggeriert, dass die betreffenden Ziele erreichbar sind. Dahinter verbirgt sich eine versteckte Ideologie. Die Schule nimmt sich das Recht, sich in die natürliche Entwicklung des Kindes einzumischen. Kinder und Jugendliche sozialisieren sich nicht selbstständig in das Dasein hinein, sondern sollen durch die Lehrpersonen kalibriert werden. Wer diese entsprechenden Standards nicht erfüllt, wird zum klinischen Fall oder einem »schwierigen Schüler«.

Lehrpersonen, die in der Praxis stehen, stecken in einem Dilemma. Sie realisieren, dass die Zielsetzungen, auf dem der kompetenzorientierte Unterricht beruht, unrealistisch sind. In jeder Schulklasse gibt es mehrere Schülerinnen oder Schüler, welche diese Erwartungen nie erfüllen werden. Sie arbeiten nicht selbstständig, sind jähzornig, können nicht zuhören, sind unordentlich etc. Sie erleben ihre Schülerinnen und Schüler nicht anders wie wir unsere Mitmenschen. Wir regen uns über chaotische Zeitgenossen auf, sind erstaunt über die Intoleranz gewisser Mitbürger, irritiert von der Sturheit von Arbeitskollegen und leiden wegen der Unpünktlichkeit von Freunden. Wir erleben uns und unsere Mitmenschen nicht als normkonforme und makellose Bürger, sondern als verbesserungswürdig.[112] Wir erwarten von den Schülern ein Verhalten, das wir selber nicht zeigen. Wieso soll den Kindern und Jugendlichen gelingen, woran wir permanent scheitern?

Forderungen der Wirtschaft als Befehl?

Die Schülerinnen und Schüler sind zukünftige Arbeitnehmer der Wirtschaft. Zu den Aufgaben der Schule gehört darum auch, aus den jungen Menschen leistungsbereite Arbeiter und Angestellte zu machen. Als wichtig erachtet werden Teamfähigkeit, Eigeninitiative, Computerkenntnisse, weniger wichtig sind gemäß Umfragen in Betrieben Sprachkenntnisse, Gehorsam und schließlich Kunst.[113] Gefordert werden diese Schlüsselqualifikationen vor allem von Wirtschaftsverbänden. Wenn sich die Schule bei der Förderung junger Menschen nach der Wirtschaft ausrichtet, dann erhöhe sich die Chance auf Wirtschaftswachstum. Die Wirtschaft bekomme dadurch leistungsfähige Arbeitnehmer. Gruppenarbeit sei wichtig, damit die Schülerinnen und Schüler lernen, mit Kollegen zusammenzuarbeiten, auch wenn sie ihnen nicht sympathisch sind. Die Schüler müssen lernen, auf ihre Kollegen einzugehen, zuzuhören, weil dies bei Kunden und Arbeitskollegen später auch wichtig ist, und vor allem sollen sie selbstständig Ziele anpeilen und Aufträge umsetzen lernen.

Die Erwartungen der Wirtschaft werden als zusätzliches Argument gebraucht, wieso die Schule sich stärker der Förderung der personalen Kompetenzen der Schüler widmen soll. In den Diskussionen über Schulreformen werden die Schlüsselqualifikationen der Wirtschaft oft zu Leitgrößen erhoben. Was die Wirtschaft erwartet, *müsse* geliefert werden, denn schließlich hängt unser Wohlstand von der Wirtschaft ab. Die Schlüsselqualifikationen, die von der Wirtschaft aufgestellt werden, entsprechen darum auch größtenteils den Kompetenzdefinitionen, die in Lehrplänen aufgeführt und von Schulpolitikern gefordert werden. Die Mehrheit der Eltern wird obigen Schlüsselqualifikationen zustimmen. Wir alle wollen, dass unsere

Kinder als erwachsene Person eigenständig arbeiten, Entscheide treffen, gut kommunizieren und selbstständig sind. Gehorsamkeit widerstrebt uns, entspricht nicht unserem Selbstbild. Es gibt jedoch ein paar wichtige Bedenken.

Bei den Schlüsselqualifikationen, wie sie von der Wirtschaft formuliert werden, handelt es sich um *Wunschvorstellungen*. Sie drücken aus, was wir alle gerne hätten. Sie wurden von Menschen definiert, die in der Arbeitswelt stehen und sind nicht das Resultat einer realistischen Analyse. Außerdem kennt die Wirtschaft die beschränkten Möglichkeiten der Schule nicht. Sie lässt sich vom Mythos oder Paradigma leiten, fast jede Eigenschaft oder Fähigkeit lasse sich durch eine gute Schule und tadellose Pädagogik anerziehen. Der Einfluss von Schule und Erziehung auf die Entwicklung der Jungen ist jedoch kleiner, als wir gemeinhin denken.[114]

Und vor allem: Die Schule ist nicht für die Menschenbildung zuständig. Die Schlüsselqualifikationen widerspiegeln den öffentlichen Diskurs. Sie sind Ausdruck des Zeitgeists; schöne Worte und erstrebenswerte Ziele. Es handelt sich jedoch um Eigenschaften, die sich im Kontext der Schule nicht gezielt heranbilden lassen. Kinder sind noch unfertige Wesen. Ihre Persönlichkeit entwickelt sich langsam. Welches Persönlichkeitsprofil sie haben, zeigt sich vor allem nach Ende Pubertät. Aus einem braven, leistungsbereiten Schüler wird vielleicht ein wenig engagierter Arbeitnehmer. Noch häufiger kommt vor, dass aus einem schwierigen, problematischen Schüler später ein topmotivierter Arbeiter oder Unternehmer wird.

Hinzu kommt, dass viele Schlüsselqualifikationen von weiteren, außerschulischen und intrinsischen Faktoren abhängen. Selbstständiges Arbeiten bedingt zum Beispiel eine Identifikation mit dem Inhalt der Arbeit. Sie kann darum nicht unabhängig von der Art der Tätigkeit gefördert werden. Nicht alle Schülerinnen und Schüler können sich jedoch für den Schulstoff begeistern. Sie lernen widerwillig oder der Lehrperson zuliebe. Wenn sie jedoch später einmal ein Thema finden, das sie *wirklich* interessiert, dann sind sie plötzlich motiviert. Das Gleiche gilt für die Kommunikation. Wie gut man sich ausdrücken kann, hängt von den Personen ab, mit denen man redet und dem Milieu, in dem man sich bewegt. Viele Knaben empfinden zum Beispiel die Redearten in der Schule als zu weiblich. Sie haben das Gefühl, sie wurden in ein weibliches Biotop verbannt, in dem Provokationen, harte Worte oder Konfrontationen nicht erlaubt sind. Bei Kommunikationsübungen in der Schule, in denen sie ihre Gefühle ausdrücken müssen, sind sie überfordert. Wenn sie sich später in einer Umgebung bewegen, in der Sachthemen dominieren und Beziehungsaspekte weniger wichtig sind, dann bereitet ihnen die Kommunikation kein Problem.[115]

Schlüsselqualifikationen der Wirtschaft als unrealistische Erwartung

Bei den Schlüsselqualifikationen, wie sie von der Wirtschaft formuliert werden, handelt es sich um *unrealistische* Erwartungen: Wunschvorstellungen, die wir alle hegen. Die Schule kann sie so wenig erfüllen, wie früher die Kirche aus Schülern bessere Menschen machen konnte. Problematisch ist, wenn die Schule die Schlüsselqualifikationen als Auftrag versteht. Die Gefahr ist, dass sie einem Machbarkeitsglaube verfällt, der unter Bildungsexperten verbreitet ist. Sie glauben, wenn die Schulreformen konsequent durchgesetzt werden, der individuumzentrierte Unterricht sich durchsetzt und personale Kompetenzen gezielt gefördert werden, dann würden *andere* Menschen herangebildet. Doch auch mit dem best strukturierten und systematisch aufgebauten Unterricht ist es nicht möglich, den Schülern Persönlichkeitseigenschaften anzutrainieren. Kurzfristig und im schulischen Kontext werden die Schülerinnen und Schüler sie vielleicht übernehmen. Die Wahrscheinlichkeit ist jedoch sehr klein, dass sie zu permanenten Verhaltenseigenschaften werden, die sich unabhängig vom sozialen Kontext, der persönlichen Biografie und den eigenen Anlagen verfestigen.

Außerdem sind in einer gesunden Schule noch weitere, zum Teil ganz andersartige Qualitäten wichtig. Die Schule bietet Kindern die Möglichkeit zu Erfahrungen, die nicht in Lernplänen definiert werden und nicht gezielt gefördert werden können. Schülerinnen und Schüler sehen in der Schule nicht nur ein Haus des Lernens, in dem man sich Kompetenzen und Wissen aneignet, sondern für sie ist die Schule der erste strukturierte und ritualisierte Außenraum, in dem sie sich bewegen, Kontakten knüpfen und Erfahrungen machen. Die Schule bedeutet für sie einen ersten Schritt in die Welt, so wie diese ihnen von den Eltern oder den Medien vermittelt worden ist. »Wenn du in die erste Klasse kommst, dann wird es hart! Da musst du dich mit den Jungen der Loorenstrasse messen und außerdem gibt es einen Tunnel, der unter die Eierbrechtstrasse führt, vielleicht darfst du auch mal durch ihn kriechen, wenn du dich benimmst!« Solche Worte teilte mir ein Kindergärtner mit. Kinder verbinden die Schule mit vielen Vorstellungen, wie es in der Welt abläuft, wie Freundschaft geschlossen und Streit ausgefochten wird – und wie man mit bösen Menschen umgeht. Nur ein kleiner Teil dieser Vorstellungen betreffen den Unterricht selber. Der Großteil ihrer Vorstellungen widerspiegelt die Themen, die für ihre Entwicklung wichtig sind. Ängste überwinden, Beziehungen knüpfen, sich durchsetzen, die Motive anderer Menschen erkennen, sich anpassen, täuschen und sich wehren können. Für die Entwicklung des Kindes ist die Schule bedeutungsvoll, jedoch nicht als Beginn eines Lernprozesses, sondern als immenser Erfahrungsraum. Die Vorstellungen der Kinder decken sich nur zum kleinen Teil mit unseren offiziellen Definitionen.

Die Schule als Begegnungsstätte mit Kollegen

Aus der Sicht vieler Schülerinnen und Schüler handelt es sich bei den Schulen um eine *Begegnungsstätte*. Sie bietet Gelegenheiten, sich mit Gleichaltrigen auszutauschen, mit ihnen über aktuelle Themen zu debattieren, Freundschaften zu schließen, zu streiten, zu erzählen,

Klatsch oder Zoten auszutauschen. Anfänglich steht für sie die Lehrerin oder der Lehrer im Vordergrund. Erstklässler sind meistens auf ihre Lehrperson ausgerichtet, bewundern sie, wollen es ihr recht machen und ihr gegenüber eine Sonderstellung einnehmen. Sie ist ein Star. Je älter Kinder werden, desto mehr beginnen sie jedoch, sich an sich selbst zu orientieren. Es bilden sich nicht nur Freundschaften, sondern Cliquen. Kinder raufen sich zusammen, um sich einer Tätigkeit hinzugeben, Geheimnisse auszutauschen, gegenseitig zu prahlen oder auch einfach um zusammen zu sein. Die Cliquen oder Gruppen werden mit der Zeit wichtiger und stabiler.

Ab der dritten Klasse können sie sich zu Banden formieren. Sie tun dies nicht bewusst, sondern fühlen sich von den Alten nur noch partiell verstanden. Sie befürchten, durch sie nicht ernst genommen zu werden oder ein Tabu zu brechen. Sie markieren die Abgrenzung durch einen eigenen Jargon und Geheimnisse. Ihre Interessen unterscheiden sich von denjenigen der Erwachsenen. Man tauscht sich über Games aus, coole Clips oder extreme Ereignisse. Unter sich redet man über Sex, grusiges Zeug und tauscht persönliche Eindrücke über die Lehrperson oder andere Erwachsene aus. »Frau Bruni ist sicher eine Lesbe! Ich habe gesehen, wie sie im Coop eine Frau geküsst hat!«, weiß ein Mädchen über ihre Lehrerin zu berichten und ein Junge prahlt damit, wie sein Nachbar einen Einbrecher gefangen genommen und anschließend eigenhändig der Polizei ausgeliefert hat. Und natürlich: Er hat dem Nachbar dabei geholfen! Die Kinder beginnen in ihrer Eigenwelt Erfahrungen zu sammeln, die sich zu persönlichen Narrativen entwickeln. Die Lehrpersonen bleiben zentrale Bezugspersonen, sie sind nicht mehr Stars, wie in den ersten Klassen, sondern werden differenzierter wahrgenommen. Die Schülerinnen und Schüler erkennen die verschiedenen Rollen, die sie innehaben: Oberbandenführer, Inspiratorin, Wissensvermittlerin oder einfach die Person, die vorne steht und auf Schule macht. In der Wahrnehmung der Schülerinnen und Schüler rückt sie zunehmend in den Hintergrund, dafür werden Themen des Gesamtschulhauses, des Quartiers oder des Dorfes interessant. Der Vater von Stefan wurde verhaftet, auf dem Dorfplatz wurde ein Auto abgefackelt und bei Frau Blöchlinger darf man coole Stopmotion-Filme im Werken herstellen. Die Schülerinnen und Schüler richten sich nicht nur nach dem Schulstoff aus, sondern wählen ihre eigenen Themen und Interessen.

In der Oberstufe vergrößert sich die Distanz zwischen Lehrpersonen und Schülern. Wenn die Jugendlichen nicht mit zu vielen Lehrpersonen konfrontiert werden, dann besteht die Chance, dass trotz der Distanz eine Beziehung entsteht. Sie schätzen ihren Lehrer als erwachsene Person, die sich ihnen widmet, sich für sie interessiert und etwas von ihnen will, auch wenn sie ihr eigenes Ding drehen. Oft inszenieren sie ihrer Lehrperson gegenüber Selbstständigkeit, um zu viel Nähe abzuwehren. Ihr noch fragiles Selbstbild erlaubt ihnen nicht, einzugestehen, dass die Alten sie doch hie und da verstehen und sie sympathisch finden. Ihr Selbstfindungstrip verbietet ihnen, emotionale Abhängigkeiten gegenüber Lehrpersonen einzugestehen. Um sich zu stärken, schließen sie sich darum adoleszenten Subkulturen an. Oft handelt es sich um eine oberflächliche Hinwendung, man definiert sich als Gangsta, doch eigentlich gefallen einem ihre Auftritte in den Clips nicht. Man mimt Verständnis für Terroranschläge, möchte jedoch nur provozieren. Die verschiedenen, meist medial vermittelten Sub-Kulturen beeinflussen den Lebensstil und die Entscheidungen der Jugendlichen.

Jugendliche brauchen Freiräume

Um sich zu sozialisieren und ihre Identität zu entwickeln, brauchen Jugendliche Räume, in denen Erwachsene nicht präsent sind. Einmischungen oder kritische Blicke der Alten erleben sie als störend. Was man zusammen macht und worüber man spricht, geht sie nichts an. Wenn sich Erwachsene einschleichen, indem sie sich anbiedern, den Habitus oder den Jargon imitieren, dann empfinden dies die meisten Jugendlichen als peinlich. Gleichzeitig wären sie jedoch beleidigt, wenn die Erwachsenen sich nicht für sie interessieren würden. Altersunterschiede, die für uns klein oder irrelevant sind, erleben Jugendliche als riesig. Ein dreißigjähriger Mann gehört für sie bereits zu den Alten, ist etabliert und lebt in einer anderen Welt, auch wenn er sich noch betont jugendlich gibt und mit Take-Five grüßt.

In Gesellschaften, in denen der Anteil der Kinder und Jugendlichen höher war wie heute, war die *Selbstsozialisation* eine Selbstverständlichkeit.[116] Die Erwachsenen hatten weder zeitliche Kapazitäten noch die Kraft, sich eingehender ihren Kindern zu widmen. Hatte eine Familie fünf oder mehr Kinder, dann wurde es noch schwieriger, die Jungmannschaft zu kontrollieren. Die Eltern wussten oft nicht, was ihre Söhne und Töchter trieben, mit wem sie sich verabredet hatten und wo sie sich befanden. Hauptsache, sie kehrten zu den Essenszeiten zurück. Erziehung geschah nebenbei. Dazu kam, dass der Wohnraum knapp war. Kinder und Jugendliche konnten nicht zu Hause bleiben, da kein Platz vorhanden war, um zu spielen oder sich zu treffen. Also hielten sie sich in öffentlichen Räumen oder in der Natur auf. Auf dem Land eigneten sich Wälder mit ihren Höhlen, Bächen oder Bäumen dazu. Man richtete geheime Sammelplätze ein, von denen man zu Exkursionen in den Wald aufbrach, Zigaretten rauchte oder Sexheftchen anschaute. Straßengangs und Treffen in Hinterhöfen bildeten sich. Jugendliche präsentierten sich am Corso oder suchten Randzonen auf, um sich zu begegnen. Für die Kinder, doch vor allem für die Jugendlichen war es wichtig, dass sie sich sehen und miteinander reden konnten, ohne dem Kontrollblick der Eltern oder anderer Erwachsenen ausgesetzt zu sein. Im Gegensatz zu heute waren Kinder und Jugendliche bis Ende 1970er-Jahre kaum in Programme eingebunden. Es wurde nicht intensiv an ihnen herumgefördert, sondern sie bewegten sich auf der freien Wildbahn, innerlich jedoch in stetem Kontakt zu ihren Bezugspersonen, den Eltern oder allenfalls Lehrpersonen.

Das Umfeld der Kinder und Jugendlichen hat sich verändert. Nach Schulschluss lungert man nicht herum und sucht beim Bahnhof oder bei Schulhäusern Anschluss an die Szene, sondern man eilt nach Hause oder zum nächsten Termin, sei es der Nachhilfeunterricht, Eishockeytraining, Ballett, ein Malkurs, ein Ausflug oder der Zahnarzt. Viele der Programme sind durchaus sinnvoll, das Problem ist die Fülle. Wenn die Agenda der Kinder ähnlich dicht mit Terminen gefüllt ist wie bei Erwachsenen, dann drohen die Anstrengungen der Eltern ins Gegenteil zu kehren. Das Kind wird nicht gefördert, sondern überfördert. Die Schulleistungen bekommen eine überragende Bedeutung. Sie werden gepusht. Ihre Intelligenz wird überschätzt, da sie sich anpassen und durch die Programme geprägt werden. Die Gefahr ist, dass sie in eine zu hohe Schulstufe eingeteilt werden; das Gymnasium besuchen, obwohl eine Lehre ihrem Leistungsniveau und Interesse eher entsprechen würde. Solch überförderte Kinder verpassen Erlebnisqualitäten, die für ihre Entwicklung wichtig wären: Langweile durchstehen, Fantasien nachhängen, die unmittelbare Umgebung erkundigen, Risiken abwägen und selbstständig Kontakt aufnehmen mit Altersgenossen.[117] Es fehlt ihnen der Anschluss zu einer Peer-Gruppe, bei der sie realen Kontakt erleben und Erfahrungen mit sich selber machen können. Stattdessen wird in einer vollen Agenda und guten Noten ein Zeichen des sozialen Erfolges gesehen und auf Liebe gehofft. In Chats wird eine Ersatzwelt aufgebaut, die wertvoll ist, doch nicht ganz gleichwertig.

Die Folge des Rückzugs aus dem öffentlichen Leben und der Reduktion des Freiraums ist, dass Kinder die Schule als Ort wahrnehmen, um eine Gegenwelt zu inszenieren.

Bedeutung von »Gegenwelten«

Gegenwelten der Kinder und Jugendlichen haben eine spezielle Bedeutung. Sie sind der soziale Topos, wo Freundschaften geschlossen, Tabus gebrochen, Zukunftsfantasien entworfen, anrüchige Themen abgehandelt, Geheimnisse ausgetauscht und Emotionen ausgedrückt werden. In solchen Gegenwelten sind oft Lockerheit, Ironie, Spaß und Zerstreuung möglich. Man foppt sich gegenseitig, nimmt sich hoch und spielt Streiche. Man kapriziert sich mit pikanten Informationen über andere, maskiert sich, wenn einem etwas Peinliches geschehen ist, intrigiert, um einem Kollegen zu schaden oder zu helfen, verdreht die Wahrheit, um besser dazustehen oder einen Kollegen zu retten. Die Gegenwelt der Kinder und Jugendlichen ist ein Mikrokosmos aller sozialen Interaktionen, die es gibt, seien es Freundschaftsgesten, feindliche Aktionen, Mobbingaktivitäten oder Balzverhalten. Unter sich erleben die Kinder und Jugendlichen, wie Gemeinschaften effektiv funktionieren und nicht, wie sie gemäß Standards sein sollten. In solchen Gegenwelten werden Aspekte des Daseins ausgelotet, an die sich die Erwachsenen nicht heranwagen oder über die es fast nicht möglich ist zu sprechen. In den Gegenwelten übernehmen Kinder und Jugendliche die Haltungen, Ratschläge und Leitsätze der Erwachsenen nicht eins zu eins, sondern beugen sie ins Gegenteil um, interpretieren oder verschärfen sie. Eine Kampagne gegen übermäßigen Alkoholkonsum kann deswegen das Gegenteil bewirken. Man will und kann sich nicht belehren lassen, sondern möchte selber entsprechende Erfahrungen machen.

In Gegenwelten der Kinder und Jugendlichen wird nicht nur der rationale Diskurs gepflegt, sondern man wendet sich auch Fantasien und Assoziationen zu. Es wird nicht eine besonnen-nüchterne Haltung verlangt wie im Schulunterricht oder im Kontakt zu Erwachsenen. Die Einstellung des Bewusstseins ist nicht im oberen Teil des Spektrums, sondern tiefer angesetzt, näher beim Unbewussten. Interessant ist, welche Informationen über die Welt ausgetauscht werden. Das Abartige oder Verrückte hat oft eine besondere Attraktion. Filme werden angeschaut, auf denen Flugzeugabstürze, Autorasereien oder peinliche Szenen gezeigt werden. Die Welt und der Mensch werden als komisch, abartig, jedoch auch als großartig und voller Überraschungen erlebt. Während ihnen die Schule verständlicherweise das Standardprofil des erwünschten Verhaltens vorstellt, erfahren sie in der Gegenwelt auch von den Paradoxien und Widersprüchen menschlichen Daseins.

Der Austausch der Kinder und Jugendlichen unter sich hat oft eine spielerische Qualität. Was man sagen und tun soll, wird nicht geplant, sondern entwickelt sich aus dem Moment heraus. Im Kontakt unter sich führen Jugendliche die spielerische Auseinandersetzung weiter, die sie aus ihrer frühen Kindheit kennen: Das Bewusstsein ist leicht vermindert, es kommt zu einem leichten Kontrollverlust, man lässt sich nicht festlegen und subjektive Fantasien sind erlaubt. Dies macht es möglich, mit sozialen Codes und neuen Umgangsformen zu experimentieren. Oft entsprechen diese nicht unseren Erwartungen und Werten: In einer vierten Schulklasse, mit der ich arbeitete, begannen Mädchen sich zur Begrüßung Küsschen auf die Wange zu geben. Und die Mädchen der sechsten Klasse schossen gewagte Selfies, schminkten sich und behaupteten, ihr Mann müsse einmal vor allem viel Geld haben, sexy sein, sie mit einem schönen Auto abholen. Jungen üben sich oft in provokativ-lässigen Begrüßungen und treffen unbekannte Kollegen bei Games wie World of Warcraft. »Give me five« ist inzwischen bereits von den Alten adaptiert worden.

In Gegenwelten, in denen sich Jugendliche versammeln, spielen auch Langweile und Herumhängen eine Rolle. Man gibt sich nicht immer einer Tätigkeit hin, sondern kann chillen und nichts tun. Der Eigenraum wird genutzt, um sich vom Übermaß an Förderungen und Freizeitangeboten zu distanzieren. Die Müdigkeit und der Zynismus, den ältere Jugendliche entwickeln, ist oft ein Zeichen der Überbetreuung, die sie erlebt haben.

Die Gegenwelten werden heute nicht in öffentlichen oder halböffentlichen Räumen inszeniert, sondern oft im Schulterritorium. Schulen sind jedoch ein denkbar ungeeigneter Raum dafür. Die Präsenz der Erwachsenen stört, man wird kontrolliert, muss sich benehmen und die Schulhausregeln respektieren. Solche Vorgaben verhindern die Entstehung einer unbeschwerten Gegenwelt. Die Folge ist, dass die problematischen und rebellischen Jugendlichen die Gegenwelt dominieren, da bravere Kinder oder Jugendliche sich von den Sanktionen einschüchtern lassen. Den Kindern oder Jugendlichen fehlt die Zeit und der Freiraum, eine zivile Gegenkultur zu entwickeln, in der man spielerisch, doch gleichzeitig respektvoll miteinander umgeht und eigenen Interessen nachgeht. Die Gegenwelten drohen zu verrohen, wenn es den Kindern oder Jugendlichen nicht möglich ist, sich selber zu finden und eigene Regeln festzulegen. Es bleibt ihnen nur noch die Wahl zwischen Gehorsam und Rebellion.

Die Freiheit, sich selbst zu entdecken

Kindern können wir Eigenschaften und Fähigkeiten nur sehr bedingt antrainieren. Ihre Entwicklung folgt nicht einem festen Plan, sondern ist ein halbchaotischer Prozess. Genetische Dispositionen, das Milieu, Eingebungen, Fantasien und Zufälligkeiten sind ebenso wichtig wie die Anstrengungen der erwachsenen Bezugspersonen. Kinder fördern ihre Entwicklung dank Spielaktivitäten selber, Jugendliche sozialisieren sich in ihren Gegenwelten selber. Im Spiel und in Kontakten im Rahmen der Gegenwelt geben sie sich dem Moment hin und folgen lustvoll ihren Interessen. Die Vorstellung, dass sie sich vor allem gemäß unserer Pläne formatieren lassen, ist überambitioniert und naiv.

Wie geschildert sind Freiräume essenziell für die Entwicklung von Kindern und Jugendlichen. Es kann sich um Zeiten handeln, in denen die Erwachsenen im Hintergrund bleiben und keine Vorgaben machen oder um konkrete Räume, die nicht observiert werden. Solche Freiräume sind wichtig, damit Kinder oder Jugendliche sich selber finden und in ihrer Persönlichkeit festigen. In ihnen können sie streiten, reden, spielen, blödeln und Geheimnisse austauschen. Wenn sie ihre sozialen Interaktionen unter sich testen, entdecken sie spielerisch ihre Persönlichkeit. Bei kleinen Kindern geschieht dies über das freie Spiel, bei Jugendlichen über das Eintauchen in eine Gegenwelt, in der sie soziale Rollen ausprobieren, ihre Stärken und Schwächen aufspüren und kommunizieren können. Menschenkenntnisse erwerben sie vor allem über diese konkreten Erfahrungen mit Gleichaltrigen.

Was bedeutet »Freiraum«?

Den Kindern oder Jugendlichen einen Freiraum zu gewähren bedeutet nicht, dass sie tun und lassen können, wie ihnen beliebt. Sie haben sich an die gleichen Regeln zu halten wie Erwachsene. Wenn sie sich zum Beispiel auf einem Spielplatz treffen, so müssen sie die Geräte wieder aufräumen oder etwaigen Abfall in den Eimer werfen. Natürlich ist auch klar, dass man den Kindern kommuniziert, dass sie sich anständig verhalten sollen und nett miteinander umzugehen haben. Wenn Jugendliche in einem Freizeitzentrum einen Raum bekommen oder sich in der Klubszene austoben, dann heißt das nicht, dass sie bis in die Morgenstunden lärmen dürfen, sondern auch sie müssen sich an Regeln halten. Sie an die Regeln zu erinnern, bedeutet sie ernst nehmen.

Erwachsene begegnen dem jugendlichen Bedarf nach Freiräumen mit Ambivalenz. Wir schwanken zwischen dem Gewähren der großen Freiheit oder der strikten Kontrolle. Bei der großen Freiheit lassen wir die Zügel laufen und übergeben der Jugend einen rechtsfreien, autonomen Raum, in dem sie tun und lassen kann, was sie will. Unsere eigene kritische Haltung gegenüber gesellschaftlichen Normen und Regeln lässt uns dazu verleiten, den Jugendlichen unbewusst den Auftrag zu geben, die Gesellschaft neu zu erfinden. Insgeheim erwarten wir, dass die Jugend neue Formen des Zusammenlebens entwickelt. Diese Erwartungen der älteren Generation standen hinter den sozialen Experimenten der 68er-Generation. Happenings, Kommunen, Love-Ins waren nicht nur Ausdruck der Kreativität der Jungen, sondern auch der Haltung der damaligen etablierten Generation. Ein Großteil der damaligen intellektuellen Elite verfolgte die Jugendszene mit großer Faszination.

Viel verbreiteter unter den Erwachsenen ist jedoch eine fast paranoide Angst, Jugendliche könnten verrohen, wenn man ihnen zu viel Freiheit gibt. Man muss ihnen ein konkretes Tagesprogramm diktieren, damit sie nicht den ganzen Tag gamen, nichts tun, sich sexuellen Ausschweifungen hingeben oder dem Müßiggang frönen. Eine solche Haltung zeugt von wenig Vertrauen in die nächste Generation. Unsere Kinder und Jugendlichen werden nicht zu Monstern, wenn wir ihnen die Gelegenheit geben dem nachzugehen, was sie gerne machen.

Der Schulwege als Frei- und Erlebnisraum

Zu den Freiräumen sollte der Schulweg gehören. In Städten und Agglomerationen ist jedoch verbreitet, dass Kinder von den Eltern mit dem Auto zur Schule gebracht und abgeholt werden. Kolonnen wartender Autos versperren vor vielen Schulhäusern die Ausgänge. Oft bitten die Lehrpersonen die Eltern eindringlich von diesem Service abzulassen. Der Erfolg ist mäßig. Die Motive der Eltern sind nachvollziehbar. Sie holen ihre Söhne und Töchter ab, weil sie unter Zeitdruck stehen, einen Übergriff fürchten oder Angst vor Mobbing oder schlechten Einflüssen durch Kollegen befürchten. Den Schulweg nehmen diese Eltern als eine *Gefahrenzone* wahr. Ihre Kinder würden die »falschen« Dinge hören und sich von sich selber entfremden. Den Weg nach Hause eigenständig unter die Füsse zu nehmen, wird als problematisch angesehen.

In vielen Gegenden können die Kinder wegen gefährlicher Straßenüberquerungen oder wegen der Entfernung nicht gleich vom ersten Tag an das Schulhaus alleine aufsuchen. Werden die Kinder jedoch *systematisch* von den Eltern zur Schule gebracht, dann droht die Gefahr, dass sie in einer infantilen Haltung verharren. Dabei kann der Schulweg für Kinder zu einem ein wichtigen Erfahrungsraum werden: Kontakte werden geknüpft, Konflikte ausgetragen, Cliquen formiert und die Umgebung wird erforscht. Der Schulweg dient den Kindern zudem als *Imaginationsraum*. Kleinere Kinder stellen sich vor, was sich hinter der Fassade eines mit Efeu überwachsenen, alten Hauses verbirgt oder wie viele Möglichkeiten es gibt einen Park zu durchqueren. Sie entwickeln in ihrem Kopf Karten: Vorstellungen über Schleichwege, geheime Durchgänge oder Tunnels. Neben sozialen Kompetenzen fördern die Erfahrungen auf dem Schulweg die Durchsetzungs-, Beurteilungs- und Entscheidungsfähigkeit. Da die sozialen Kontakte nicht Vorgaben folgen und die Eltern bei Fehlverhalten nicht intervenieren, begegnen sich die Kinder ungeschminkter. Emotionen, Ansichten und Verhaltenseigenschaften, die sonst tabuisiert werden, manifestieren sich: Neid, Hass, Eifersucht, Machtgier zeigen ihre hässlichen Fratzen. Es handelt sich um Eigenschaften, die wir gerne aus unseren Leben bannen würden, die leider jedoch eine Realität sind. Kinder müssen auch lernen mit ihnen umzugehen.

Gibt es ein ideales Umfeld für Jugendliche?

Die Erwachsenen sollen sich also auf keinen Fall zurückziehen. Die Entwicklung von Kindern und Jugendlichen hängt von den Eltern, engagierten Lehrpersonen und dem sozialen Umfeld ab, in dem sie aufwachsen und sich bewegen. Es ist wichtig, dass diese Kinder und Jugendliche begleiten, sich für sie interessieren, sich mit ihnen auseinandersetzen und auch Grenzen ziehen. Die Rolle der Erwachsenen ist es, den Kindern und Jugendlichen *Leitplanken* zu setzen, damit sie sich in ihren Aktivitäten orientieren können. Es geht jedoch nicht um ein Mikromanagement ihres Alltags, sondern darum, ihnen durch Zureden mitzuteilen, worum es geht und was beim Zusammenleben wichtig ist. Es ist nicht die Aufgabe der Erwachsenen, genau vorzugeben, wie Kinder untereinander konkret Konflikte lösen oder in Gruppen zusammenarbeiten sollen, sondern es geht um grundsätzliche Vorstellungen. Wie sie diese umsetzen, muss man ihnen überlassen. Die Worte und Ideale der Erwachsenen helfen den Kindern und Jugendlichen, sich selber zu finden, aus Fehlern zu lernen und in ihrem Mikrokosmos Werte umzusetzen.

Wenn ein Kind oder Jugendlicher wirklich einen eigenständigen Entscheid fällen soll, dann muss es die Verantwortung und die Konsequenz des Entscheides tragen. Bei Kindern ist dies möglich im freien Spiel. Dort lernt es, wie hoch ein Kind einen Turm baut oder wie man einen Streit schlichten kann. Jugendliche erfahren in ihrer Gegenwelt, was es heißt, Entscheide zu treffen, sei es bei einem Kollegen, den man verrät oder der Wahl der Gesprächsthemen. Unter Anleitung einen selbstständigen Entscheid zu treffen, ist ein Widerspruch in sich. Leider ist dieser Irrtum jedoch nicht nur in der Schule, sondern an den Universitäten verbreitet. Studierende werden aufgefordert, selbstständig Master oder Doktoratsthemen zu wählen, obwohl ihnen klar ist, dass sie die Interessen des Dozenten berücksichtigen müssen, wenn sie einen guten Abschluss haben wollen. Wenn eine erwachsene Person, sei es der Vater oder die Mutter, eine Lehrperson oder der Professor, präsent ist, dann ist die Wahrscheinlichkeit groß, das ein Kind oder Jugendlicher in einem infantilen Habitus bleibt, sich dem System anpasst.

Rolle der Erwachsenen

Keine Frage: Der Einsatz der Erwachsenen in diesem Prozess ist wichtig. Kinder und Jugendliche brauchen Erwachsene, die sich mit ihnen auseinandersetzen, sich ihnen öffnen, von ihren eigenen Erfahrungen berichten, ihre Fähigkeiten und ihr Wissen weitergeben. Sie demonstrieren, wie man Probleme löst, Herausforderungen bewältigen und was im Leben wichtig sein *könnte*. Haltungen, Werte, Lerninhalte bilden einen wichtigen Gegenpol zu den Erfahrungen, die Kinder und Jugendliche unter sich machen. Es ist Aufgabe der Erwachsenen, Wissen und Erfahrungen zu vermitteln. Sie sollen jedoch nicht vorgeben, sie wüssten über die Zukunft Bescheid. Schule und Familienleben erfordern von Kindern und Jugendlichen eine Anpassungsleistung. Sie müssen den Erwachsenen gehorchen, doch nicht weil es diese grundsätzlich besser wissen. Es geht darum, die nächste Generation in das Bisherige einzuführen, damit sie später eigene Erfahrungen machen können.

Die Kinder und Jugendlichen müssen zuhören und machen dies oft auch bereitwillig. Sie realisieren, dass es sich um eine Übergangssituation handelt und die Zukunft ihnen gehört. Der Vermittlungs-akt gelingt am besten, wenn er aus einer nüchternen, besonnen Hal-tung heraus geschieht und spielerische Element erlaubt. Es geht um das gemeinsame Ausloten der eigenen Ressourcen und eine Prägung der Kinder und Jugendlichen im Rahmen von Beziehungen.

Viele »dressierte« Kinder oder Jugendliche sind gewohnt, dass Lehrpersonen auf Pikett sind oder die Eltern sie im Auge haben. Die Gefahr ist, dass sie dann nicht die Verantwortung für sich selber übernehmen, sondern an die Erwachsenen delegieren. Wenn Kinder oder Jugendliche jedoch unter sich sind, dann kann dies ihren Sinn für Regeln und Abmachungen fördern. Sie entwickeln in Anlehnung an Vorbilder Verhaltenscodes. Natürlich geschieht dies nicht sofort. Meistens braucht es problematische Erfahrungen und Grenzüber-schreitungen, bevor sie ihre sozialen Kompetenzen entwickeln.

Arbeit statt Therapie

Gesellschaftliche Veränderungen werden oft durch Katastrophen ausgelöst.[118] Sie haben zur Folge, dass die Lebensweise infrage gestellt wird und es zu neuen Rollenverteilungen kommt. Dies betrifft auch die Position der Kinder. Anfang des 19. Jahrhunderts gab es keinen Sommer. Der Ausbruch des indonesischen Vulkans Tambora hatte 1817 den Himmel verdunkelt. Massive Ernteausfälle waren die Folge und führten auch in der Schweiz zu einer Hungersnot. Arbeit gab praktisch keine, die Menschen hungerten. Armut verbreitete sich. Fast zwei Jahrzehnte später brach ein zweites Unglück über die Schweiz ein: die Kartoffelfäule. In den engen Tälern der Schweiz gab es außer steilen Berghängen und Wasser nichts, von dem man hätte leben können.

Viele Familien sahen daher nur eine Lösung zum Überleben: die Migration in Länder mit besseren wirtschaftlichen Aussichten. Die Schweiz wurde zu einem Auswanderungsland. Bis Mitte des 19. Jahrhunderts zogen tausende von Schweizern in Länder mit Bodenschätzen wie Kohle oder in Kolonien, die man ausbeuten konnte. England, Frankreich, Italien und das Deutsche Reich galten als wohlhabend. Dort konnte man Geld verdienen. Große Bevölkerungsteile der Schweiz schifften sich in Le Havre oder Amsterdam ein, um eine Reise in eine ungewisse Zukunft in den Vereinigten Staaten, Brasilien oder Argentinien anzutreten. Nicht immer wanderten jedoch ganze Familien aus. Oft wurden Kinder und Jugendliche in die Ferne geschickt, um die Familien zu entlasten oder einen Beitrag zum Überlebenskampf zu leisten. Sie reisten nach Süddeutschland oder Norditalien, um als Magd, Dienstbote oder in einem Industriebetrieb Hand anzulegen. Es blieb ihnen keine andere Wahl.

Bis ins 19. Jahrhundert galt Kinderarbeit als normal. Kinder waren Teil des Arbeits- und Wirtschaftslebens. Sie halfen der Familie zu überleben, leisteten ihren Beitrag auf Bauernhöfen und in Handwerksbetrieben, machten sich nützlich bei einfachen Arbeiten in der Werkstatt, im Wirtshaus oder bei Botengängen. In kinderreichen Familien wurde von älteren Kindern nicht nur erwartet, dass sie bei Arbeiten mithalfen, sondern auch im Haushalt und der Erziehung ihrer jüngeren Geschwister. Sie halfen beim Hüten, beim Kartoffelschälen, bei der Ernte, beim Misten in den Ställen und bei Waldarbeiten. In Kindern und Jugendlichen wurden Arbeitskräfte gesehen. Es galt darum nicht als anrüchig, wenn kinderreiche Familien Söhne oder Töchter in die Ferne schickten, damit sie etwas zum Auskommen der Familie beitragen konnten. In der Schweiz war es Tradition, Kinder in die Ferne zu schicken. Tausende Kinder arbeiteten seit dem 16. Jahrhundert als Schwabenkinder auf deutschen Höfen. Man suchte nach Tätigkeiten, die sich besonders für Kinder eigneten.

Eine solche Tätigkeit war zum Beispiel das *Reinigen der Schornsteine*. Die Kamine der Städte mussten regelmäßig geputzt werden, damit die Innenwände nicht zu viel Kohlenstaub ansetzten und das Kamin Feuer fing. Kinder eigneten sich wegen ihrer geringen Größe als Kaminfeger, wie es im Roman von Lisa Tetzner[119] beschrieben wird. In Mailand reinigten im 19. Jahrhundert Tessinerbuben als sogenannte »Spazzacamini« die Schornsteine der Häuser reicher Leute.

Kinderarbeit war damals auch in anderen Gegenden Europas akzeptiert. Kinder ab vier, sechs oder acht Jahren arbeiteten in der Textilindustrie, in Kohlegruben und Minen. Für manche Arbeiten im Bergbau wurden speziell Kinder angeheuert, weil sie besser durch die Stollen kriechen konnten als Erwachsene. Außerdem mussten die Fabrikbesitzer den Kindern weniger Lohn zahlen. Zu Beginn des 19. Jahrhunderts war ein Drittel der Fabrikarbeiter in den USA zwischen sieben und zwölf Jahre alt.

Heute runzeln wir die Stirn über diese Zustände. Die Arbeitsbedingungen der Kinder waren oft miserabel: nicht nur wegen der
Gefahren, sondern auch wegen der gesundheitlichen Risiken. In den
meisten Betrieben und Fabriken gab es keine regelmäßigen Mahlzei-
ten, eine mangelhafte medizinische Versorgung und Arbeitszeiten
von täglich 10 oder 16 Stunden. Die Folgen waren körperliche Schwä-
che, Wachstumsstörungen, Zahnerkrankungen, Kurzsichtigkeit,
Schwerhörigkeit, Tuberkulose, Unterernährung. Die eintönigen
Arbeiten und der lange Arbeitstag führten zu psychischen Verküm-
merungen. Dazu kam, dass diese Kinder nur eine minimale Schulbildung erhielten.

Aufgrund alarmierender Berichte wurde die Kinderarbeit schließlich verboten. In der Schweiz untersagte Zürich 1815 als erster Kan-
ton Kinderarbeit unter 10 Jahren. In Preußen trat das erste Gesetz zur
Kinderarbeit 1839 in Kraft. Es wurde beschlossen, dass Jugendliche
unter 16 Jahren nicht mehr als 10 Stunden pro Tag arbeiten und
Kinder unter 9 Jahren nicht mehr in Bergwerken, Fabriken, Pech-
und Hüttenwerken eingesetzt werden dürfen.

Leider ist weltweit ausbeuterische Kinderarbeit immer noch verbreitet und der Kampf dagegen ein wichtiges Anliegen vieler Bürge-
rinnen und Bürger. Es ist abstoßend, dass wir beim Kauf von Klei-
dern von den miserablen Arbeitsbedingungen von Kindern in
Bangladesch oder Indien profitieren. Es ist ein Skandal, dass weltweit
immer noch 168 Millionen Kinder in der Landwirtschaft, in Stein-
brüchen, als Straßenverkäufer oder Dienstmädchen arbeiten.[120]
Kinder haben ein Recht auf Schulung, Erziehung und vor allem auf
eine Kindheit, in der sie sich frei entwickeln können.

Kinderarbeit ist verboten, und das ist auch gut so. Kinder dürfen
nicht zur Arbeit gezwungen werden wie im 19. Jahrhundert. Es ist
Pflicht der Eltern und des Staates, für das Wohlergehen und die
Bildung der Kinder zu sorgen. Es gibt jedoch noch einen anderen
Aspekt: Zu arbeiten ist nicht nur eine mühsame Pflicht, sondern *auch*
ein Zeichen, dass man in der Gesellschaft integriert ist und eine ge-

wisse Autonomie genießt. Wer arbeitet, leistet auch einen Beitrag an die Gesellschaft.

Wer arbeitet, ist wer

Bei der Arbeit handelt es sich um zielgerichtete Handlungen, die den Zweck haben, dem Gegenüber oder der Gemeinschaft einen Mehrwert zu erzeugen. Wir erbringen eine Leistung, die uns selber oder jemand anderem nützt. Am Schluss hat man ein Resultat: Man kann ein Produkt präsentieren, hat ein Problem gelöst oder ein Bedürfnis gestillt. Die Chance ist, dass man sich selbst im Produkt erkennt. Mit anderen Worten: Was man machte, war nicht nutzlos. Solche Erlebnisse sind für Erwachsene immens wichtig. Kinder erleben dies kaum. Sie sind dazu verdammt, abhängige, inkompetente Wesen zu sein, die für die Umgebung eine Belastung sind.

Kinder erfassen die Bedeutung der Arbeit. Sie ist eine Möglichkeit, sich Bedeutung zu geben. Das Gefühl, etwas selber zu leisten, hilft der Selbstfindung.[121] Sie wissen zwischen Arbeit und Müßiggang zu unterscheiden. Wenn Kinder spontan Rollenspiele inszenieren, dann imitieren sie oft die Haushaltsarbeiten der Mutter und in Zeichnungen widmen sie ihre ersten Striche dem Vater, der zur Arbeit fährt.[122] Sie realisieren, dass man durch die Arbeit aufgewertet wird. Nichtstun bedeutet, nicht eingebunden zu sein und somit über wenig gesellschaftlichen Wert zu verfügen. Wer arbeitet, ist hingegen jemand, unabhängig von Charakter und sozialem Hintergrund. Aus diesem Grund steigert sich bei den meisten Menschen das Selbstwertgefühl, wenn sie einer Arbeit nachgehen. Arbeitslosigkeit ist hingegen für viele Menschen schwer zu ertragen. Die Gefahr der Depression und Selbstentwertung droht.

Lernen ist nicht arbeiten

Was bedeutet das für Kinder? Kleine Kinder dürfen im Haushalt mithelfen. Sie decken den Tisch, räumen ihr Zimmer auf oder füttern die Katze. Sie dürfen Befehle ausführen, im Haushalt mitzuhelfen tut ihnen meistens gut. Kleine Kinder sind oft stolz, dass sie einen Beitrag an die Familie leisten, mit der sie sich verbunden fühlen. Wenn sie älter werden und die Schule besuchen, erweitern sie jedoch ihren Lebensraum. Sie entdecken die außerfamiliäre Welt: die Schule, Läden, das Straßenleben, den Verkehr. Dort sehen sie, wie Menschen Tätigkeiten nachgehen: Straßen werden geteert, Abfalleimer geleert, Wiesen bewässert, Fassaden geflickt, Äpfel verkauft, Billetts entwertet, Fahrdienste angeboten, Zeitungen verkauft. Mit anderen Worten: Sie begegnen emsiger Betriebsamkeit.

Sie werden mit Menschen konfrontiert, die eine ernsthafte Miene aufsetzen, besorgt, angestrengt oder konzentriert wirken. Sie nehmen wahr, wie bestimmte Tätigkeiten Menschen verändern. Unweigerlich stellt sich ihnen die Frage: Und was ist mit mir! Von mir wird nichts verlangt, außer mich zu fügen! Sie realisieren, dass sie einer Sonderkategorie angehören. Aufgrund ihrer Unreife und ihrer körperlichen Konstitution sind sie zur Passivität gezwungen. Natürlich werden auch ihnen Tätigkeiten zugewiesen. Sie dürfen die Schulbank drücken, sich auf Spielplätzen vergnügen, Fußball spielen, sich in Vereinen engagieren und ab und zu einkaufen. Die Arbeiten, die ihnen zugewiesen werden, haben jedoch nicht die gleiche Bedeutung wie die Tätigkeiten der Erwachsenen. Weder erhöhen sie den Status, noch vermitteln sie das Gefühl wichtig zu sein. Sie erfüllen entweder ein *pädagogisches Ziel* oder es handelt sich um kurze, stark kontrollierte Hilfsdienste. Im Erleben der Kinder handelt es sich um Anpassungs- oder gar Unterwerfungsakte. Untertanenarbeit.

Wenn sie ein bisschen älter werden, ab zehn oder zwölf Jahren, erleben sich Kinder nicht als Menschen, die einen wichtigen Beitrag an die Gemeinschaft liefern, sondern in einer subalternen Position. Sie werden ausgehalten und nicht integriert. Es ist ihnen verboten, sich *nützlich* zu machen und ein ganz klein wenig Macht und Autonomie zu erlangen. Noch schlimmer: Sie müssen für diese nicht sehr würdevolle Daseinsform dankbar und zufrieden sein! Die Erwachsenen erwarten, dass sie gehorchen und sich mit Pseudoaktivitäten, die oft keine unmittelbare Funktion erfüllen, zufrieden geben. Wir Erwachsenen sehen das natürlich anders: Wir denken an die ausgebeuteten Kinder der Vergangenheit und heute in Entwicklungsländer. Wir sind stolz, Kinderarbeit abgeschafft zu haben und Kindern etwas zu bieten. Sie sollen sich ausschließlich ihrer Entwicklung widmen. Mit dieser Haltung im Kopf übersehen wir, dass nur wer arbeitet, gesellschaftlich akzeptiert und geachtet ist.[123] Nicht arbeiten zu können und ausschließlich in pädagogische Beziehungen eingebunden zu sein, ist auf die Länge unerträglich. Kinder fühlen sich darum oft existenziell wertlos, auf die Wartebank verdammt.

Man kann nun einwenden, dass Kinder und Jugendliche in der Schule sehr wohl arbeiten müssen: Sie schreiben Aufsätze, lesen Texte, studieren Anleitungen, kooperieren und müssen Hausaufgaben erledigen. Bei diesen Arbeiten handelt es sich jedoch um *Trockenübungen*. Jedes Kind weiß: Was sie dort tun, hat keinerlei Relevanz. Es handelt sich um eine Vorbereitung auf »Bullshit-Jobs«.[124] Dieses Gefühl verstärkt sich, wenn der Großteil des Unterrichts digital erfolgt. Die Kinder und Jugendlichen werden in einen Schonraum gesperrt. Dieser dient der Entwicklung, ist jedoch gleichzeitig auch eine Bestätigung der Herrschaftsstruktur, die pädagogische Beziehungen auszeichnen. Wenn Kinder lernen müssen, dann wird ihnen mitgeteilt: Ihr seid defizitäre Wesen, die an sich arbeiten müssen, bevor ihnen der Zutritt zum gesellschaftlichen Leben gewährt wird. Schulische Arbeiten sind darum für Kinder und auch Jugendliche *kein* Ersatz. Sie wissen genau, dass es sich nicht um »echte« Arbeit handelt, sondern um Ersatztätigkeiten ohne jegliche gesellschaftliche und oft auch ohne persönliche Bedeutung.

Schüler werden in die Arbeiten einer Schule einbezogen

Es geht jedoch auch anders: Ein Besuch der Oike Junior High School in Kyoto. Das Schulhaus ist von einer Mauer umgeben. An der Eingangstür drücken wir eine Klingel. Wir haben uns angemeldet. Eine

Intervention und mythodramatische Arbeit mit einer Klasse wird von uns erwartet.[125] Die Schulleitung hat den Eindruck, dass diese Klasse nicht sehr tolerant auf einen neuen Mitschüler reagierte, der mit einem Hörproblem zu kämpfen hat. Die Türe geht auf. Zu unserer Überraschung werden wir nicht vom Hauswart oder von einer Lehrperson begrüßt, sondern von einem Kind. Der Zwölfjährige lächelt uns an, fragt nach unserem Namen, verneigt sich und bittet uns höflich, ihm zu folgen. Nachdem wir den Eingang durchschritten haben, kommt ein anderer Schüler auf uns zu. Leicht nervös, doch lächelnd weist er uns darauf hin, dass wir Pantoffeln zu tragen haben. Freundlich händigt er uns passende Hausschuhe aus. Den Weg zum Schulzimmer der Klasse zeigt uns eine Schülerin. Zwischendurch weist sie uns noch darauf hin, wo wir das Mittagessen einnehmen werden, das unter Mithilfe der Kinder zubereitet wurde. Vorher hat sie uns die Jacken abgenommen und sorgfältig in einem Kleiderkasten aufgehängt.

Für mich Europäer war es erstaunlich zu sehen, wie stark die Schülerinnen und Schüler in die Arbeiten ihrer Schule eingebunden sind: Neben dem Empfang von Gästen reinigen sie die Böden, bringen die Schuhe in der Eingangshalle in Ordnung, sammeln Abfall auf dem Pausenhof ein, servieren Kollegen und Lehrpersonen das Mittagessen usw. Es ist an dieser Schule selbstverständlich, dass die Schülerinnen und Schüler nicht nur die Lektionen besuchen, sondern auch ihren Teil leisten, damit die Schule funktioniert. Das Erstaunliche war jedoch: Die Schülerinnen und Schüler wirkten nicht nur zufrieden, sondern sie strahlten eine große Selbstsicherheit und Kompetenz aus!

Bei uns wäre ein solcher Arbeitseinsatz der Schüler undenkbar. Im Gegenteil: In den meisten Schulen sind die Erwachsenen für *alles* zuständig. Die Korridore werden von der Reinigungsequipe geputzt, den Schulhof räumt der Facility Manager auf, an Tagesschulen wird das Essen von einem Kochteam zubereitet und Gäste werden von der Schulleitung begrüßt. Dass die Schülerinnen und Schüler den Lehrpersonen das Mittagessen servieren, ist undenkbar und hätte empörte Reaktionen der Eltern zur Folge. Direkte Mithilfe der Schülerschaft ist ausgeschlossen. Die Folge: In gewissen Schulen führen sich einzelne Schülerinnen und Schüler wie Paschas oder Prinzessinnen auf. Papier wird während den Lektionen auf den Boden geworfen, Papierbecher in den Gängen liegen gelassen und dem Unterrichtsmaterial wird keine Sorge getragen. Wenn die Lehrperson den betreffenden Schüler oder die betreffenden Schülerin auffordert, selbst verursachten Abfall aufzuheben, dann wird arrogant behauptet, sie seien nicht für Putzarbeiten zuständig. Lehrpersonen müssen sich um die Entsorgung kümmern, dafür würden sie schließlich bezahlt!

Kind mit dem Bade ausgeschüttet

Die Schule zu besuchen und gefördert zu werden erachten wir als Privileg und eine großartiges Leistung unserer Gesellschaft. Kinder und Jugendliche sollen sich glücklich schätzen, dass sie von der Arbeit befreit sind. Das kategorische Verbot der Kinderarbeit ist jedoch problematisch. Man hat über das Ziel hinausgeschossen. Kinder werden zur Arbeitslosigkeit gezwungen. Nicht arbeiten und sich nur dem Computer widmen zu dürfen erleben ältere Kinder und Jugendliche als eine Entwertung. Sie fühlen sich degradiert, da sie nichts einbringen und der Gemeinschaft keinen Beitrag leisten: eine Entwürdigung und kein Privileg.

Kinder erleben dieses Gefühl zwar nicht permanent und werden auch nicht traumatisiert. Viele genießen die Abhängigkeit von den Erwachsenen und schätzen es, dass man sie fördert und sich ihnen widmet. Es stellt sich jedoch die Frage, wie gut ihnen dies tut. Die Gefahr ist, dass sie in der Entwicklung gehemmt werden, sich nicht ihren Fähigkeiten entsprechend entwickeln. Es ist eine Binsenwahrheit, dass man viele Kompetenzen erst entwickelt, wenn sie wirklich gebraucht werden. Verantwortung zu tragen, Menschen zu führen, Entscheide zu fällen, Konflikte zu bewältigen, sich durchzusetzen, ein gutes Teammitglied zu sein lernt man erst, wenn es die Situation wirklich erfordert. Arbeit ist oft eintönig, mühsam und eine Qual, doch die Aufgabe, die man dadurch erfüllt, kann einen befriedigen. Man hat etwas geleistet. Pädagogische Arbeit kann dies nicht ersetzen. Wir sollten darum bereit sein, älteren Kindern und Jugendlichen Arbeiten zu geben, die Sinn machen und nötig sind.

Geld: das Eintrittsticket in die Erwachsenenwelt

Es gibt jedoch noch einen anderen Grund, weshalb das rigorose Verbot der Kinderarbeit problematisch ist. Dieser hängt mit der Bedeutung des Geldes und des Konsums in unserer Gesellschaft zusammen.

Wenn man sich in Städten bewegt, dann wird man permanent und überall an wirtschaftliche Transaktionen erinnert. Wir werden über Reklamen aufgefordert, eine neue Swatch, einen iPad, Kleider, Schuhe zu kaufen oder uns einen Kinofilm anzusehen. Im öffentlichen Raum werden wir zum Konsum aufgefordert. Es wird versprochen, dass wir dank des Kaufs einer Waschmaschine, der Ferien in Spanien oder eines neuen Autos glücklicher werden. Wir werden als Menschen angesprochen, die etwas Geld in der Tasche haben. Sind die Taschen leer, dann ist man in dieser Konsumwelt niemand. Natürlich kann man immer noch durch Einkaufszentren schlendern oder an den Läden in den Stadtzentren vorbeispazieren, doch es wird einem keine gesellschaftliche Funktion zugewiesen.

Wer Geld hat, kann in die Konsumwelt eintauchen: Einkaufszentren betreten, Kleider, elektronische Artikel oder Spielsachen begutachten und überlegen, welchem Verkäufer oder Produkt man seine Gunst schenkt. Kinder nehmen diese Qualität des öffentlichen Raumes und Lebens wahr und realisieren, dass es das Geld ist, das zu einer gesellschaftlichen Rolle verhilft. Dank Geld schlüpft man aus der abhängigen Rolle und darf sich so verhalten wie die Erwachsenen. Wer hingegen kein Geld hat, bleibt von der hektischen Betriebsamkeit der Konsumwelt ausgeschlossen. Er oder sie hat keine Zutrittsberechtigung zu den Konsumtempeln unserer Zivilisation. Nur wer konsumiert, ist wer.[126]

Geld ist Macht, Erlebnis und Prestige – auch für Kinder

Dass der öffentliche Raum durch die Konsumwelt dominiert wird, stört uns immer wieder. Wir genießen Plätze und Parks, in denen keine Waren angeboten werden und ziehen uns in sakrale Räume zurück, deren Stille zur Kontemplation einladen. Wir halten in bestimmten Momenten Ausschau nach unberührten Verstecken, in denen wir uns Gesprächen oder Liebeleien hingeben können. Wir sind nicht immer glücklich, dass wir überall und immer mit der Konsumwelt konfrontiert werden. In urbanen Zentren ist dies leider fast nicht möglich. Vor allem in Städten träumen die Menschen von unbehelligten, grünen Räumen, während sie sich darüber aufregen, dass das lokale Einkaufszentrum bereits um sieben Uhr schließt oder das Lieblingsrestaurant von einer Fast-Food-Kette übernommen wird.

Fakt ist, dass unsere urbanen Zonen vor allem auf wirtschaftliche Interaktionen ausgelegt sind und für Muße oder Spiel wenig Raum angeboten wird. Nur wenige Räume im öffentlichen Leben sind nicht von der Konsumgesellschaft durchdrungen. Mit anderen Worten: Ohne Geld macht es keinen Sinn, sie zu betreten. Kinder und viele Jugendliche sind ausgeschlossen, weil es sich bei ihnen nicht um potente Käufer handelt. Sie fühlen sich wertlos und unnütz. Sie erahnen jedoch auch die magische Wirkung, die der Besitz von Geld auf den Menschen hat. Geld verhilft zu Ruhm. Wer viel Geld hat, ist mächtig und wird bewundert, kann reisen, Autos kaufen und sich ein Haus mit Swimming Pool, einem kleinen Golfplatz und natürlich einen eigenen Jachthafen leisten.

Geld ist weit mehr als nur Bezahlmittel. Es ist ein *Symbol* und weist auf ein allgemeines und durch eine Autorität sanktioniertes Bewertungssystem hin. Geld ist ein Stellvertreter für Dinge oder Leistungen. Es ist Versprechen auf Besitz und ein schönes Leben: eine

Projektionsfläche für unserer Wünsche. Dies ist die Qualität, die Kinder und Jugendliche in Geld sehen. Geld assoziieren sie mit Aussicht auf Erlebnisse, Macht und Besitz.

Kinder erleben dies immer wieder: »Meinem Onkel gab ich gerne die Hand! Denn es kam immer wieder vor, dass sich in seiner Handfläche ein Fünflieber verbarg, den er mir bei der Verabschiedung heimlich übergab. Ich war ihm sehr dankbar. Das Geldstück bedeutete, dass ich im Laden selber auswählen konnte, was ich kaufen wollte! Ich musste nicht meine Eltern fragen und eine Begründung für meinen Kaufwunsch erfinden!«, erzählt eine erwachsene Frau aus ihrer Kindheit. Der Besitz von Geld war für sie eine Möglichkeit, *Eigenständigkeit* zu erwerben: Es kann ausgegeben werden und verspricht eine Dienstleistung oder den Besitz eines Konsumgegenstands. Hat man Geld in der Tasche, dann verändert sich der Auftritt im öffentlichen Leben. Man ist nicht nur ein spielendes, herumtollendes Kind und somit nutzloses Wesen, sondern wird für andere Menschen interessant. Das Selbstwertgefühl steigert sich! Man bekommt die Aufmerksamkeit von den Leuten, die einen sonst ignorieren oder wegschicken. In Geschäften steht man nicht nur sinnlos herum, sondern hat als Konsument eine Aufgabe.

Schon der Besitz einer Zehnernote löst bei Kindern Fantasien aus. Sie stellen sich vor, was sie erwerben oder erleben können. Mit Geld in der Tasche sind sie berechtigt, sich im öffentlichen Bereich zu bewegen! Man schlendert nicht mehr einfach so in die Stadt oder ins Dorf, sondern ist auf der Suche nach günstigen Kaufobjekten! Außerdem: Die Gegenleistung ist nicht an die Persönlichkeit oder das Alter gebunden. Es braucht keine Begründung, sondern der Preis entscheidet über die Transaktion! Als Kind kann man ohne elterliche Erlaubnis zu einem Kiosk schreiten und das verlangen, was man *wirklich* will. Unerlaubtes, Ungesundes oder Anrüchiges kann man sich ebenso aneignen, wie Gefährliches und Unanständiges! Der Besitz von Geld befreit von moralischen Restriktionen und ärgerlichen Auflagen, die man sonst als Kind beachten muss. Man wird auf magische Weise in die Erwachsenenwelt katapultiert! Wenn auch der Umfang des Geldbesitzes variiert: Geld selber ist urdemokratisch. Für eine Tafel Schokolade muss ein sechzigjähriger missmutiger Mann gleich viele Münzen auf die Theke legen wie ein neunjähriges gut gelauntes Kind.

Rolle von Eltern gegenüber Kindern

Im Geld sehen Kinder und Jugendliche eine Möglichkeit, in die außerfamiliäre Konsumwelt einzudringen. Vom Verkaufspersonal wird man beachtet und nicht nur diszipliniert. Man hört auf, ein Kind zu sein, kann sich als erwachsene Person fühlen und erleben, wie es sich anfühlt, »groß« zu sein.

Kinder realisieren, dass Geld *Status* verspricht. Der Kauf eines neuen Rollbretts erhöht das Prestige in der eigenen Clique, dank dem neuen Tablet gilt man als cool in der Klasse oder dank einem Mode-Label wird man von allen beachtet. Besondere Erlebnisse sind möglich: Dank Geld kann man sich Essen kaufen oder sich im Freizeitpark vergnügen. Natürlich sind viele Vorstellungen unrealistisch. Ein jüngerer Knabe stellte sich vor, dass er mit den 500 Franken, die ihm sein Pate geschenkt hatte, nicht nur Ferien in Mexiko buchen kann, sondern sich auch ein Fahrrad, einen Billardtisch und ein Wasserbett, wie es seine Schwester hat, kaufen kann. Geld regt die Fantasie an.

Natürlich: Als Vater, Mutter oder Pädagoge möchte man Kinder vor den Verführungen der Konsumwelt schützen. Wir wünschen uns, dass sie in einer Welt leben, in welcher nicht der Konsum dominiert. Es ist naheliegend, dass wir sie möglichst lang von der Konsumwelt fernhalten wollen. Wir wollen verhindern, dass ihnen Bedürfnisse eingeredet werden und sie sich in einer materiellen Welt verlieren. Soll man dies fördern? Wir stehen Jugendkontos kritisch gegenüber, die Jugendliche ab 14 Jahren einrichten können. Denn wenn 14-Jährige ihren Geldverkehr über eine Bank regeln, dann verleite dies zu Schulden und diene als Einstieg in eine kapitalistische Welt. Der homo oeconomicus werde gefördert, der nur an den eigenen Gewinn denkt und nach materiellen Gütern strebt. Um Kinder nicht zu verderben, gelte es, sie in einer Gegenwelt zu belassen, in der sie frei spielen und sich vergnügen können.

Hinter solch edlen Begründungen verstecken sich möglicherweise egoistische Motive: Wir handeln an unseren Kindern eine romantische Fantasie ab. Während wir in die Konsumwelt eintauchen, verbannen wir Kinder in eine surreale Gegenwelt. Anstatt unseren Zwiespalt der Konsumwelt gegenüber selber anzugehen, reagieren wir unsere Ambivalenz an den Kindern ab. Sie fristen ein Leben in einem Schonraum, während wir unseren materiellen Wünschen nachgehen, unsere Machtspiele betreiben.

Kinder merken, dass ihnen die Welt des Konsums vorenthalten wird. Bei kleinen Kindern ist dies kein Problem. Sie sind auf die Eltern ausgerichtet und haben oft über das Kindergartenalter hinaus wenig Bedürfnis, sich autonom in der Konsumwelt zu bewegen. Es genügt, wenn Mami, Papi oder die Großeltern hie und da mit ihnen durch Einkaufszentren oder Spielwarenabteile schlendern, um einen interaktiven Spielroboter, einen Big-Power-Radlader oder eine Haba-Puppe zu kaufen. Die pekuniäre Unschuld verlieren Kinder im Laufe der Grund- bzw. Primarschule, je nach Entwicklungsstand und Umgebung zwischen 9 und 12 Jahren. Sie realisieren, dass es sich bei Geld um noch nicht realisiertes Leben handelt und dass es Macht verspricht. Wenn Eltern die einzige Geldquelle sind, dann kann dies zu einem mangelnden Verständnis für die Herkunft und den Erwerb des Geldes führen. Geld hat man einfach. Man gibt einen Code ein und dann spuckt der Automat Noten aus.

Die Frage der Verfügbarkeit von Geld hängt vom Wohlwollen oder der Willkür der Bezugspersonen ab. Man bekommt es, wenn die Eltern großzügig sind, man sie umschmeichelt, erpresst oder sie etwas wollen von einem. Der Erwerb des Geldes wird nicht mit einer eigenen Leistung assoziiert, sondern hängt von Beziehungen ab. Wenn der Besitz jedoch von einer Gegenleistung abgekoppelt ist, dann kann dies zu einer infantilen oder arroganten Haltung führen. Das Kind oder der Jugendliche bewegt sich außerhalb des normalen Erwerbszyklus und droht eine wenig realistische Vorstellung von Geldbesitz zu entwickeln; es kommt einfach von den Eltern oder anderen erwachsenen Autoritäten.

Wenn die Eltern über kein oder wenig Geld verfügen, dann wird der Sohn oder die Tochter frustriert. »Ich brauche dringend neue, bessere Stiefel, und zwar müssen sie rot sein«, schnauzt die 13-jährige Tochter ihre Mutter an. Als diese abweisend reagiert, ist das Mädchen totbeleidigt und überzeugt, eine absolut rücksichtslose Mutter zu haben. Was die Tochter nicht wissen will, ist, dass die Mutter sich ihren Lohn an einer schlecht bezahlten Stelle als Nachtwache abverdient. Für die Tochter ist klar, dass die Mutter für die Geldbeschaffung verantwortlich ist und damit basta. Sie ist ja noch ein Kind und kann nichts verdienen. Die meisten Kinder sehnen sich jedoch danach, über eigenes Geld zu verfügen und nicht den Eltern ausgeliefert zu sein.

Die amoralische Qualität des Geldes

Wofür das Geld ausgegeben wird, ist gleichgültig. Man kann mit Geld ein Buch kaufen, einen Kollegen bezahlen, damit er eine ungeliebte Kollegin mobbt, ein Hilfsprojekt in Afrika unterstützen oder ein Bordell aufsuchen. Geld ist nicht an eine *Moral* gebunden. Geld zu besitzen bedeutet darum für Kinder moralische Freiheit. Die Auflagen der Erwachsenen können sie beachten oder auch nicht. Dank Geldbesitz können Verbote umgangen werden. Früher war dies der Kauf eines Sexheftchens, heute lässt man sich durch einen älteren Kollegen eine Flasche Smirnoff beschaffen oder kauft sich heimlich ein Game, das für Kinder ungeeignet ist. In der Vorstellung der Kinder und oft auch Jugendlicher ermöglicht der Besitz von Geld zu tun und zu lassen, wie und was man will. Die amoralische Qualität des Geldes macht es für Kinder noch attraktiver.

Die meisten Kinder erhalten von ihren Eltern ein Taschengeld. Die Höhe richtet sich in der Primarschule nach der Klasse. In der ersten Klasse gibt es einen Franken, in der vierten Klasse 4 Franken pro Woche. Anschließend empfiehlt sich eine graduelle Erhöhung auf 30 bis 80 Franken pro Monat. Kinder und Jugendliche sollen langsam in den Umgang mit Geld eingeführt werden. Empfohlen wird, dass die Eltern und Lehrpersonen mit den Kindern sprechen und erklären, wie teuer die Waren sind, welche Leistungen dahinter stehen und Geld nicht an den Bäumen wächst. Kinder sollen auf den vernünftigen Umgang mit Geld vorbereitet werden, Exzesse und Schulden könnten so eher vermieden werden. Jugendliche sollen ein erweitertes Taschengeld erhalten, das auf ein Jugendsparkonto einbezahlt werden kann. Dieses Geld ist dann für ganz bestimmte Ausgaben bestimmt: Handy, Kleider, die Körperpflege, das Mofa oder Fahrrad und dann nach Aufwand für Lehrmittel, den Verkehr und auswärtige Verpflegung.

Man versucht Kindern den vernünftigen Umgang mit Geld beizubringen, indem man den Verwendungszweck vorher bestimmt, ein Budget aufstellt und auch die Summe gering hält. Dieses Vorgehen soll signalisieren, dass man mit Geld besonnen und vernünftig umgeht. Diese Haltung ist sympathisch, sie ignoriert jedoch einen Aspekt völlig. Die Einführung in den Umgang mit Geld erfolgt *halbherzig*. Die Kinder und Jugendlichen erfahren, wie man Geld *ausgibt*, jedoch nicht, wie man es *einnimmt*. Die Leistung, die dafür erbracht werden sollte, wird ausgeklammert. Geld ist jedoch eine materialisierte Arbeitsleistung und nicht nur eine Kommodität, über die man frei verfügen kann und die man von den Autoritäten oder dem System bekommt.

Natürlich weisen Erwachsene darauf hin, dass Geld nicht gratis ist. Die offizielle Erziehungsrhetorik betont, dass Lohn das Resultat einer Arbeitsleistung ist. Das tönt schön, doch entspricht dies weder der ganzen Realität der Wirtschaft, noch deckt diese Aussage sich mit der Erfahrungsrealität der Kinder. Kinder und Jugendliche bekommen Geld als *Geschenk*. Die Erwachsenen sind die Lieferanten, *sie* müssen dafür arbeiten oder es organisieren. In unserer Gesellschaft gehört dies zu ihren Aufgaben: Neben der Erziehung sind sie für Wohnkosten, Essen, Versicherungen, Kleidung, Verkehr und noch diverse andere Ausgaben zuständig. Müssen sie den Kindern jedoch auch Taschengeld zahlen? Etwas, dass ihnen das Gefühl der Selbstständigkeit und Eigenverantwortung geben soll? Ist es tatsächlich an den Erwachsenen, den Kindern den Eintritt in die Konsum- und Wirtschaftswelt zu finanzieren? Müssen sie dafür Sorgen, dass Kinder in die Rolle des Konsumenten treten und selbstständig Kaufentscheide treffen können?

Ein Plädoyer für die Kinderarbeit

Ich habe dargestellt, wie Ausnützung und Behandlung der Kinder im späteren 19. Jahrhundert zum Verbot der Kinderarbeit geführt hat. In den westlichen Staaten haben Kinder in die Schule zu gehen oder ihre Freizeit zu genießen. Kinder haben ein Recht auf Bildung und auf eine Kindheit, in der sie sich nicht abrackern müssen. Beim Verbot der Kinderarbeit geht es auch darum, die Ausbildung der Kinder zu ermöglichen.[127] Sie in den Arbeitsprozess einzugliedern ist für die Mehrzahl der Eltern, die Behörden und Pädagogen undenkbar. Die Zeiten haben sich jedoch geändert. Was vor etwas mehr als hundert Jahren eine wichtige sozialpolitische Maßnahme war, ist heute überholt. Das Verbot der Kinderarbeit ist heute ein Mittel, Kinder und Jugendlichen vom Leben *auszuschließen* und sie in die Anpassungstempel zu verbannen. Den einzigen Status, den wir ihnen zugestehen, ist jener des aufnahmebereiten *Subjekts*. Sie sollen ihre Zeit damit verbringen, die Vorgaben der »Alten« zu übernehmen und zu gehorchen.

Aus psychologischer Sicht ist diese Stellung schwierig zu ertragen. Wie erwähnt streben Kinder ab 9 Jahren danach, sich auch dem äußeren Leben anzuschließen. Sie möchten Einfluss nehmen, Verantwortung tragen und experimentieren. Die ganze Kindheit und Jugend in einem psychosozialen Moratorium zu verbringen und von ernsthafter Tätigkeit ausgeschlossen zu werden, ist unerträglich. Wie Arbeitslose erfahren sie sich als nutzlos und beginnen zu regredieren. Sie reagieren mit infantilem Verhalten, benehmen sich nicht und sind auch weniger motiviert zu lernen. Von einer Konsumgesellschaft umgeben zu sein, in der Geld das wichtigste Mittel ist sich einzubringen, ist für sie unerträglich.

Wenn Kinder partiell in den Arbeitsprozess integriert wären, hätte dies auch einen pädagogischen Nutzen. Sie realisieren, dass Geld nicht vom Himmel fällt oder von den Eltern herangezaubert wird, sondern das Resultat einer Leistung. Sie merken, was Geld bedeutet und dass man etwas dafür tun muss. Kinder sollten deswegen schon frühzeitig am Arbeitsprozess beteiligt werden. Sie haben ein Recht auf Arbeit und einen Verdienst. Sie dürfen nicht von der Arbeitswelt ausgeschlossen werden. Wenn sie sich über die Arbeit einbringen, dann ist die Chance groß, dass sie sich *aufgewertet* fühlen. Sie sind wer und damit auch eher bereit, sich in der Schule anzustrengen.

Arbeit verhilft zu Selbstwertgefühl

Die Klasse galt als sehr schwierig. Diese 3. Sekundarklasse hatte schon verschiedene Lehrerwechsel hinter sich. Die Jugendlichen waren in ihrem letzten Schuljahr. Völlig demotiviert drückten sie die Schulbank, einzelne fehlten etliche Lektionen und waren durch nichts dazu zu bringen, sich im Unterricht zu engagieren. Die Schulbehörde war am Verzweifeln. Schließlich versuchte man einen anderen Weg. Statt Strafen und Motivationsgesprächen stellte man es den 16-jährigen Jugendlichen frei, ob sie die Schule besuchen oder arbeiten möchten. Den obligatorischen Schulbesuch beschränkte man auf drei Tage die Woche, sofern sie eine Arbeit fanden. Die Behörde half den Jugendlichen bei der Arbeitsuche. Das Resultat war er: Mehr als die Hälfte der Jugendlichen fand eine Stelle, arbeitete zwei Tage die Woche und verdiente etwas Geld. Den Rest der Woche verbrachten sie in der Schule. Erstaunlich war, dass die Schüler sich im Unterricht ganz anders verhielten. Sie waren plötzlich nicht mehr demotiviert, sondern gingen gern zur Schule. Die Arbeit und die Tatsache, dass sie nun über Geld verfügten, steigerte ihr Selbstwertgefühl. Sie begegneten den Lehrpersonen nun respektvoll und anständig.

Arbeit bedeutet *Verantwortung* übernehmen. Man ist für etwas zuständig. Wenn man seine Leistung nicht erbringt, dann funktioniert das System nicht oder es gibt ein Problem. In der Arbeit erleben die Jugendlichen oder Kinder, dass es auf sie ankommt. Was sie machen, ist relevant und wichtig. In einem pädagogischen Schonraum ist dies nicht möglich. Die Lehrpersonen sind für alles verantwortlich und die Handlungen der Jugendlichen haben keine Bedeutung.

Natürlich wird behauptet, dass Kinder und Jugendliche bereits in der Schule lernen, Verantwortung zu übernehmen. Die Kinder müssen im Rahmen des SOL (selbst organisiertes Lernen) und des Individuum-zentrierten Unterrichts Arbeiten eigenständig anpacken, selber Ziele setzen und sich den Stoff ohne Hilfe eines Erwachsenen aneignen.[128] Das Problem ist jedoch: Es handelt sich um eine «künstliche» Situation. Kinder realisieren, dass sie lediglich in einer Trockenübung mitmachen. Sie bewegen sich in einem Schulraum und stehen unter Aufsicht der Erwachsenen. Zu meinen, dass sie in einer solchen Situation effektiv lernen, mit Verantwortung umzugehen oder selbstständige Entscheide zu fällen, ist naiv. In der Schule lernen die Kinder, wie man sich in der Schule verhalten muss, damit die Lehrpersonen zufrieden sind und man in diesem System weiterkommt. Was Verantwortung wirklich heißt, lernen die Kinder oder Jugendlichen erst, wenn sie selber Verantwortung übernehmen.[129]

Chancen und Risiken von Arbeitszeit während der Schule

Nicht jede Arbeit eignet sich für Kinder oder Jugendliche und selbstverständlich braucht es gesetzliche Regelungen hinsichtlich der Arbeitsverhältnisse. Es muss verhindert werden, dass die Arbeitgeber Kindern und Jugendlichen zu risikoreiche Arbeiten übergeben oder sie ausnützen. Die Arbeit sollte auch nicht zu anstrengend sein, so-dass die Kinder oder Jugendlichen keine Energie mehr für das Lernen in der Schule aufbringen können. Kinder und Jugendliche müssen geschützt werden, wie es bei erwachsenen Angestellten der Fall ist.

Die Arbeit soll die Schule oder Erziehung nicht ersetzen, sondern eine Zusatztätigkeit sein, die sich auf ein bis höchstens zwei Tage die Woche beschränkt. Den größten Teil ihrer Zeit verbringen Kinder und Jugendliche weiterhin in der Schule, doch statt fünf nur drei bis vier Tage pro Woche. Welche Arbeiten eignen sich? Ab neun Jahren zum Beispiel *einen* Tag pro Woche die Zeitung austragen oder klei-nere Arbeiten, die unter Obhut einer erwachsenen Person erledigt werden können. In der Oberstufe, mit zwölf Jahren, soll sich das Arbeitsfeld erweitern. Das können dann Lagerarbeiten, Arbeit auf dem Feld oder kleinere kaufmännische Arbeiten sein, die Mitarbeit in einem Laden beim Nachfüllen von Gestellen, an der Kasse, Rei-nigungsdienste oder Beratungen. Auch Restaurants bieten eine Fülle von Arbeiten. Kinder oder Jugendliche können sich nicht nur in der Küche, sondern im Service nützlich machen. Sie können auch Plätze aufräumen, Post verteilen, Autos waschen oder an Events mithelfen. Sie können zusammen mit dem Facility Manager Räume vorbereiten oder helfen das Ernährungsproblem zu lösen. Die Schule bietet eben-falls passende Einsatzmöglichkeiten. Es geht nicht nur ums Putzen, sondern auch um das Vorbereiten von Mittagessen in der Tagesschule oder den Empfang von außerordentlichen Gästen. Unsere Gesell-schaft bietet eine Vielzahl von Tätigkeiten, die oft nicht mehr oder nur nachlässig ausgeführt werden. Sie sind für Kinder und Jugendli-che eine Möglichkeit, sich anders und verantwortungsvoll zu erleben. Der Lohn muss nicht dem Niveau der Erwachsenen entsprechen, aber er sollte aus Sicht der Kinder oder Jugendlichen substanziell sein.

Es scheint mir sinnvoll, in die Schule auch Phasen der Arbeit zu integrieren. Der Einblick in eine andere Welt hilft Jugendlichen und Kindern den Schulunterricht zu schätzen und sich schulischen Ver-haltensregeln zu fügen. In der Außenwelt etwas zu leisten, erhöht das

Selbstwertgefühl. Sie sind wer, haben etwas zu erzählen. Den Schulunterricht erleben sie als Gegensatz zur Arbeitswelt. Die Chance steigt, dass auch ihr Selbstwertgefühl damit steigt.

Das Argument von schulischer Seite gegen ein solches Arbeit-Schule-Modell ist der *Lehrplan*. Wie können Lehrpersonen ihre Lernziele erreichen, wenn sie noch weniger Zeit zur Verfügung haben? Die Einschätzung der meisten Lehrpersonen ist, dass die verfügbare Zeit bereits jetzt knapp ist und man Abstriche machen muss. Wenn ihnen jedoch ein Fünftel oder sogar ein Drittel der Stunden gestrichen wird, dann werde es ganz unmöglich, die vorgegebenen Lernziele zu erreichen. Die Befürchtung ist, dass der Unterricht ins Hintertreffen gelangt und es den Schülerinnen und Schülern am Ende ihrer Schulkarriere an Wissen und Kompetenzen mangelt. Weil sie Lernstoff verpasst haben, werden sich ihre Aufstiegs-Chancen vermindern. Vor allem karriereorientierte Eltern werden nicht erlauben, dass ihr Sohn oder ihre Tochter einer banalen Tätigkeit nachgeht, wenn sie in dieser Zeit Französisch, Englisch oder Mathematik lernen können.

Dieses Argument ist absolut richtig, vorausgesetzt die Schüler und Schülerinnen engagieren sich im Unterricht und haben Interesse am Stoff. Von Beginn der Pubertät an ist dies leider oft nicht der Fall. Viele Schülerinnen und Schüler beginnen, sich innerlich vom Unterricht abzumelden. Im Extremfall hängen sind sie mit ihren Gedanken woanders, schwänzen die Schule und empfinden den Unterricht als eine mühsame Unterbrechung ihrer Freizeit. Wenn diese Schüler zwischendurch in der Arbeitswelt tätig sind und etwas verdienen, dann ist die Chance groß, dass sich ihre Lernbereitschaft erhöht. Sie erleben die Schule als Gegensatz zur Arbeit, werden den Unterricht schätzen und sich eher dem Schulstoff widmen. Der Arbeitseinsatz sollte sich nicht nur auf höchstens zwei Tage die Woche beschränken, sondern auf bestimmte Monate im Jahr. Zu arbeiten gibt ihnen das Gefühl, wertvoll zu sein, was sich auf ihre schulische Haltung positiv auswirkt.

Die Auswirkung der Arbeit sieht man bei der Lehre. Viele Jugendliche fühlen sich aufgewertet, wenn ihnen *wirkliche* Arbeit übergeben wird und sie sich nicht nur in einer pädagogischen Sandkastenübung beteiligen. Bei einzelnen Schülerinnen und Schülern bewirkt die Mitwirkung in der realen Arbeitswelt Wunder.

»Das Beste« ist oft nicht die beste Lösung

Für mein Kind nur das Beste. Diese Forderung betrachten wir als eine Selbstverständlichkeit. Wir wollen uns dafür einsetzen, dass Kinder und Jugendliche ihr Potenzial entwickeln, selbstständig und glücklich werden. Wie das Beste aussieht, ist jedoch nicht immer klar. Wir stellen uns vor, was das Beste sein könnte, und entwickeln Ideen, die über unser Dasein hinausweisen. Wir erhoffen uns eine Verbesserung einer aktuellen Situation. Wir suchen die beste Schule, die erfolgreichste Unterrichtsmethode, die aussichtsreichste Förderung, die vielversprechendste Erziehungsmethode, das sicherste Freizeitverhalten und die meist befriedigende Arbeit. Die Suche nach dem Besten ist darum immer auch ein Schritt hin zu unseren Träumen und Fantasien, die wir dann mithilfe von Konzepten konkret umsetzen möchten. Bei diesen Vorstellungen handelt es sich immer um mentale Bilder, die sich in unseren Köpfen verfestigen. Diese Bilder generieren wir alleine oder im Austausch mit einem Kollektiv.

Bei vielen Themen wird das Beste über einen Diskurs festgelegt. Man redet miteinander, wägt ab, untersucht und forscht, damit man das beste Schulmodell, die beste Erziehungsmethode, die beste Turnhalle oder den besten Kunstmaler findet. Es geht um ein Streben nach dem Absoluten. Was das Beste sein soll, wird jedoch auch von unserer Psychologie beeinflusst. Die Wahl des Besten wird darum auch von Schattenmotiven gelenkt. Die Gefahr ist dann, dass nicht das Beste eruiert wird, sondern eine Lösung, die einer Clique dient, Teil eines Machtspieles ist, den eigenen Narzissmus frönt oder einer politischen Opportunität entspricht. Bei der Festlegung des Besten kommen wir also nicht darum herum, uns auch Gedanken über uns selber und unsere Gesellschaft zu machen. Kurz: Was wir glauben, sei das Beste, ist oft nicht die beste Lösung.

Kinder und Jugendliche nicht als formbare Masse verstehen

Diese Gefahr der Täuschung ist noch größer, wenn Außeninstanzen über das Beste entscheiden. Wenn eine Gruppe Menschen über eine andere Gruppe befindet. Dabei entscheiden oft versteckte Erwartungen, Ambitionen und Machtspiele über die Definition des Besten. Dies ist genau das, was bei Kindern und Jugendlichen geschieht. Da sie in der Gesellschaft keine Stimme haben, werden sie als formbare Masse verstanden. Die Erwachsenen bestimmen, was für sie das Beste ist. Natürlich geht es nicht anders. Kinder sind auf uns angewiesen, an uns gebunden und von uns abhängig. Die Erwachsenen entscheiden, was für die Kinder und zum Teil auch die Jugendlichen das Beste ist. Wichtig ist darum, dass diese Erwachsenen im engen, persönlichen und direkten Kontakt zu den Kindern und Jugendlichen stehen und ihre Psychologie kennen. Bei den Ideen, die wir als Erwachsene entwickeln, könnte es sich um grandiose Täuschungen handeln. Leider ist dies in unserer Gesellschaft der Fall.

Die Gerontologisierung unserer Gesellschaft zeigt sich darin, dass die Werte der Alten – und damit meine ich die über Dreißigjährigen – zu Referenzwerten der Gesellschaft und unserer Erziehungsvorstellungen wurden. Was die Kinder denken, fühlen, wollen und fantasieren, wird kaum mehr wahrgenommen. In den Erziehungswissenschaften hat zudem der Glaube an Zahlen, Statistiken und die Orientierung an Ideologien die direkte und teilnehmende Beobachtung des Verhaltens der Kinder und Jugendlichen abgelöst. Nicht der Dialog mit den Kindern und Jugendlichen ist der Ausgangspunkt für das Beste in der Erziehung und Schule, sondern Einheitsmeinungen, die in wissenschaftlichen Journals, an Kongressen und im öffentlichen Diskurs abgehandelt werden. Es geht dann um Gendergerechtigkeit, Gewaltprävention, selbsttätigen Unterricht oder Kompetenzen. Programme und Erziehungsleitsätze werden festgelegt, die nicht auf die Lebenswelten und vor allem die Psychologie der Kinder und Jugendlichen abgestimmt sind. Dieses Buch ist ein Versuch, auf diesen Missstand hinzuweisen und eine Diskussion darüber anzustoßen, was wir unseren Kinder und Jugendlichen antun.

Anmerkungen

1 Hesiod (2014) *Theogonie.* Übersetzt von Raoul Schrott. München: Hanser, 446 ff.
2 Hübner, Kurt (1985) *Die Wahrheit des Mythos.* München: C.H. Beck
3 Korte, John (1996) *White Gloves: How We Create Ourselves through Memory.* New York: Norten
4 Lemesurier, Peter (2007) *The Gods within. An Interactive Guide To archetypal Therapy.* Washington: Books
5 Freud, Sigmund (2013) *Totem und Tabu.* Göttingen: V&R Unipress (Erstausgabe 1913)
6 Frazier, James (1926) *The Golden Bough.* London: MacMillan Press. Freud eignet sich außerdem die Theorie des einflussreichen Darwin-Popularisierers Ernst Haeckel (1834–1919) an, der die Parallele zwischen der Phylogenese und der Ontogenese eines Lebewesens betont.
7 Hamann, B (1992) Zeitgeschichtliche Tendenzen gesellschaftlicher Entwicklungen als Herausforderung einer familienorientierten Erziehung. In: K.-A. Schneewind & L. von Rosenstiel (Hrsg.). Wandel der Familie. In: N. Havers, W. Marx & H. Tschamler (Hrsg.), Münchener Universitätsschriften. Psychologie und Pädagogik (S. 57–73). Göttingen – Toronto – Zürich: Hogrefe
8 Siehe dazu: Guggenbühl, Allan (2016) *Pubertät echt ätzend.* Freiburg: Kreuz-Verlag
9 Boyd, Danah (2014) *It's Complicated. The social lives of networked teens.* New Haven: Yale University Press
10 Bundesamt für Statistik der Schweiz.
11 Ziel ist ein Betreuungsangebot für mindestens zwei Drittel der Kinder. Siehe Seils, Eric; Klein, Matthias: *Betreuung von Kleinkindern im Westeuropäischen Vergleich.* WSI-Mitteilungen Ausgabe 08/2013
12 Ein vorweihnachtlicher Kinderumzug. In der Schweiz gibt es die Tradition, dass Kinder eine Rübe aushöhlen, eine Kerze hineinstellen, um zusammen mit anderen Kindern am frühen Abend durch das Dorf zu schreiten.
13 Möbius, Paul Julius (1908) *Vom physiologischen Schwachsinn des Weibes.* Leibzig: Halle

14 Guggenbühl, Allan (2015) *Die vergessene Klugheit. Wie Normen uns am Denken hindern.* Bern: Hogrefe

15 Greise oder schwer zu beeinflussende Erwachsene

16 Und zwar der Hypothalamus, die Amygdala und der präfrontale Kortex – das sind die Hirnbereiche, die verantwortlich gemacht werden für Motivation, die Verarbeitung von Gefühlen und die Entwicklung von Problemlösungen. Kim, Pilyoung; Leckman James F.; Swain, James E. *Behavioral Neuroscience*, Vol. 124(5), S. 695–700

17 Bei Elefanten beträgt die Schwangerschaft ca. 22 Monate, bei Giraffen ca. 15 Monate, bei Pferden ca. 12 Monate

18 Portmann, Adolf (1982) *An den Grenzen des Wissens.* Düsseldorf: Econ

19 Winner, Ellen (1998) *Mythen und Realitäten von hochbegabten Kindern.* Stuttgart: Klett-Cotta

20 Siehe: Gertsch, Christof; Steffen, Benjamin (2015) *Ariella Kaeslin: Leiden im Licht. Die wahre Geschichte einer Turnerin.* Zürich: NZZ-Verlag

21 Wright, Robert (1994) *The Moral Animal. Why we are the way wa are.* New York: Vintage. S. 265ff. Oder: Livingstone Smith, David (2004) *Why we lie. The Evolutionary Roots of Deception and the Unconscious Mind.* New York: St. Martin's Press

22 Kotre, John (1996) *White Gloves. How We Create Ourselves Through Memory.* New York: Norton

23 Lipton, Bruce & Bhaermann, Steve (2014) *Spontane Evolution und wie wir sie erreichen.* Burgrein: Koha-Verlag

24 Aus dem lateinischen resilire ›zurückspringen‹, ›abprallen‹. In der Psychologie versteht man darunter die Fähigkeit, psychische Krisen zu bewältigen und sie durch Rückgriff auf persönliche und sozial vermittelte Ressourcen für die eigene Entwicklungen zu nutzen

25 Thomas, A. & Chess, (1977) *Temperament and Development.* New York: Brunner & Mazel

26 Schulze-Krüdener, Jörgen; Schulz, Wolfgang; Hünersdorg, Bettina; Schulz, Wolfgang (Hrsg.) (2002) *Grenzen ziehen – Grenzen überschreiten: Pädagogik zwischen Schule, Gesundheit und Sozialer Arbeit.* Ballmannsweiler: Schneider Hohengehren

27 Siehe: Guggenbühl, Allan (2015) *Pubertät echt ätzend.* Freiburg: Herder-Verlag

28 Allik, J.; Laidra, K.; Realo, A.; Pullmann, H. (2004) *Personality development from 12 to 18 years: Changes in mean levels and structure of traits.* In: *European Journal of Persontlity*, 18, S. 445–465

29 Sie verselbstständigen sich gemäß inneren Vorgaben und äußeren Einflüssen.

30 Siehe: Dutton, Kevin (2012) *The Wisdom of Psychopaths.* London: Arrow-Books. S. 33 ff.

31 Guggenbühl, Allan (1996) Vertrauen in die Fremdheit. In: Perspectiva: *Sinnlichkeit und Sexualität.* Rheinfelden: Mandala, S. 147–168

32 Winterhoff, Michael (2008) *Warum Kinder zu Tyrannen werden*. München: Goldmann

33 Cummings, E.M.; Davies, P.T.; Campbell S.B. (2000) *Developmental Psychopathology and family processes*. New York: Guilford

34 Beljan, Jens (2017) *Schule als Resonanzraum und Entfremdungszone*. Weinheim: Beltz, p. 159

35 Bei motivationalen Faktoren handelt es sich um Themen, die das Kind energetisieren und dazu führen, dass es eigene Ziele anstrebt.

36 Flammer, August (2008) *Psychologische Theorien der menschlichen Entwicklung*. Bern: Huber

37 Der Anteil der Kinder unter 12 sank von 1860 bis 2012 von 26.2 % auf 12.8 %. Siehe: Höpflinger, François. Altersstruktur in der Schweiz – gestern, heute morgen (www.hoepflinger.com)

38 Gemäß Bundesamt für Statistik hat sich das Alter der Mütter bei Erstgeburten zwischen 1971 und 2015 von 27 auf 31 erhöht. www.bfs.admin.ch

39 Anders sieht es in den Vereinigten Staaten aus, wo in einigen Staaten der Ruf nach einer Privatisierung der Schulbildung ertönt.

40 Der Mensch als soziales politisches Wesen.

41 Adolf Portmann bezeichnet die ersten Lebensmonate als das extra-uterine Frühjahr, das für die Bindungs- und Beziehungsfähigkeit des Menschen entscheidend ist.

42 Chandler, M.; Fritz, A.S.; Hala. S. (1989) Small-scale deceit: Deception as a marker of two-, three – and four-year-olds' early theories of mind. In: *Child Development, 60*, S. 1263–1277

43 Zur Bedeutung des Streits in Beziehungen siehe: Guggenbühl, Allan (2004) *Hast du mal Zeit für einen Streit. Wie Männer und Frauen fair miteinander streiten*. Freiburg: Herder.

44 Siehe Fox, Claire (2016) *I find that offensive*. London: Biteback

45 Siehe Guggenbühl, Allan (2008) *Anleitung zum Mobbing*. Basel: Zytglogge

46 Frick, Jürg (2011) *Die Droge Verwöhnung*. Bern: Huber

47 Nest, Michael (2016) *Generation Beziehungsunfähig*. Frankfurt: Deutscher Taschenbuchverlag

48 Jeges, Olivier (2014) *Generation Maybe: Signatur einer Epoche*. Berlin: Hafmans & Tolkemitt

49 Anhorn, Roland (2011) Von der Gefährlichkeit zum Risiko. Zur Genealogie der Lebensphase Jugend als soziales Problem. In: *Handbuch zur Jugendkriminalität*. Wiesbaden: VS-Verlag. S 23–42

50 siehe Mucchielli, Laurent (2011) *L'invention de la violence*. Parix: Fayard

51 Siehe Guggenbühl, Allan (1993) *Die unheimliche Faszination der Gewalt*. Zürich: Raben-Reihe (**www.ikm.ch**)

52 Ein solches Vorgehen widerspricht einem wichtigen Grundsatz des Konflikt-managements: Um einen Konflikt zu verhindern oder zu lösen, muss zwingend zuerst herausgefunden werden, um welchen Konflikt es sich handeln könnte.

53 Wichert, J. et al: (2006) The Poor Availability of Psychological Research Date for Reanalysis. In: *American Psychologist*, S. 726–728

54 Mehr zur Macht des öffentlichen Diskurses in Guggenbühl, Allan (2015) *Die vergessene Klugheit*. Bern: Hofgrefe

55 siehe Hummler, Konrad & Schönenberger, Fabian (Hrsg.) (2017) *Total Data, Total Control: Null-Toleranz in allen Lebensbereichen*. Zürich: NZZ-Verlag

56 Bettinger, Frank; Mansfeld, Cornelia; Jansen, Mechthild M. (Hrsg.) (2002) *Gefährdete Jugendliche? Jugend, Kriminalität und der Ruf nach Strafe* Opladen: Leske & Budricht

57 Wohlwend, Lotty; Honegger, Arthur (2009) *Gestohlene Seelen: Verdingkinder in der Schweiz*. Bern: Huber

58 Vor allem bei Kriegen kommt es zu einer Verbündung zwischen Alt und Jung.

59 Interview mit Peter Bichsel im *Tages-Anzeiger* vom 13. April 2017

60 Siehe Adler, Alfred (1927) *Menschenkenntnis*. Göttingen: Vandenhoeck & Ruprecht

61 Siehe: Guggenbühl, Allan (1995) *Die vergessene Klugheit*. Bern: Hofgrefe

62 Heute geschieht dies in der Verwendung englischer Vokabeln.

63 Krautz, Jochen (2014) *Ware Bildung*. München: Diedrichs, S. 226

64 Universitäten haben andere Aufgaben. Vor allem in den geisteswissenschaftlichen Fächern geht es um einen unabhängigen Diskurs über ein Fachgebiet und grundlegende Forschung. Entsprechend handelt es sich um ein Studium und nicht eine Ausbildung. Universitäten dürfen praxisfern sein.

65 Eine Ausnahme sind die Berufslehren, wie es sie in der Schweiz, Deutschland und Österreich gibt. Hier wenden sich Lehrlinge einer zu bewältigenden Aufgabe zu, seien dies elektrische Installationen, Buchhaltung, Maurerarbeiten, Kabel legen, Kochen etc. Bei den Fachhochschulen, die sich in den letzten Jahrzehnten verbreitet haben, ist Zweifel angebracht.

66 Der Weg zur Hölle ist mit guten Vorsätzen gepflastert.

67 Boyd, Danah (2014) *It's complicated. The social lives of networked teens*. New Haven: Yale University Press

68 Abkürzung für »Was machst du?«

69 Biazha: »Bin allein zuhause«. Rumia: »Ruf mich an«

70 »Ich bin ein Teil von jener Kraft, die stets das Böse will und stets das Gute schafft.« Aus: Goethe, Johann Wolfgang (1982) *Faust I*, Werke – Hamburger Ausgabe Bd. 3, Dramatische Dichtungen I, 11. Aufl. München: dtv

71 Livingstone Smith, David (2004). *Why We Lie: The Evolutionary Roots of Deception and the Unconscious Mind*. New York: St. Martin Press

72 Arnold, Rolf. Weiterbildung und Beruf. In: Tippel, Rudolf (Hrsg.) *Handbuch der Erwachsenbildung*. Opladen: Leske & Budrich. S. 226–236

73 Overhoff, Jürgen (2009): *Vom Glück, lernen zu dürfen. Für eine zweckfreie Bildung*, Stuttgart: Klett-Cotta

74 Siehe Guggenbühl, Allan (2015) *Vergessene Klugheit. Wie Normen unser Denken hindern*. Bern: Hofgrefe

75 Siehe Dykmann, Pia & Engel, Maria (2013) *Nach der Uni kommt die Not*. Spiegel Online, 17.12.2013

76 Gemäß Angaben des Statistischen Bundesamtes Wiesbaden

77 Zur Problematik der übernormierten Gesellschaft siehe Guggenbühl, Allan (2015) *Die vergessene Klugheit*. Bern: Hofgrefe

78 Krutak, Lars (2013) *Making Boys Into Men: The Skin-cutting Ritual of the Kaningara Tribe of Papua New Guinea*. Retrieved April 2, 2015 (http://larskrutak.com/making-boys-into-men-the-skin-cutting-ritual-of-the-kaningara-tribe-of-papua-new-guinea/); Schildkrout, Enid (2004) Inscribing the Body. *Annual Review of Anthropology* 33:319–44

79 Fletcher, Alice; La Flesche, Francis (1972) *The Omaha Tribe* Vol. I & II. Lincoln: the University of Nebraska Press

80 Gehrts, Heino (2016) Initiation, *Einweihungsrituale und Wesensphänomene*. Hamburg: Igel-Verlag

81 Gennet, Arnold (1960) *The Rites of Passage*. London: Routledge Library Edition

82 Initiationszeremonien werden vor allem mit Jungen durchgeführt, was jedoch nicht heißt, dass sie Aussagen enthalten, die bei uns für beide Geschlechter gelten.

83 Hebestreit, Andreas (2013) *Im Namen des Wolfs. Über keltische »rite de passage«*. Wien: Lit Verlag

84 Guggenbühl, Allan (1984) Initiation und Schule. In: *Schweizerische Erziehungsrundschau*, September 1984, S. 1

85 Es kann sich auch ein ganzes Team freiwillig zu einer Weiterbildung entschließen.

86 Gardner, Howard (1983) *Frames of Mind. The Theory of Multiple Intelligences*. New York: Basic books

87 Chabris, Christopher & Simons, Daniel (2011) *The Invisible Gorilla and other Ways our Intuition deceives us*. New York: Harper

88 Siehe auch Guggenbühl, Allan (2015). *Die vergessene Klugheit. Wenn Normen uns am Denken hindern*. Bern: Hofgrefe

89 **https://youtube/U-u3d0BcaLQ** .

90 Precht, Richard David (2015) *Anna, die Schule und der liebe Gott. Der Verrat des Bildungssystem an unseren Kindern*. München: Goldmann, S. 271

91 Liessman, Konrad Paul (2014) G*eisterstunde: die Praxis der Unbildung*. München: Piper, S. 56ff.

92   siehe: Guggenbühl, Allan (2014) *Von Gangstern, Diven und Langweilern. Break-Thru-Geschichten als Inspirationsquelle und Mittel der Klassenführung*. Bern: HEP

93   Gray, Peter (2013) *Free to learn*. New York: Basic Books, S. 7 ff.

94   Schiller, Friedrich (2008) Über die ästhetische Erziehung zum Menschen. Stuttgart: Reclam

95   Huizinga, Johan (2009) *Homo ludens. Vom Ursprung der Kultur im Spiel*. Reinbek: Rowohlt Verlag

96   Csikszentmihalyi, M.; Hunter, J.. (2003). Happiness in everday life. The uses of Experience sampling In: *Journal of Happiness Studies*, 4, S. 185–199

97   Dunbar, Robin (1996) *Grooming, Gossip and the Evolution of Language*. Cambridge: Harvard University Press.

98   Geary, David C. & Bjorklund, David F.: Evolutionary Development Psychology. In: *Child Development*. (200) Vol 71, Blackwell Publisher S. 57–65

99   Zimpel, Andre F. (2011) *Lasst unsere Kinder spielen! Der Schlüssel zum Erfolg*. Göttingen: Vandenhoeck & Ruprecht

100 Fröbel, Friedrich (1826) *Die Menschenerziehung*. Keilhau

101 Siehe mehr dazu: Guggenbühl, Allan (2003) *Die Pisa-Falle. Schulen sind keine Lernfabriken*. Freiburg i.B.: Herder oder (2015) *Die vergessene Klugheit*. Bern: Hofgrefe

102 EDK, 2003, S. 16 f.; Hauser 2007

103 Dies steht im Gegensatz zu Forschungsergebnissen aus den USA. So stellt Dollase fest, dass die Vorverlegung von instruktionalen Anteilen in den Kindergarten keinen entscheidenden Vorsprung gegenüber Kindern, die in traditionellen Settings lernten, bewirkt. Dollase, R. (2007) *Bildung im Kindergarten und Früheinschulung*. In: Zeitschrift für Pädagogische Psychologie, 21 (1), 2007, 5–10

104 Ein Prinzip, das vor allem die Pädagogik Maria Montessori perfektionierte.

105 Ahrens-Eipper, S.; Asshauer, M.; Burow F.; Weiglhofer, H.; Hanewinkel, R. (1999) *Fit und stark fürs Leben*. Stuttgart: Klett

106 Zum Beispiel über das »No-Child left behind«-Programm

107 Korte, M. (2011). *Wie Kinder heute lernen. Was die Wissenschaft über das kindliche Gehirn weiss*. Das Handbuch für den Schulerfolg. München: Goldmann.

108 Empfehlung der Care-Line München

109 Siehe: *Handbuch zur Schulqualität* (2011). Bildungsdirektion des Kantons Zürich

110 Diese Kompetenzumschreibungen stammen aus der Konsultativfassung des Lehrplans 21. Sie wurden zum Teil überarbeitet, widerspiegeln jedoch die Stoßrichtung des aktuellen pädagogischen Diskurses, siehe auch: Guggenbühl, Allan (2015) *Die vergessene Klugheit*. Bern: Hofgrefe

111 Siehe zum Beispiel Landmann, M.; Schmitz B: (Hrsg.) (2006) *Trainingsprogramm für effektives Lernen*. Stuttgart: Kohlhammer; Michaela Brohm

112 Siehe auch: Guggenbühl, Allan (2001) *Wer aus der Reihe tanzt, lebt intensiver. Mut zum persönlichen Skandal.* München: Kösel
113 Hans Geser. Was die Schule von der Wirtschaft erwartet: **www.panorama.ch/ pdf/1999/Heft_1_1999/pan9111.pdf**
114 Siehe: Pinker, Steven (2002) *The blank Slate. The Modern Denial of Human Nature.* London: Penguin. S. 372 ff.
115 Guggenbühl, Allan (2011) *Kleine Machos in der Krise.* Freiburg i.B: Herder
116 Die Fertilitätsrate der Frauen im gebährfähigen Alter lag noch in den 1950er-Jahren bei 2,2. Sie sank inzwischen auf 1,36: Angaben des Berlin Instituts für Bevölkerung und Entwicklung.
117 Stamm, Margrit. Überfördert und überfordert. In: *NZZ* Nr. 112, 17. Mai 2018, S. 10
118 Kirschvink, Joe (2016) Eine neue Geschichte des Lebens: Wie Katastrophen den Lauf der Evolution bestimmt haben. München: DVA
119 Lisa Tetzner beschreibt in ihrem Jugendroman »Die schwarzen Brüder« das Schicksal dieser Kinder.
120 Schätzungen der Internationalen Arbeitsorganisation (ILO), Genf
121 Crawford, Michael (2011) *Ich schraube also bin ich.* Berlin: List
122 Lohaus, Arnold; Vierhaus, Marc (2013) *Entwicklungspsychologie des Kindes und Jugendalter.* Heidelberg: Springer. S. 210ff.
123 Im Sinn der jiddischen Sprache: »Mentsh«
124 Graeber, David (2016) *The Utopia of Rules: On Technology, Stupidity and the Secret Joys of Bureaucracy* New York: Melville House
125 Es geht darum, mit Hilfe von Geschichten den Schülern zu helfen, ihre Herausforderung eigenständig zu lösen, siehe: Guggenbühl, Allan (2014). *Von Gangstern, Primadonnen und Langweilern.* Bern: HEP-Verlag
126 Bruckner, Pascal (1996) *Ich leide, also bin ich.* Berlin: Aufbau-Verlag
127 Weiterhin notwendig ist der Kampf der Kinderarbeit auf universeller Ebene
128 Siehe zum Beispiel: Meyer, Hilbert (2005) *Was ist guter Unterricht?* Berlin: Cornelson
129 Kirchhöfer, Dieter: *Kinderarbeit – ein notwendiger Entwicklungsraum der Heranwachsenden.* Ein Plädoyer für den Anspruch und das Recht der Kinder auf Arbeit. In: *Diskurs 9* (1998) 2, S. 64–71